《中国名人大传》
ZHONGGUO MINGREN DAZHUAN

孙武传

谈永华◎著

北京联合出版公司
Beijing United Publishing Co.,Ltd.

图书在版编目(CIP)数据

孙武传/谈永华编著．—北京：北京联合出版公司,2013.11(2022.1重印)

(中国名人大传/马道宗主编)

ISBN 978-7-5502-2164-2

Ⅰ.①孙…　Ⅱ.①谈…　Ⅲ.①孙武(前533~?)—传记

Ⅳ.①K825.2-49

中国版本图书馆 CIP 数据核字(2013)第 253177 号

孙武传

编　　著:谈永华

版式设计:东方视点

北京联合出版公司出版

(北京市西城区德外大街 83 号楼 9 层　100088)

北京一鑫印务有限责任公司印刷　新华书店经销

字数 230 千字　710 毫米×1000 毫米　1/16　15 印张

2013 年 11 月第 1 版　2022 年 1 月第 3 次印刷

ISBN 978-7-5502-2164-2

定价：49.80元

前　言

　　孙武，字长卿，春秋末期齐国乐安（今山东省北部）人，具体生卒年月不详，大约与孔子同时。孙武是齐国陈氏的后代。祖父陈书为齐大夫，因伐莒有功，齐景公赐姓为孙氏，食采邑于乐安。孙武成年后，由于田、鲍二族作乱，所以投奔到吴国作了将军。

　　由于伍子胥的大力推荐，孙武以兵法十三篇见吴王阖闾。于是吴王派出宫女一百八十人，让孙武演练兵法。孙武把她们分成两队，用吴王宠爱的两个宫妃担任队长。孙武命令所有的宫女都拿着戟，并反复说明规定，"三令五申之"。然后击鼓发令向右，宫女们大笑不止。孙武准备斩左右队长。吴王知道后，十分惊慌，急忙传令：不要杀她们。孙武说："将在军，君令有所不受"。终于杀了吴王的两个宠妃，而用以下的人递补。孙武重新击鼓发布命令时，宫女们前后左右下跪起立，都整齐规矩，合乎要求，没有一个敢出声的。阖闾从此知道孙武擅长用兵作战了。

　　公元前506年，吴王阖闾以伍子胥为谋臣，孙武为将军，大举进攻楚国，五战五胜，进驻楚国首都——郢都（今湖北江陵县）。

　　此后，吴国日渐强盛，吴王阖闾因此成为"春秋五霸"之一。

　　孙武有兵书传到后世，后人称作《孙子兵法》。这本书相当系统地阐述了孙武的军事思想，是我国现存最古老的一部兵书。

　　1972年4月，在山东临沂银雀山一号汉墓，出土了竹简本《孙子兵法》和《孙膑兵法》。它证实了《史记》中有关《吴孙子》和《齐孙子》从汉初就各有其书的记载，澄清了某些人对《孙子兵法》一书是否真的为孙武所著的疑惑。竹简本《孙子》有不少字句与今本《孙子》不同，而与散见于汉唐旧籍中的《孙子》引文较为接近，是我们今天了解《孙子》的流传和校勘《孙子》的宝贵资料。另外，墓中还出土了记载《孙子》一书篇目的木牍和五篇《孙子》中散佚的文章。

作为兵家，孙武有着相当丰富的战略思想。《孙子兵法》的主要内容约有以下四点：一、战争的政治环境；二、战争与将领的素质；三、敌我军情的掌握程度；四、因粮于敌和因敌致胜。

孙武把战争的良好政治环境称为"道"。道的作用，在于"令民与上同意也，故可以与之死，可以与之生，而不畏危。""令民与上同意"，就是要使战争得到人民群众的拥护，只有得到这样的政治环境才可能达到"可以与之死，可以与之生，而不畏危"，也就是上下一心，团结一致，形成坚强的战斗意志，直至最后战胜敌人的重要精神力量。《谋攻篇》把这称为："上下同欲者胜。"

《孙子》一书分为十三篇。其中《计》篇讲的是庙算，即出兵前在庙堂上比较敌我的各种条件，预先估计战争的进程和胜负，并制订作战计划。这是全书的纲领问题。《作战》篇讲的是庙算后的战争动员所在。《谋攻》篇讲的是用智谋来攻取城池，即不是专恃武力强攻，而是采用各种手段迫使守敌投降。《形》篇、《势》篇讲的是决定战争胜负的两种基本因素："形"指有客观、稳定、容易看到等性质的因素，如战斗力的强弱、战争的物质准备；"势"指主观、易变、带有一定偶然性的因素，如兵力的配置、士气的高涨与低落。《虚实》篇讲的是如何通过分散集结、包围迂回等战术，造成预定会战地点上的我强敌劣，"以众击寡"，"避实而击虚"。《军争》篇讲的是怎样"以迂为直"、"以患为利"，夺取会战的先机之利。《九变》篇讲的是指挥者根据不同情况对战略战术进行相应的调整。《行军》篇讲的是如何在行军过程中宿营和观察敌情。《地形》篇讲的是六种不同的作战地形及相应的战术要求。《九地》篇讲的是根据"主客"形势和深入敌方的程度等划分的九种作战环境及相应的战术要求。《火攻》篇讲的是怎样在战争中利用火来协助进攻。《用间》篇讲的

是配合使用五种间谍。全书叙述简洁，有许多富于哲理性的内容，对历代行师用兵、讲习武备影响至深，许多脍炙人口的名言至今仍然使用。

　　总的说来，《孙子兵法》写于春秋末期，这是一个强凌弱、大并小的时代，而此书的写作是为当时的统治集团取得战争的胜利，而不是为了人民的利益或为发动人民战争而写的。但他在书中对战争给民众带来的危害有着清醒的认识，这就是有进步性的。他在书中的表述，在一定程度上具有朴素的唯物主义和原始辩证法的因素，这也是值得肯定的。

　　春秋末期，孙武辅佐吴王阖闾建立霸业，并留下了军事学上的瑰宝——《孙子兵法》，不愧为中国古代著名军事家。

目 录　Contents

第一章　军事世家

一、名门望族

1. 喜得贵子

位于齐国都城临淄的一座贵族的深院大宅里，人人脸上挂着喜色，但又显得有些紧张。宅主人田凭焦虑不安地在一间屋子的台阶前走来走去，目光不时地盯着屋门口的帘布，耳朵极力分辨着屋内的动静，白净刚毅的脸膛上洋溢着渴望与激动的神色，嘴里还叨念着什么……而平时终日操劳的几个家仆，这时也暂时停下了手中的工作，在一边忐忑不安地望着自己主人的一举一动。

原来，今天是女主人十月怀胎，一朝分娩的日子。在春秋时期，医疗卫生条件是十分落后的，妇女分娩对自己、对婴儿都是一桩性命攸关的大事；而中国社会固有的重男轻女的习俗，又使得婴儿的性别最大限度地牵动着这家主人的心思，难怪全宅上下人等都要如此坐立不安了。

婴儿响亮的啼哭声终于从屋内传出来了。很快，接生婆从屋内出来，一路小跑来到主人田凭跟前，高兴地向主人禀告："恭贺主公喜得贵子，上天保佑母子平安，大吉大顺呀。"田凭听得此言，顿时喜形于色，口中喃喃自语："苍天保佑，苍天保佑，赐给了我一个儿子……"

这个刚出生的男婴，就是长大后成就殊世伟业，成为古今兵家之祖的孙子。

这一天，对于世界军事史是幸运的一天。

时下，田宅上下沉浸在欢乐之中，其中最高兴的人是男婴的祖父田书，也就是田凭的父亲。在庆贺男婴满月的喜宴上，田书高兴地抱起婴儿，喜不自禁，连声赞叹："多么可爱的孩子，爷爷要让你长大后大有出息！"

田凭不失时机地说道："孩子今日满月，还请给他起个名字，以保佑他。"田书轻轻点头，沉思了一会儿，缓缓开言道："如今世事动荡不宁，田氏要想在天下立足，必须以实力为后盾，这个实力实际上几乎就是武力。这孩子日后关系到我们家族的盛衰，在他身上寄托着我们的希望。所以，以我之见，就取名为'武'吧。"

就这样，这孩子从此就有了一个响亮有力的名字——田武。

对于"武"字的解释，古人说："真正的志士不愿使用武力，善于用武力的人从不愤怒，这是天赐的德行。"

楚庄王对"武"字有一个很好的解释，那是在晋楚争霸刚刚结束时。楚臣向楚庄王建议用晋军的尸体筑成高台，以纪念取得的胜利，并达到显示武力的目的。楚庄王却回答他们说："这不是你们知道的那样。从字形上讲，'武'字是由'止'、'戈'两个字组成，所以，能止戈才是武。武力，应该是用来禁止强暴、保持强大、消弭战争、安定百姓、巩固功业、丰富财物、协和大众用的。现在两国将士暴露尸骨，这已经是很残酷的暴力了；炫耀自己的武力来威胁其他的国家，战争就不能消弭。强调暴力又不消除战争又怎能保持强大？晋国现在依然存在，哪里能够坐享太平？违背人民愿望的事做多了，人民怎么能够安定？自己无德还要勉强与诸侯相争，怎能协和大众？把别人的危难作为自己的利益，把别人的动乱作为自己的光荣，怎么能使自己丰富？武功具有七种德行，我一种都没有，对子孙有什么炫耀的呢？还不如修造一座先人的庙宇，把今天的胜利报告一下就行了。武力不是我的功业和荣耀。"

这番宏论可谓是对"武力"的最好解释了。

光阴如梭，一晃十年过去了，田武也从天真无邪的婴儿成长为一个初谙人事的少年。同当时所有贵族家的孩子一样，他开始接受初级的文化教育，在临淄设置的贵族子弟学校中学习书算礼乐等知识和技能。田武天资聪颖，勤奋好学，成绩一直十分优异，老师长辈都很喜欢他。他的祖父、父亲见他学有所成，自然也是十分欢喜。

田武最感兴趣的，是听父亲和祖父讲述战争的故事和典故。小田武总是缠着祖父给他讲城濮之战、牧野之战等历史上有名的战役。姜太公等人成了他幼小心灵中的英雄，戈戟并举、万马齐鸣的战争场面，兴亡盛衰、生死存亡的悲欢情景，使他幼小的心灵浮想联翩，激动不已。从那时候开始，他就渴望自己长大后能成为一名智谋出众、勇敢超群的将军，在战场上建功立业、叱咤风云。这种童年的理想和愿望，对他以后人生道路的选择具有深刻的影响，甚至是决定性的影响。

田武年少时，他祖父田书受命率军征伐莒国。在祖父外出征战的这段时间里，田武整日思念着祖父的安危，并关心着战争的情况。终于，在急切的等待中捷报传到了临淄城中，田武内心充满了纯真而巨大的快乐。他到处奔走，把好消息向小伙伴们通报，让大家分享快乐。

随后，大军凯旋都城临淄，当时那种热烈的场面深深地打动了田武并使他终生难以忘怀。他祖父田书因为在作战中立有大功，受到齐景公以及朝臣们的极大礼遇，并获得了人们的热烈欢迎，这一切令田武无比自豪和兴奋，同时也更表明了他对军事生活的向往。

齐景公论功行赏，田书战功卓著因而封得一大块采邑，也就是可以自我管理、自产自足的小城池，同时还被赐姓孙氏。这也是莫大的荣誉。于是在整理收拾一番后，田氏家族举家徙居到乐安。田武也从此随着他的祖父改姓"孙"，开始了新的自由而快乐的生活。田武也就正式成为了后来的孙武。

2. 祖溯陈氏

追溯孙武家族的世系，可以远推到上古的虞舜甚至颛顼，但那都是些传说，并没有可靠的世系记录可以证明。孙武祖上有确切的世系记载的应

该是从舜的后代虞阏父开始。周武王伐纣时，虞阏父执掌陶器的制作，当过周国陶正之官，管理从事制陶的百工。由于其管理有方，器用齐备，一切都井井有条，又因他是古代圣贤虞舜的后代，周武王为褒扬他的先祖和奖励他的功绩，就把长女大姬许配给了阏父之子满，并在分封的时候把他封到今河南省周口市淮阳区一带，建立陈国并赐以"妫"姓。满被称为胡公，当了陈国的第一代君主。陈国的君主除了受赐妫姓外，又以陈为氏。这样陈国成为孙武祖上原来的老家，自西周以来到春秋前期的这段时间里陈国君主都是孙武的祖先。

从第一代的胡公满开始，经过十二个国君十代的世袭传授，陈国到桓公时发生了内乱。桓公死后，其弟陈他杀桓公儿子免而成了国君；接着，蔡人又杀陈他而立免弟跃为国君，称为厉公。

陈厉公跃二年（公元前705年），陈厉公的夫人生了个儿子，取名为完。

按中国上古时的习惯，孩子出生后都要算上一卦，以预测他未来的人生。公子完刚刚降生不久，正好赶上周天子的太史办事经过陈国，陈厉公听说周天子的大臣来了，连忙出迎，盛情款待这位能预知未来的太史，并请求太史为自己的儿子算上一卦，看看这孩子将来的命运会怎样。周太史也很爽快，当即占了一卦，结果是"观"卦，他高兴地说："这是吉卦。爻辞上说这个小孩子将来会做国君的。不是陈国的国君，就是别国的国君；不是他自己，便是他的子孙。即使陈国衰落了，到他这代也会昌盛起来。"陈厉公听完这番神秘的解释，很高兴，对太史十分感激。随后太史就告辞向周天子复命去了。

然而，这位孙武的七世祖公子完，并没有像预言说的那样当上国君，而只是做了大夫。陈厉公死后，他的弟弟林继位，这就是陈庄公。庄公死后，他的弟弟杵臼接替了他，这就是陈宣公。陈宣公二十一年（公元前672年），陈宣公最宠幸的一个美人生了一个儿子，取名叫款。陈宣公在这位宠妃的蛊惑下，决定把太子御寇杀掉，重新另立还是婴孩的公子款为自己的继承人。太子御寇原来和公子完最要好，太子御寇被杀害，公子完预感到会大祸临头，因而十分害怕，心想必须马上离开这个是非之地，寻个出路，到哪避难呢？他想到了齐国，齐桓公在诸侯中威望很高，他尊王攘夷，扶弱济危，救患分灾，而且礼贤下士。而且到齐国这样的大国避难，像陈国这样的小国也自然不敢去要人。于是，陈完便携带家人，神不知鬼不觉地逃到齐国去了。

齐桓公在国内早就知道公子完的名声和才能，很器重他，打算拜他为卿士。可是公子完考虑，自己寄人篱下，一下子得到这么高的地位，恐怕未必是好事。于是他就婉言辞谢说："我是一个逃亡之人，能承蒙君王您收留我，宽恕我的罪过，这已是我的大幸了。我对您的恩德感激不尽，还哪敢身居高位呢？臣实不敢受命。"齐桓公见陈完言辞恳切，也就不勉强，改任他做了一个小官，负责管理官府手工业生产。

在中国古代对人称名而不称姓，公子完定居齐国后即称陈完，陈与田音同义通，故又称田完。由于田完名声很好，齐国大夫懿仲想把女儿嫁给他，就算了一卦，得到了一个神秘的卜语，它写到：

陈国的子嗣，将在齐国成长。

五世之后，可上为士大夫。

八世之后，将成为齐国的敌人。

这是一个惊人的预言，它是否真实可信，我们姑且不论，但从后世的情况看，历史完全与预言相符：陈完逃到齐国后很受重视；他的第五代后人陈无宇被齐拜为上大夫；第八代后人田常最终讨伐了齐国。

然而就是这样一种历史的不确定性，最终导致了孙武的出生与成长。

3. 齐王赐姓

陈国公子完在齐国安居下来以后，他的田氏家族在齐国势力发展得越来越大，几代之后家族中多人身居齐国显赫要职。

田完的第四世孙田无宇，在齐庄公时，神勇过人，孔武有力，深受庄公的赏识。有一次，齐庄公听说晋国要起兵攻打齐国，就派田无宇出使楚国，请求援兵或者想办法牵制晋国的军队。楚国在田无宇游说下果然出兵伐郑并成功地吸引晋国军队的注意力，挽救了齐国。

当时齐国内部贵族间存在着十分激烈的矛盾斗争，陈无宇在鲍、陈两族与高、栾两族的家族斗争中，紧紧地联合鲍氏家族，趁栾氏、高氏贪杯好酒，不理政务，结怨百姓的情况下，突然发起进攻，四个家族在齐都稷门外展开殊死战斗，结果栾、高一方被击败。陈无宇这时有权分掉栾、高的财产。在分财产的过程中，陈无宇表现得很有远见，他把高、栾的财产中很大一部分分给了齐国贵族中那些已没有土地的公子、公孙们，对各阶层的穷人们也加以救济。陈无宇的这些做法博得了齐景公的赞赏，齐景公要把莒邑，也就是今天山东省莒县赐给他。陈无宇坚决不要，表示没有贪心。齐景公的母亲穆姬说把高唐给他，陈无宇这次才接受。史书上说，至此陈氏才兴旺发达起来。

陈无宇的第二个儿子，叫陈书，也就是田书或孙书，字子占。他就是孙武的祖父。陈书在齐国最终官居大夫，也是一名能征善战精通兵法的将领。齐景公二十五年（公元前523年），齐国的高发率兵讨伐莒国，莒国的国君吓得逃到纪鄣，也就是今江苏省连云港市赣榆区北。高发派陈书率领一支军队火速跟踪追击，一直追到纪鄣城下。面临着深池高城、易守难攻的纪鄣城，陈书感到自己带的士兵很少，士兵又很疲惫，怎么才能拿下这座坚固的城池呢？看来只能智取，不能强攻。陈书正在思索着攻城的办法，这时一个士兵报告说，他们看见城墙上有位老妇人偷偷从城上放下一条绳索。陈书听后大喜，说道："天助我也，这一定是有内应。"原来，莒子性情残暴，曾经无故杀掉了这位老妇人的丈夫。老妇人从此流落到纪鄣城，她偷偷地测量城墙的高度，按照这个高度搓成几条绳索，以备将来之用，给死去的丈夫报仇。好像上天有意的安排，这次莒子果真逃到此城，绳子就派上了用场。然而，陈书并没有马上派人去攀登绳索攻城，而是让士兵们先原地休息。到了晚上陈书才派部队偷偷攀绳登城而上，谁知刚上去六十人，绳子就不堪重负一下断了。大家急坏了，不知如何是好？此时陈书十分冷静地命令城墙下的士卒一齐击鼓呐喊，城上的士兵也随着高声呐喊。这喊声、鼓声震天动地，令城内的敌军心惊胆战。莒子正在睡梦里，被这突如其来的响声吓坏了，也不打听一下虚实就不顾一切地打开西城门逃之夭夭了。陈书随之率领齐军不费一兵一卒开进纪鄣城。

这次战斗显示了陈书的机智果敢，他善于分析形势，随机应变，更善于捕捉战机。当绳子断后，他能够十分冷静地运用虚张声势的战法，利用莒子已是惊弓之鸟的心理，不费一兵一卒就吓跑了莒子。

由于此次战役有功，齐景公把乐安赏赐给了陈书，做为采食之邑，并赐姓孙，以表彰他的功绩。

二、少年风采

1. 善习六艺

孙武出生于贵族世家，他所属的田氏宗族在当时齐国政坛上正大权独揽，可以说是前途无量。孙武完全可以坐享其成，乐享其恩泽。贵族出身的孙武，从小就受到同其他贵族子弟一样良好而又系统的教育。根据历史文献记载，当时的小学生在八岁至十五岁之间入学。中低级的贵族子弟入学较迟，高级贵族子弟入学较早，然而中低级贵族子弟在未入学前往往先学于私塾，年龄渐大才入国家的小学就读。他们在经过 7 年的学习之后，即可进入大学。

孙武所受的教育，大体上包括德、行、仪、艺等四个方面，而以所谓"六艺"：礼、乐、射、御、书、数为基本内容。在小学主要学习书、数，在大学则把重点放在诗、书、礼、乐的学习上。

六艺是六项基本训练科目，内容具体而繁杂，要求很高。

"礼"有吉、凶、宾、军、嘉等五种。

吉礼讲祭祀，以敬事国家的鬼神。孙武从小对祭祀鬼神一类的事就很反感，所以后来在兵书中有了"先知者，不可取于鬼神、禁祥去疑"的名句，这在当时显得尤为可贵；凶礼指丧葬，作用是消除灾难，哀悼

死亡；宾礼是朝见大王，以及各诸侯国之间相互交往时的礼节；嘉礼是婚冠宴饮等喜庆活动的礼节。饮食礼用以使宗族兄弟之间和睦，婚冠礼用以使男女相爱与成就德性，享宴礼用以亲近四方朋友，贺庆礼用以亲和诸侯各国。

孙武从小就对军礼最感兴趣。因为军礼主要讲作战的阵势和整编队形，辨识金鼓旌旗以及发布号令的规则，教导士兵起立、坐下、进退、保持距离及方位等等。后来孙武写下了"夫金鼓旌旗，所以一人之耳目也，人既专一，则勇者不得独进，怯者不得独退，此用众之法也"的论述。从这里可以看出，军礼方面的教育给青少年时期的孙武打下了兵法的基础。

金鼓旌旗在军中由大将亲自掌握，是军事指挥号令系统。《尉缭子》中说："将专主旗鼓尔，临难决疑，挥兵指刃，此将事也，一剑之任，非将事也。"意思是说，战士的职责是直接参与战斗，将领的职责在于指挥战士。一名优秀将领的职责不在于"一剑之任"，而在于"专主旗鼓，临难决疑，挥兵指刃"。

"乐"有六种，它包括舞曲和乐舞的歌词，分别歌颂黄帝、唐尧、虞舜、夏禹、商汤、周武王六位古代帝王的功德，是史诗性的舞蹈音乐。其中的《大武》乐舞反映的是周武王灭商统一华夏的功德，是"六乐"的主要内容。春秋吴公子季札来到鲁国，看到《大武》，叹到："真美呀！周朝一定像这场面一样强盛！"此歌舞气势磅礴、威武雄壮，所以荀子也曾说："《大武》看了使人内心庄严。"孙武受到这种舞乐的教育，必定立下宏愿，他要仿武王的功迹，建功立业。

孙武满15岁时，到了该学习"六艺"中"射"、"御"两项军事技能的时候。这是孙武最感兴趣的科目，因此他的学习热情高涨，全身心投入其中，简直到了如醉如痴的地步。功夫不负有心人，经过几年的学习，孙武很好地掌握了"五御"和"五射"的技能，并在同辈贵族少年中处于首屈一指的地位。

射与御，都是古代军事训练课。射在六艺中是很重要的。"射者，男子之事"，从出生之日开始就很重视这件事。当时贵族若有男孩出生，要挂一张弓在门的左边，第三天就背着婴孩举行射的仪式，表示男子的责任是守御领土、保卫国家。入学以后，要接受正规的训练，射便成了男子的象征。

射有五射，即指白矢、参连、剡注、襄尺、井仪五种射箭技术，每项要求都很高。

一是白矢，要求箭刚好穿透箭靶，露出箭头。这一步重在训练学生的臂力。

二是参连，即平常所言的连珠箭法。要求第一箭射出之后，后三箭连中两发。这一步重在训练发射的速度。

三是剡注，要求矢入箭靶，箭头低，羽颈高。这一步重在训练力量猛锐，使箭能穿物而过。

四是襄尺，君与臣一起射箭，臣不得与君并立，须后退一尺。这一步重在训练射箭者谦让的品德。

五是井仪，连射四箭并在靶心形成"井"字。这一步重在训练箭法的准确。

驾车有五御，即五种驾车技术。

一是"鸣和鸾"，要求车辆起动时，装在车辕前端的鸾和装在车厢前边的铃，有节奏地齐声共鸣，说明起步非常平稳。

二是"逐曲水"，是指沿着弯弯曲曲的水沟边驾车而不使车落于水中。

三是"过君表"，要求在驾车过程中遇到路障，能够迅速安全通过而不碰撞障碍物。平时训练学生驾车，多半在辕门设障。

四是"舞交衢"，是指车在交叉道上，行进来往驰驱，转弯适度，富有韵律。

五是"逐禽左"，是指在驾车出猎时，驾车人要善于运用车辆协助围猎或阻挡猎物，并有利于射获猎物。

书有六书，指会意、象形、指事、转注、谐声和假借。古时的识字教学，是将汉字的结构分为六书进行的。孙武十分精于六书，他学的不仅仅是泛泛地认几个字和会书写，而是要精通文法的精髓、下笔如神，能把他的军事思想恰如其分地表达出来，他后来写就的兵法有"辞如珠玉"的赞誉。日本人称孙武为"中国第一流的大文豪"。

数有九数。包括算术和数学，主要指方田、粟米、差分、少广、商功、均输、方程、赢不足、旁要等九种运算方法。方田，讲的是田亩面积计算与分割等问题。粟米，讲的是按比例分配交换问题。差分，又叫衰分，讲的是按比例分配问题。少广，"少"为多少，"广"为宽广，讲的是在计算中运用开平方和开立方的求解问题。商功，是指工程的计算和体积的计算问题。均输，讲的是按路途、人口等因素，合理分配徭役和安排运输赋粟等问题。方程，讲的是正负数以及联立一次问题。赢不足，也叫"盈不足"，讲的是运用反证的方法解决难题。旁要，讲的是"勾股"。

这都是一些非常实用的运算方法和数字知识。孙武对这些十分感兴趣，认为它非常重要，在所著兵法中开篇的"计"，就是讲如何筹算的问题，他非常强调运用科学的计算和统筹来为军事行动服务。

周代是礼乐文明十分昌盛的时期，故孔子赞叹说："郁郁乎文哉！吾从周。"意思是说：周代的礼乐文明是多么丰富啊！

孙武之所以能够成为中国古代伟大的军事家和政治家，就是因为他继承和发展了春秋时期最为灿烂辉煌的民族文化。

2. 继承家学

孙武所在的田氏家族，代表着当时齐国新兴的政治势力，它顺应人类历史发展的规律，采用封建方式。这样的家族对于孙子的成长和其进步思想的形成，起到了十分重要的作用。同时田氏家族也是具有兵学造诣的军事望族，这使得孙武从小便受到有益的军事学熏陶，为其日后开展军事理论和从事战争实践研究打下了坚实的基础。

田氏家族是当时有名的军事世家。孙武的先人中就有战功显赫、韬略出众的人物。他的曾祖父陈无宇，以勇敢和忠诚跟随齐庄公，很受庄公的信任。后来在齐国内部栾、高与陈、鲍的家族斗争中，这位陈无宇曾率陈、鲍家族士兵伏击对手，大败栾、高两家，表现了高超的军事才能。

孙武的祖父田书，亦是一位深孚众望的名将，在齐国担任大夫一职。公元前523年，也就是齐景公二十五年，齐国军队远征莒国，田书经常参与军事计划，还勇猛地独自执行作战任务，立有大功。齐景公最终把乐安封赐给他，作为他的休养生息之地，并赐孙姓，以嘉奖田书的卓著功勋。

略早于孙武的一代名将田穰苴也是田氏后裔。他具有超群的军事才能，被齐国的宰相晏婴称誉为"文能附众，武能威敌"。他曾于齐景公十七年（公元前531年）出任将军，统率齐军抗击晋、燕联军对齐国的入侵，他的军队所到之处，锐不可当，迫使燕、晋联军大败而归。田穰苴率军乘胜追击，一举收复了从前为燕、晋所侵占的齐国领土，因为战功卓著被齐景公封为大司马。家乡的人们也因此称田穰苴为司马穰苴。司马穰苴执法公正，治军严谨，诛斩监军庄贾的事迹被传为治军史上的一段的佳话。司马穰苴在军事理论方面也有很高的造诣。他对从前的《司马兵法》曾有过精深的研究和阐述，是一位能够把《司马兵法》理解透彻的人，对古代军事学思想的进步与发展做出过自己的贡献。

孙武很小的时候，祖父孙书、父亲孙凭就对孙武爱好军事的情况有所察觉。这时见少年孙武热衷于军事技能训练，甚感快慰和满意，这正是他们所希望的。然而他们知道，掌握高超的射、御等身体技能并不足以使孙武将来能成长为大将之才。要成为大将之才，关键在于学习和掌握韬略兵法，而要做到这一点，就必须认真学习和理解人们遗留下来的有关军事典籍，提高军事理论素养。幸运的是，军事世家的先天优越条件，使孙氏家族藏有大量的军事典籍兵书战策，如《军志》、《军政》、《司马兵法》等等。这时孙武的祖父、父亲就将这些典籍逐一拿出，嘱咐少年孙武由浅入深地仔细阅读，认真领会并与他们广泛交流。

尤为可贵的是这种军事世家的传统即使在孙子身后百年也还在持续不断。例如孙膑，就可以视作田氏家族在战国中期军事理论领域内的杰出人

物。《史记·孙子吴起列传》记载，孙武死后，百余年后出了孙膑，孙膑是孙武的后世子孙。孙膑在军事领域的才能和他在马陵之战中的卓越表现，是为后人所熟知的。他在战国时期建立的功业，使我们能够更进一步地肯定，孙武所出生的田氏家族，确确实实是一个极有作为、长期延续的中国历史上罕见的军事世家。

军事世家的先天优越条件，对于孙武的成长和《孙子兵法》最终的诞生意义不可低估。我们今天知道，家族内部专门学问的世代相传，在古代文化传播落后的环境里，乃是知识传授、文化承袭的重要方式，我们通常把这种文化现象称为"家学"。儒学的传授亦是如此，汉代传经方面"家法"的盛行也是这个缘故。军事学的传授在古代的中国同样体现了这个特点。《孙膑兵法·陈忌问垒》所附残简中提到孙世家族的兵法，始成于齐国，在吴越得到了推广。可见生长于军事世家得天独厚的条件，对于培养孙子潜心研究军事理论、追求在军事领域中有所作为，都是难能可贵的理想条件。而孙子后来的杰出表现，也为田氏军事世家增添了光彩。中国历史也应该为有这样的家族和有这样的伟大人物而自豪和欣慰了。

孙武聪明过人，对长辈的良苦用心十分理解，何况他从小就立下志向要成为杰出的将才，所以在苦练"射"、"御"技术的同时，孙武开始认真地攻读这些古代军事著作。根基的扎实和兴趣的驱使，使他很快理解了《司马兵法》等典籍的精妙所在。孙武进步很快，在某些方面，尤其是他对用兵之道的钻研和体会，甚至超过了自己的祖父，真是"青出于蓝而胜于蓝"啊。

三、凌云之志

1. 士卿倾轧

孙武渐渐长大了，进入了弱冠之年。按照习俗，他有了自己的

"字"——长卿。

这时，孙武已不再是当年那个只知道缠住祖父讲战争故事的聪明孩子了，而已经成为了一个英气勃勃、智慧过人的优秀青年。良好的家庭教育和优异的学习成绩，使他具备了出众的文化素养。他视野开阔，知识渊博，技能出众，志向远大，在同辈年轻人中是一个出类拔萃的佼佼者。

最让他本人自豪的，则是对军事学的热爱与了解。自15岁以来，他一直潜心阅读有关的军事典籍，对书中所阐述的军事原理及条文早已充分理解，并能融会贯通。他避免了刻板地学习古人的理论，充分发扬独立思考的精神，善于用现实和以往战争的事例对理论知识进行比较，并反复推敲，这样就深化了自己的认识，得出了自己独到的见解，使自己真正获得了一个军事家的智慧。

年龄大了，人生的下一步应该干什么，这个问题自然而然摆到了要干一番大事业的孙武面前，并引起他深深的思考，甚至还带给他些许的困惑。

祖父有他自己的封地，孙武作为家族中的长孙，日后的生活之路是没有什么问题的；至于政治上的前途，凭着孙家与田氏之间特殊的渊源关系，到时候做个官，是完全有可能的。如此说来，孙武满可以悠闲自得地过下去。

可是孙武辛辛苦苦学成的军事知识如何发挥？自己引以为豪的文韬武略该如何有效地施展？自己所怀抱的建功立业的人生理想追求何时能够实现？这一切都让孙武认真地思考了很久。

"学以致用"，本是治学的根本目的。孙武青少年时代热爱和研究军事的结果，必然使他富于理想而不甘心满足于现状，他渴望着一展才华。现在是该孙武走向广大世界的时候了。但是，春秋末年是一个战争频繁、矛盾激烈的时代，这样的历史环境使青少年时代的孙武在他祖父的封地中无法平静下来。

孙武出生于春秋时期的晚期。这是一个社会急剧变革的时代，是一个大动荡、大变革、大分化的时代。自从春秋初期，周天子对中国一统局面

丧失以后，中原诸侯国之间多年来一直混战不断，周边的戎狄蛮夷等少数民族也不断对诸侯国进行骚扰。在历史的长河中，首先揭开了争霸序幕的是郑国的郑庄公。他先向周天子挑战，双方兵戎相见、战事不断，连周天子本人也在战争中被打伤。但郑国毕竟国力弱小，未能达到称霸诸侯的目的。接下来，齐桓公正确地分析了当时的客观形势，提出了"尊王攘夷"的口号。他任用管仲，发展生产，整顿内政，充实军力，联合中原诸国击败了戎狄对中原地区的连年侵扰，拯救了深受戎狄入侵之苦的卫、邢两个小国，赢得了各诸侯国的信任。齐桓公还联合中原各国一起出兵讨伐楚国，挫败了楚国北上企图称霸的凶猛势头。最后各诸侯国在葵丘召开了大会，最终确立了齐桓公在中原称霸的地位。

齐桓公死后不久，齐国发生了内乱，齐国霸主的地位也随之丧失。晋国在诸侯的争斗中成为新的霸主。从晋文公图霸一直到晋悼公复霸为止，晋国在中原称霸近百年。这时期中原的斗争是以晋楚争霸为主体，齐、秦等国也常常参与其中。长期延绵不断的战争，使各大小诸国互相消耗丧失了国力，最后以弭兵之会结束了晋楚争霸局面，各小国承认晋楚为中原共同霸主。

当时，社会政治局面已由原来的大国争霸，转向了诸侯国中士大夫的崛起和国君大王的衰落。长期争霸的战争把各大国的诸侯搞得精疲力竭，这就给各国内部的卿大夫创造了崛起的机会。他们用"损王公利民众"的方式使民众相信他们，逐渐架空了国君的权力。这是春秋时期中国社会一个独特的现象。

春秋时期，黄河流域的晋、鲁、齐等中原国家，都出现了士大夫之间武装兼并，并且谋图夺取诸侯君位的战争。这是一场奴隶主、封建领主贵族间为赋税、土地、财富的夺取而进行的斗争。这场斗争的原因是西周时期实行的宗法分封制，这种分封制的弊端造成了这样的恶果。《礼记·礼运》记述西周的分封制说："天子把土地分给子孙，各诸侯把国土分给子孙，士大夫把采邑分给子孙，这就是分封制。"从这里可以看出，不仅诸侯国的土地是世袭的，诸侯国中士大夫的采邑也是世袭的。在士大夫的采邑中，可以自行管理收取赋税，甚至可以建立自己的政权机构，还可以有私属军队，建筑防御工事。在逐级分封的制度下，当上级的力量足以控制下级时，国家还可以安定，秩序良好，但是到了春秋时期，王权逐渐衰落，宗法等级统治就不再起作用了。当时周天子统治下的诸侯国之间经常有大国攻伐、兼并小国的战争；诸侯国内的士大夫之间，也爆发了你争我夺、弱肉强食的混战和兼并。

各国内部崛起的士大夫之间，斗争愈演愈烈，一场士大夫之间的厮杀已不可避免了。在晋国，原先有十几个士大夫，最后只剩下赵、韩、中行、魏、知、范六大宗族，被称为"晋六卿"。此时的晋国大小事情都由"六卿"作主。随后"六卿"间失去了平衡，再互相进行合并，最后剩下了韩、赵、魏、知四家。在这四家中知氏的力量最强，他强行让其他三家把土地分给他自己，结果韩、赵、魏三家联合起来灭掉了知氏，他们又把晋国一分为三，这就是历史上有名的"三家分晋"。

春秋中期以后，在鲁国，国家的权力落到了士大夫"三桓"手中。所谓"三桓"指的是叔孙氏、孟孙氏、季孙氏三个家族。"三桓"先后三分公室、四分公室，他们把鲁国的军赋抢到手中。后来"三桓"之间又出了内讧，结果出现了三家的家臣掌权的局面，这在历史上被叫作"陪臣执国命"。

齐国的情况也差不多。这时正值齐景公在位，他是个生活奢侈腐化的君王。齐国著名的政治家晏婴曾当面直言不讳地对他说："现在你奢靡怠慢、祸乱国政、危害人民已经很长时间了。"接着晏婴指出他的种种劣迹，说他饲养的牛马多得无处可用，最后都老死在棚栏里；出门用的车子都用不过来，结果让虫子蛀坏了；一年四季穿的各式服装，多到穿不过来，最后都坏在衣柜里了；酿的美酒喝不了都变酸了，做的肉酱吃不了都腐烂了，仓库里的粮食吃不完都变坏了。可是您还在"对百姓横征暴敛，而不把多余的粮食分给饥饿的人民。"这对国家来说简直是大灾难。

有一回，齐景公得了疟疾，一年多也没治好，各国使臣都来慰问。齐景公的宠臣裔款、梁邱据对他说："我们对鬼神供奉的祭品比前辈的还要

多，您却生病了，而且久治不愈，现在诸侯都在为您忧虑，这是掌管祭祀的太史和太祝对神灵不恭敬造成的，把他俩杀了才能辞谢来宾并使您的病好起来。"齐景公觉得有道理，十分高兴，正准备照此杀了太史与太祝。晏婴却进谏说："如果是有德行的君主，内外政事都办得很好，各个方面都没有什么怨言，史、祝向神灵陈说就会无愧于心。这样，神灵就会接受他们的祭祀，并保佑国家，但若是碰上昏君，对内对外邪恶偏颇，上下的人都十分厌恶，聚敛民财，徇私舞弊，高台深池，歌舞升平，生活腐化，就会引起天怒人怨，老百姓就会诅咒起来。史、祝如果说真话就是把你的罪过告诉神灵；如果说假话就是欺骗神灵。说假话也不是，说真话也不是，只有另编一套来敷衍、欺骗神灵。结果就得罪了鬼神，鬼神哪会接受什么祭祀，国家就会因此遭殃，史、祝也就不能幸免于难。"晏婴这番话义正辞严、正中要害，讲的都是齐景公为人的昏庸。齐景公听完觉得有道理，就问晏婴："那你说如何是好？"晏婴回答说："现在没有啥办法了。偏远地方的小人，也进城里管事，横征暴敛。在位大夫强买货物，接受贿赂；征收赋税没有一定限度；国家的法律没有一定的标准；还不断修建宫室，淫乐无度；朝廷里的宠臣在边境上违法乱纪，宫里的宠妾在市场上肆意抢夺。弄不到所要的东西，就给人治罪。现在人民怨声载道，痛苦不堪。现在在齐国境内的各个地方，没有不咒骂的，史、祝即便在神灵面前说好话，又怎能敌得过千万个人的诅咒？你要杀史、祝是不起作用的，只有多做好事多行善事才行。"晏婴这段言词揭露了齐景公在政治上的昏庸腐败和生活上的腐化。景公听后，果然不提诛杀史、祝的事了。然而好景不长，后来病好了一些，齐景公就又带着一小班人马整日游猎去了。有一次，饮酒作乐时，景公一时兴起说道："一个人如果不会死亡，他的欢乐又会怎样呢？"言外之意，没有谁会比他更快乐了。得意忘形之态溢于言表。由于齐景公昏庸腐化，齐国的士大夫们暗中都蠢蠢欲动。公元前532年，也就是齐景公十六年，田氏联合鲍氏消灭了高、栾两族。随后田、国、鲍、高（另一个高氏）又展开了激烈的家族政治斗争。

提到田氏家族，自从陈完在齐国扎下了根，世代相传，到了其四世孙无宇，也就是孙武的曾祖父时，已官至齐国的"上大夫"，无宇生武子开，武子开生釐子乞，田乞成为了齐僖公的大夫。此人很有心计，他在向民众借贷粮食时，采取让利于民的做法，"小斗进，大斗出"，以笼络人心。结果果然是"得到了齐国人民的拥戴，家族日益强盛。"这就挖了齐国政治的一大块墙脚。

到齐景公时，尚有国、高、鲍、陈诸族互相抗衡。当时陈氏的势力逐渐强大，欲与鲍氏联合击败国、高两家族，将其吞灭；而高、国也在伺机陷害鲍、陈，剪除异己。斗争的形势异常险恶。

孙武为田氏的后代，在这场士大夫之间的斗争中自然不能不受影响，甚至不可避免地随时都有可能有杀身之祸。面临这种险象环生的形势，孙武从本意上是不愿纠缠其间的。然而，他毕竟还年轻，政治阅历有限，对田氏能否在政治斗争中取得最终胜利还心存怀疑态度。他也觉得士大夫之间永无止境的斗争会破灭自己的理想，不利于挖掘自身的才能，作出一番大的事业。他甚至产生了反感情绪，萌发了另谋出路、远走他乡的念头。

想法是有了，可是要离开生养自己二十余年的故土和亲人，到其他地方寻找机遇，下这个决心并不容易。所以孙武内心十分矛盾，在一段时间内对去留问题左右为难，难作取舍。

然而就在这时，传来了司马穰苴猝死的消息。

2. 穰苴之死

司马穰苴也就是田穰苴，是田完的后代，与孙武有共同的祖先，因官职为大司马，所以叫司马穰苴。他对兵法十分精通。在齐景公二十年（公元前528年），晋国、燕国共同侵入齐国，前线不断传来齐国军队战败的消息，齐景公非常害怕，忙向晏婴请教退敌的办法。晏婴想了一会儿，便向齐景公推荐了田穰苴。晏婴说："田穰苴出自田氏家族中比较卑微的一支，但此人是个文武全才，您可以委以重任。"齐景公随后召见了田穰苴，与他谈论了一番用兵的方法。听后，齐景公认为田穰苴确实有一定的才气，就拜他为将军，去抵御晋燕军队。田穰苴受命之后，说道："我出身卑微，承大王信任，委以重任，把我从一个贱民一下子提为大将，地位在

大夫之上，我恐怕百姓不信，士卒不服，人微权轻，希望您给我派一个深孚众望的又是您所宠信的人做监军。"齐景公立刻答应下来，派亲信大夫庄贾去做监军。告别齐景公，穰苴就与庄贾相约明天中午在军门准时相见。

第二天一早，田穰苴驾车来到军中，快到中午的时候，提前在军门等候庄贾。庄贾一向骄横，以为自己是齐景公的宠臣，这次又是监军，所以根本没把出身卑微的田穰苴放在眼里。出门之前他与亲朋好友开怀畅饮，置酒高会，谈笑风生，得意忘形，不知不觉已到了黄昏，才醉醺醺地出门。田穰苴见已到中午，还不见庄贾来，就按时升帐点兵，申明军纪军法。时到日暮，庄贾终于姗姗而来。穰苴神色严肃地问道："怎么这么晚了才来？"庄贾傲慢地说道："亲朋好友在一起喝酒道别，腾不出空来。"穰苴厉声说道："大将受命之日应该忘记家室，临军约束则当忘其亲，冲锋陷阵则当忘其身。现在晋燕两国深侵，国内骚动，士兵在边境孤立无援，国君寝食不安，百姓之命危在旦夕，你竟然敢来迟？"当即召来军正问道："军法对迟到者怎么处理？"回答说："当斩！"庄贾一听，吓得出了一身冷汗，酒也醒了，他知道求田穰苴没用，便忙派人飞报景公，请求救命。然而还没等使臣回来，庄贾已被斩首示于三军。使臣快马驰入军中，跳下车，向穰苴传达齐景公的赦令。穰苴回答说："将在外，君令有所不受。"然后又问军正："在军中驰车，犯了军规，该如何处置？"军正回答说："当斩！"穰苴说："国君的使臣就不杀了。"说完，他就命令斩了使臣的随从，砍掉了使臣乘车左边的车架，杀掉左边骖马，然后整军出发，浩浩荡荡地开往前线去了。

在与晋燕军队作战过程中，田穰苴除了精心谋划，巧妙布兵之外，每天他还亲自巡视兵营，关心士兵饮食、医药的情况，问寒问暖，还常把自己吃的粮食与士兵平分。结果齐国军队士气大振，奋勇赴战，人人争先。晋、燕两国军队则闻风丧胆，兵败如山倒，齐军乘胜追击，打败了敌人，而且收复了失地。

由于田穰苴战功卓著，被齐景公"尊为大司马"，由他掌握全国军事。

然而这却极大地触动了其他贵族的利益，大夫高氏、鲍氏、国氏等都在齐景公面前极力诋毁司马穰苴。结果，齐景公慢慢地疏远了田穰苴。公元前518年，大约在齐景公三十年，田穰苴在苦闷中突然发病死去。

3. 酬志他国

田穰苴的猝死，给孙武以极大的震动，使他进一步看穿了齐国政治的黑暗。他知道自己再留在齐国很难有大的作为，孙武陷入了深深的思索与忧虑之中，像田穰苴这样精通兵法、擅于用兵，在国家危难时刻挺身而出、拯救国家、立下赫赫战功的人，一旦受到奸佞的馋言，便被君王弃之不用，难道像自己这样一个无名小辈还能有所作为吗？将来即使能干上一番事业，恐怕终究还是会像田穰苴一样，免不了被奸臣所陷害。不如趁早离开齐国，找个能施展自己才能、实现自己志向的国家。

可是目标在哪呢？

孙武环顾华夏大地，分析着各国的形势，以便理出头绪作出明智的选择。晋国的政局不稳定，士大夫互相倾轧，小人得志，而且晋国人才辈出，自己来自异域，要想出人头地，着实太不容易。去楚国吧，那里权贵把持政权，国君昏庸，排斥英才，而且政局常常危机四伏，贤臣伍奢被杀，伍子胥出走就是证明，所以楚国断然不能去。去秦国吧，它各方面都比较落后，且偏居西北一隅，自己在那里恐怕难有作为。那么就近到鲁国怎么样？那里重文轻武，十分守旧，而且权臣挡道，连孔丘这样的贤人都没有得到起用，我孙武去那里肯定没有作为。

至于郑、宋、卫等小国就更不能去了。

最后，孙武把目光锁定在南方的吴国。

吴国是春秋晚期迅速崛起的南方强国，国家位于东部沿海、长江下游一带，南与越国接壤，东临大海，西和强楚相邻，北同齐晋各国遥遥相望，物产丰富，地域辽阔。自寿梦称王以来，曾联晋伐楚，国势日渐强盛，政治也较为开明，颇有新兴气象，正是有志之士建功立业、发挥才能的理想之地。这时的孙武同历史上的其他伟人一样，嘲笑浅薄，蔑视平庸，年少气盛，渴望建功立业、施展抱负，寻求自己的人生位置，实现自

己的内在价值，完成历史赋予的使命，在历史上留下一点英名。

在认真观察了当时各国的形势之后，孙武最终认定吴国是自己最有希望实现理想和施展才能的地方，于是他果断作出了南下吴国的选择。他告别生他养他的父母之邦，一柄佩剑，一身布衣，伴随他翩然南下吴国，到遥远的地方去圆他的英雄梦了。

从此，他揭开了自己生命中辉煌的一页。

中国乃至世界军事史上也将升起一颗夺目的明星。

第二章 独步天下

一、天下大势

1. 时局动荡

孙武所处的时代，正是一段大变革的岁月，也是一个英雄辈出的时代，更是一个追求新生的社会。

公元前 770 至公元前 476 年的春秋时期，开始于周平王迁都洛邑。"春秋"一词来自于鲁国史书《春秋》。这个时期是中国历史上社会经济结构急剧变化，政治格局错综复杂，学术文化思想异彩纷呈，军事斗争连绵不断的一个大变革时期，而兵圣孙武正是这一特殊的大变革历史时期的风云人物。

骊山烽火灭宗周。周平王宜臼元年（公元前 770 年），在戎狄入侵和内乱的共同打击下，周平王被迫辗转迁都洛邑，挥泪作别镐京。从此，周王室逐渐衰落，周天子号令天下的时代已是烟消云散，一去不再复返。大国争霸、诸侯兼并、夷夏斗争与大夫擅权等纷繁复杂的活动阔步登上了历史舞台。

冰冻三尺，非一日之寒。从历史的规律上看，春秋社会大变革的发生并不是偶然的，社会经济生活条件的变化是其原动力。

早在西周时期，炼铁技术即已发明，春秋前期的铁制农具已为文献所记载，也为现代考古发掘结果所证实。铁农具的初步使用和牛耕技术已得到发展，这无疑有力地促进了生产力的发展，它既可以大面积地耕作土地，又提高了耕作水平，提高了生产效率，从而使得较小规模的农业生产重新组合成为大规模的生产。这势必对已经落后的井田制度产生巨大的冲击。在这种情况下，各国纷纷承认了既存的经济形式。如晋国"作爰田"；齐国实施"相地而衰征"的政策，改变了从前的土地定期分配制度；鲁国推行按占有私有土地的多少征收赋税，即有名的"初税亩"制度。这些经济改革措施使得齐、晋、鲁三国的军事实力大大增强，基本上达到了加强军事实力和增加赋税的目的。同时，它在客观上也适应了新的生产关系，这样的结果致使私有土地迅速扩大，井田制的瓦解更加迅速了。经济上的变革还使阶级关系发生了变化，使部分贵族转向代表新的生产关系，使处于最底层的劳动者也开始有了人身自由，整个社会处于重新组合和分化的变革之中。与此同时，社会生产关系的变革和生产力的发展，也使得国家的武器装备得到改良，军队的构成和指挥权有了变化，从而使战争规模和性质发生了改变，作战样式也与以前不同了。

社会生产力发展促进了春秋社会变革，但更令人一目了然的是，当时社会政治生活纷繁复杂。具体地说，是王室衰微，大国争霸权力旁落，华夏与周边少数部族既发生冲突又逐渐融合。其间也发生了南方的吴越兴起、北上争霸等事件。到那时，总的说来"尊王攘夷"的口号已经寂灭，中原大国互相之间的争霸战争已进入尾声，华夏与各戎夷的融合基本完成，各国内部的政治、经济格局发生了巨大而深刻的变化。在政治上，先后出现"士大夫专权"和"陪臣执国命"的现象，学术文化莫衷一是，从而为战国时期更剧烈的时代变革创造了条件。

春秋初始，周平王东迁，周王室的土地日益缩小，政治、经济、军事实力一落千丈，过去那种一统天下的局面再也没有了，周天子同各诸侯国建立起来的统一纽带逐渐消失，中原诸侯国不再定期向周天子纳贡和述职。周室由于众叛亲离，缺少实力而不得不放弃天子的尊严，转而向诸侯国要钱要物。这种局面更加深了诸侯国对王室的不敬与蔑视。郑庄公是第一个向周室发难并与周王兵戎相见的人。后来，晋文公在举行盟会时，像对待小国似的将周天子呼来唤去，根本不把周天子放在眼里，使周天子的脸面丧失殆尽。然而这只是问题的一方面；另一个方面，传统的宗法观念仍然根深蒂固，深植人心，周天子在当时还是名义上的天下共主，所以，各诸侯还需要利用这块金字招牌，为自己的争霸提供虚假的借口。这就是争霸战争中有的诸侯要打出"尊王"旗号的缘由。春秋前期政治生活中的又一内容就是反对戎狄对华夏的骚扰。当时的"戎狄"社会文明发展程度较低，他们对华夏的原始骚扰威胁着华夏人民的生活，这已成为了一个严峻的现实问题。所以，诸侯们大多提出"驱除蛮夷"的口号，实际上也是为自己从事争霸斗争服务。

中华大地上诸侯争霸是春秋时期斗争的主要内容，但与此同时，各诸侯国也在积极向周边的"戎狄"部落进行打击和征服活动。秦穆公做了十二件益国的好事，随后吞并了西戎；齐灭莱夷；晋征服众多的白狄、赤狄部落；楚吞并汉淮流域的诸多小国。从历史上看，这些都是加强民族融合的好事。同时，有些中原国家还与戎狄部落互通婚姻，这也促进了民族之间的交流和融合。

春秋时期延绵不断的争霸斗争，严重地消耗了各大国的人力、财力、物力，而政治形势社会经济的发展，又使较大的诸侯国内部的各种矛盾日益尖锐复杂，各大国都感到疲于应对。而各小国长期苦于大国争霸战争所带来的灾难，更希望有一个和平的环境。在这种背景下，弭兵止武的想法得到了大家的认同。周灵王二十六年（公元前546年），十四个诸侯国代表在宋国举行了一次弭兵盟会，会后达成协议，以各小国承认晋、楚为共同霸主的方式来结束晋楚两国军事对抗的局面，自此，大国争霸的局面接近了尾声。

当历史进入春秋后期，社会政治生活的主要内容发生了改变，诸侯国内部国君公室衰微和士大夫强宗崛起。当时各大国的国君被连绵不断的争霸战争、兼并拖得精疲力竭，无暇旁顾，这样就给各国内部的士大夫提供了崛起的绝好机会。这些士大夫榨取民众的剩余劳动，积累财富，并用损公室利民众的方式收买人心。在一些人心中，他们成了圣人，这种情况经过长期发展，使得一部分士大夫逐渐强大起来，成为该国社会政治生活中举足轻重的人物。纵观历史，我们看到了这样的情形：西周时期"礼乐征伐自天子出"到了春秋前期变为"礼乐征伐自诸侯出"，再后来变为"自大夫出"了。

强大起来有了地位的士大夫之间，有时也不可避免地进行激烈的斗争，互相兼并。比如，齐国的田氏家族，晋国的魏、韩、赵宗族，由于多少代表着社会进步的方向，或者纯粹出于偶然最终成为斗争的胜利者，甚至赢得了政权。就这样，继春秋之后，战国时代的晨曦已出现在东方的天际，春秋风起云涌的政治生活行将划上句号。

孙武作为在这一社会政治军事氛围中脱颖而出的大军事学家，其思想自然无可选择地要受到大时代的影响。他必须正视这个时代，面对正在发生的一切，他的军事思想首先是要满足于争霸战争的需要，同时也要立足于反映社会政治力量的用兵宗旨。

2. 思潮涌动

如同贫瘠的土地上生长不出挺拔苗壮的庄稼一样，文化沙漠上也不可能直立起枝繁叶茂、四季常青甚至是万古流芳的理论之树。人类历史上战争频繁的时代为数不少，可是真正产生不朽兵学巨著的却如凤毛麟角。可见，除了适宜的社会物质条件之外，文化环境的状态也是思维发展、文化繁荣的先决条件。孙武外在的幸运之处在于他遇上了难得的历史机遇，这就是西周以来"学在官府"格局的打破和春秋时期的思想大解放。

西周时期的学术为王室所控制，文化学术一向只为极少数王室官吏所独有，一般平民和普通贵族没有从事学术文化研究的权利和条件，更没有表述思想见解并记录下来的可能。所以在中国古代春秋以前无私人著述。这就是"学在官府"的含义。它极大地制约了西周时代中国文化的发展和进步。

然而这种局面到了春秋时期，随着周王朝的日渐衰微，"学在官府"的局面遭到猛烈的冲击，社会各阶层都需要文化思想的表达。因此官学一蹶不振，这表现为周室负责文化教育的官吏远走他乡颠沛流离，从前官府独占的文化典籍散落民间。像原先担任"周典籍收藏官"的老聃,因为"见周之衰"而出走他乡。这些现象深刻表明,"学在管府"已无路可走,学术转移到民间,为广大人民所拥有,已成为不可逆转的文化发展趋势。对此孔子曾感慨万千地说:"我听说,天子掌管典籍的官吏走了。而我相信,真正的学术、智慧在民间。"

与王室官学的衰落形成鲜明对照的是,各国逐渐兴起了私人聚徒讲学之风。它们的创始者主要是贵族和平民中的有识之士。如儒家创始人孔子在鲁国招收弟子讲习礼、乐文化,宣扬儒家思想和理论;邓析在郑国聚徒发表政见,讲授法律。这时社会上除了官方的政典史籍之外,个人也开始著书立说,抒发思想感情,影响政治生活和文化生活。私学勃兴、学术下移使一批思想家脱颖而出。春秋时期兴起儒、道、墨等重要思想流派,产生了孔子、老子、墨子等伟大的思想家,他们都形成了自己完善的哲学、政治理论,开创了中国学术思想史上崭新而辉煌的局面。

私学勃兴、学术下移只是外在的表现,最为关键的是学术文化内容的创新。春秋以来所谓"礼崩乐坏"的社会局面,有力地影响着人们的思想观念,这样就酝酿着一场深刻的思想解放运动。而社会思潮的进步与兴起又反过来作用于社会生活,以精神力量推动着社会变革。

中国春秋时期的思想解放,首先表现为重民轻神思想的兴起。这与同时期世界文化有很大的不同,西周末年首先兴起疑天怨天思潮,春秋时期进步思想家又提出重民轻天、重民疑神思想。他们认为要摆正"民"与"神"两者之间的关系。当时有见识的政治家、思想家主张在民神关系中,民是主,神是次;民为本,神为末。因此主张在现实生活中重视民众。提出这样的观点,无疑是历史性的进步,它基本上否定了"神""天"的主宰地位,而开始真正把"民"以及现实生活放到了首要的地位。

春秋时期社会人文思想解放的第二个步骤,是当时进步思想家开始从天人关系上初步提出了"天人相分"的观点,从而为"重民轻神"、"重民轻天"观念奠定了基础。这方面的代表人物是郑国的子产和周天子的内史。他们鲜明地提出了"吉凶由人定,天道很虚无"的观点,这样进步的

思想就同"天命观"基本划清了界限，这是难能可贵的。

春秋时期的人文思想解放，其中一个重要方面表现为朴素辩证法思想的发展。以老子、管仲、晏婴等人为代表的思想家和哲学家，已开始用朴素辩证的观点来看待世间万物的逻辑联系和因果关系，从中探究事物运动的条件和动因。他们已经开始对原始的"五行"思想、"阴阳"观念进行了辩证的相当精彩的阐述和发挥，提出了一整套具有朴素辩证思维特征的哲学观点和立场。如"中庸"思想、"和同"认识、"节度"观念等等。这是中国古代哲学思想史上具有里程碑意义的重要发展环节。

春秋时期的思想解放，在朴素的政治生活中表现为以礼法并用、重民尚德为主要内容的政治思想的进步。在当时随着兼并战争的激烈和社会动荡的加剧，更由于天命观的为人所弃和普通民众社会生活地位的提高，使得相当多的进步思想家以更现实的态度认识君与民，礼与法的关系，注重人事、关心人民生活成为当时政治思想发展中的主流，由此而形成了最初的民本政治思想。孔子"仁者爱人"的思想就是这方面最突出的代表，这实在是古代政治思想发展史上划时代的进步，它的影响是深远的。同时，由于生产关系的进步和旧礼制的衰微，有关以法辅礼、礼法并用的思想也逐渐产生，并发展很快，这一切都丰富了统治者的政治智慧和管理国家的经验。

就这样，中国古代社会的各种思潮发展到孙子所处的春秋晚期，已经随着社会条件的变化呈现出新的面貌和状态。它正以全新的思维方法，敏锐的历史触觉，贴切的理论命题，对以往进行全面的分析与总结，对未来进行展望，对现实进行指导。它在整个思想史上的意义和地位，就在于它为后来战国时期百家争鸣局面的出现做好了思想准备，这一切使它成为中国古代一次伟大的思想解放运动的开端。

作为整个思想文化形态重要组成部分的军事思想，它的发生、发展、成熟与完善的过程，与人类社会的思想意识形态总体发展之间有着深刻的内在联系。孙武及其军事学之所以在春秋末年诞生，战争活动固然是最为根本的动力，而春秋时期社会思潮健康而多样的发展，同样也是其中不可忽视的因素。总体来说，孙子的军事学理论应该是整个人类思维理性进化过程作用于军事领域的必然结果，也是人类思想发展史上的一个精彩环节。事实上，春秋时期整个社会思潮的氛围，已经具备了形成完善兵学思想的条件，所有这些构成了孙子兵学之所以诞生的深层思想文化背景。一言以蔽之，文化的丰厚土壤，培育了孙武军事学理论的参天大树。

二、参悟兵机

1. 隐居山林

就这样，孙武在做好了一切准备之后，便把自己的想法和计划告知了祖父孙书、父亲孙凭。

春秋时期，诸侯林立，贵族大夫常常因为各种情况离开自己的故国，到他国去谋求发展，这是一种非常普遍的现象，这就叫"良禽择木而栖"，这种做法事实上促进了人才的流动和思想文化的交流，具有进步的社会意义。

就这样，孙书、孙凭听了孙武的想法，也没有太感意外，只是让孩子远走他乡，心里总有些难舍难分。但是祖父孙书毕竟目光远大，阅历丰富，很快克服了个人的情感，并认定孙武的选择是正确的，他反过来做起了儿子孙凭的思想工作："武儿志向高大，才华出众，多年来刻苦学习，对兵法的造诣已超过了你我。但齐国政局形势黑暗，我们孙家与田氏已分立门户，凭那么一点血缘关系日后也不一定靠得住。与其让武儿像你我这样蹉跎岁月，虚掷光阴，无所作为，倒还不如让他出去闯荡一下，实现人生理想。"这一番话说得入情入理，终于说服了孙凭以及其家人同意孙武的选择。

公元前517年，也就是齐景公三十一年左右，孙武含泪告别家人朋友，携带妻子和几个忠实仆人，从古称"乐安"的采邑出发，跋山涉水，

千里迢迢，历尽艰辛，辗转来到了吴国大地。

当双足踏上吴国大地之后，孙武冷静地筹划起今后的行动。他想，自己初来吴国，人地生疏，举目无亲，如果贸然去投靠权贵或求见国君，不但没有合适的途径，还很容易招致挫折和不测，因为普天之下政治动荡飘摇，无一例外。孙武想到要在政治上有所成就，本身必须要有雄厚的实力。军事理论固然是己所长，可是自己这方面独特的见解此刻尚在头脑中徘徊并没有形成系统文字，可见当务之急，就是尽快把它们整理出来，写成书，形成自己的理论体系。

孙武反复思考的结果，是决定自己暂时"隐居山林"，自谋稻粱，同时撰写军事兵法，这样既能冷静观察吴国的政治动向，又能够选择机会一展自己杰出的军事才能。

孙武作出决定后，便带领妻儿辗转来到罗浮山的东麓之下，在那里建筑房屋，开垦土地，种植庄稼，潜心著述。罗浮山位于今浙江省吴兴县以南一带，那里环境幽静，景色宜人，距当时吴国都城姑苏约百余里地，实在是一个隐居躬耕，潜心写作兵书的理想场所，由于距离吴国的政治中心不远，在这里可以静观时局的发展。

置身于这个大变革的时代，诸侯各国风云变幻，确实到了"兵者，国之大事，死生之地，存亡之道，不可不察"的时候了。然而孙武的隐居之地则完全是属于他自己的一片天地，他博览古今的军事理论书籍，研究各种流派的学说，总结历代战争过程的经验，苦苦寻觅着其内在规律。终于一整套完善的军事理论在他的头脑中形成，震铄千古，流芳百世的一部军事典籍就要诞生了。

2. 地灵人杰

当然，齐国能够辈出军事家，重要的因素在于它在相当长的一个历史时期内是一个军事大国，具有悠久深厚的军事学基础。

齐国文化繁荣、经济发展的坚实后盾是拥有强大的军事实力。齐国自西周姜太公治齐到战国后期，始终是东部地区首屈一指的诸侯大国。维持这一局面，实在是赖于齐国拥有强大的军事实力，才得以在诸侯兼并、互相倾轧的争霸斗争中战胜强国，日趋强盛。而军事强国的客观环境又有力地推动着军事学在齐国的形成和发展。而这一切，都使孙武大受裨益。

齐国的创始人就是帮助周文王灭掉商的姜太公，他是一位杰出的军事家。曾先后帮助周文王和周武王完成伐纣灭商建立宗周的大业，史书上称：天下三分，周室有二分，而姜太公的谋略居多。可以看出姜太公在筹划伐纣灭商、指挥牧野之战以及与莱人"争国"的过程中，都建立过卓著的功勋。姜太公的人生经历以及当时所面临的社会斗争现实，决定了他重视军队和国防，并以此为立国之本。从那时起，齐国确立了千余年的华夏军事大国的地位。

齐国在春秋前期曾作为著名的军事强国雄居华夏。齐僖公二十五年（公元前706年），北戎进犯齐国，郑国的太子忽领兵援救，帮助了齐国。之后齐僖公想把女儿嫁给这位郑国太子忽，可是遭到太子忽的婉言谢绝，理由是郑国弱小而齐国强大，这样的联姻自己担当不起。由此可见，当时齐国的国势已经远远超过西周末年也算强国的郑国了。

齐桓公即位后，任用管仲推行新政，不遗余力地增强了齐国的军事实力。

"作内政而寄军令"就是一项重要的军事制度。它的特点是军政一致、兵农合一，确保齐国全国各处都能够"卒伍整于里，军旅整于郊"，从而做到"战则同强，守则同固"。管仲曾经说过：国君如果拥有这样组织起来的三万人马，并遵循正义的原则支配这支力量，辅佐周天子，诛讨无道，那么华夏大地上任何所谓大国都是无法与之匹敌的。这表明这种军事组织与行政组织相结合的军事体制适应当时齐国的国情，就这样齐国军事大国的地位进一步巩固和提高了。不仅如此，齐国还实行了充军赎罪的制度。这些都使得齐国的军事力量极为壮大。

管仲推行的军事改革，使得齐国的军事实力迅速增强，齐桓公也因此而成为我国春秋时期的第一位霸主。他在统治齐国的时期，曾多次统率诸侯国击退戎狄周边少数民族的侵扰，并拯救了邢、卫两个小国，他还挫败

了兵强马壮的楚国北上中原的势头。在葵丘各诸侯召开大会，最后确立齐桓公为一代霸主。

齐桓公死后，齐国因内乱而丧失了霸主的地位。但即便如此，齐国也依然是比一般诸侯强大的军事大国。据《左传》记载，自公元前722年至公元前479年的244年间，由齐国发动的发生于齐国境外的军事活动，包括远戍、征伐、示威、筑城以及军事会盟等等，共计有一百七十多起。齐国军队兵锋所及的国家和地区，有鲁、宋、燕、卫、郑、厉、秦、楚、晋、吴、莒、盛、郕、鄣、徐、北戎、戚、蔡、向、盟、山戎、遂、莱、郯、纪、郎、许等三十余个。齐国于西周的诸侯列国之中，是唯一一个从西周初年至战国晚期始终对中原局势有重要影响力的大国。

齐国军事大国的客观事实，促进了其国内兵学文化的高度发达。齐国兵学的奠基人就是齐国的创立者姜太公，姜太公是个富有智慧，足智多谋的人。在灭纣立周的过程中，他善于谋略，用兵有方，在政治上也很有建树。由于这个缘故，后世兵家都尊姜太公为兵权谋略的祖师爷，姜太公也确实是中国历史谋略兵权的第一人，而齐国也名副其实地成为中国兵学的发祥地。

姜太公在齐国所初步确立的兵学传统，到春秋战国时期由于时代条件的变化而逐渐得以弘扬和光大。那是一个著名的军事家在齐国大地上不断涌现的时期，博深精彩而又富于实际的军事理论著作亦于此时应运而生了。如《司马兵法》的主体内容以及《管子》中的某些篇章就是在这个期间写就的。它们在当时是春秋时期齐国兵学传统思想的主要载体。另外，如从前姜太公所著的《六韬》一书的部分思想内容恐怕也多少丰富了这个时期的写军事学思想理论。

齐国兵学著述丰富精辟、兵学传统源远流长的客观情况说明，兵学是齐国学术文化体系中富有影响、极具特色的一个构成部分。如果能从这种军事学的传统大背景中考察问题，那么我们就可以理解孙武的诞生，以及他写出兵学文化中最杰出的著作《孙子兵法》是多么顺理成章，而决不是什么偶然的历史现象了。

　　情况就是这样，齐国是军事理论巨著诞生之地，也是军事家成长的摇篮。而绝顶聪明、善于思考的孙武，当然不会放弃这个摇篮所赋予他的机会。

　　在这样得天独厚的国家社会环境中，齐地的文化以其独特的面貌出现，并为孙武的成长及其兵学的诞生提供了良好的文化基础。

　　齐国的社会环境铸就了齐地民众的特性。这就是《史记·货殖列传》所说的"齐国的民风豁达开明，富有智慧，喜欢议论"，从而使得齐国民众善于适应时代潮流，根据不同情况而采取措施。我们知道中国古代兵学的一大传统是"攻人以谋不以力，用兵斗智不斗多"，齐人尚谋"足智"的文化传统，对于兵学理论的发展是一种文化上的推动。孙武生长于齐国，这种文化精神必然会在他身上产生影响。另外，齐人具有宽容精神。在与外界接触中，齐人容易接受新观念新思想，并择善而从，发扬光大，而且加以必要的改造后为己所用。这一点完全反映在孙子身上。他迁居吴国以后，同楚国贵族出身、深富韬略的伍子胥有亲密的来往，而且互相切磋学术，从而增加了对南方军事文化的了解，扩大了视野。

　　一定的文化是一定的社会物质精神生活的产物，齐国顺应民俗、讲求功利、注重民生、礼法并用的社会大环境，使得在此基础上发展起来的齐国学术文化具有兼容博取和注重实用的特点。齐国非常重视实用之学，在数学、医学、工艺学、土壤分类学、植物生态学、地理学、天文学、化学等方面，均有了不起的成就，在当时的各诸侯国中处于领先地位。如《考工记》出自齐人之手，名医扁鹊也是齐人。这种实用之学的发展，对于兵学的进步具有一定的影响，因为兵学本是一门实用之学，它以现实利害为依据，不尚空谈，重视解决实际问题。所以孙子兵学的诞生，当与齐国注重实用的学术氛围相一致。齐国学术的又一特色是博采兼容。齐国学者一直善于将其他派别的思想兼取而融会，从而形成崭新的学术风貌和理论体系。如管仲、晏婴等人的思想就包含有多元论的复杂倾向。这种文化氛围为孙子兵学的诞生提供了适宜的条件和准备。通观《孙子兵法》，我们可以看到，孙武在注重理性实用的同时，大量汲取融会了其他学派的思想精

华。如他强调从国家政治的高度考虑军事问题，显然是孔子儒家思想的渗透；他的朴素辩证法思想，显然吸取了老子的学说精髓。凡此种种，不一而足。

3. 博采百家

孙武的兵学是以战争为研究对象的。因此，孙武研究了几乎所有上古以来爆发的具有实际意义的战争。它们是传说中黄帝伐蚩尤的涿鹿之战，黄帝与炎帝的阪泉之战，尧舜禹伐三苗之战，夏启伐扈、商汤灭夏桀的鸣条之战，周武王伐商纣的牧野之战。而春秋时期的战争更是历历在目，像周郑繻葛之战、晋假虞途灭虢之战、齐鲁长勺之战、晋楚城濮之战、宋楚泓之战、晋齐鞍之战、秦晋崤之战、晋楚鄢陵之战、晋楚邲之战等等。这些战争有新王朝代替旧王朝的战争、巩固国家秩序的战争、部族间的冲突战争、大国之间兼并争霸战争、新兴势力向旧势力挑战的战争等。战争的类型也种类繁多，变化无穷。作战的形式有夏朝、商朝的步兵作战，西周、春秋时代的车战。在战争中，除了正面交锋外，还有伏击战、攻城战、奇袭战、包抄战。军事战争与政治、经济、外交、心理等方面紧密结合，这一切都集中表现于重智尚谋。通过对战争史的研究，孙武深受裨益。

有了扎实的战史素养还远远不够，孙武又开始系统地研究古代兵书中提出的各种战争理论，在这方面他有很多有利的条件，他本人就出身于军事世家，家中有很多军事典籍，而且齐国更是有兵学传统的大国。孙武很崇拜姜太公，认为这位古人在用兵上既能站在道义与仁德的立场上，从战争根本特性上去分析，又能缜密地谋划在各种具体条件、具体环境下的战争方略。在孙武看来最有价值的是对于如何运用权谋去夺取战争胜利的论述。

孙武也如获至宝、如饥似渴地认真阅读《司马兵法》、《军政》、《军志》等军事理论著作。其中的一些精妙论述，如"止戈为武"、"有德不可敌"、"先人有夺人之心，后人有待其衰"、"允当则归"、"知难而退"等都给了孙武以极大的启迪。

　　除了潜心阅读战争史和军事理论典籍外，孙武还广泛阅读大量文化、哲学方面的典籍。春秋时期哲学思想较以前已有了很大的发展。殷商和周朝以来，天道、鬼神观念一直是社会的主流思想。鬼神直接干预着凡世生活，人世间的一切都是在冥冥中早就决定了的。后来，人们才开始怀疑天命天道，认识到"国将兴，听于民；将亡，听于神。神，依人而行"。"天道远，人道迩"。孙武非常欣赏这些至理名言。他曾万分感慨地说："未来的事情，不能从鬼神那里知道，也不能通过事物的外表去看，更不能猜想，而一切都要取决于人。"

　　孙武从历史这面镜子里看得一清二楚，民众对战争的胜负起着决定作用。晋国的师旷曾对晋君说过："好的君王赏善罚恶，待民如子，如天地般保护百姓。人民若支持自己的君王，会像对待父母一样……"同时代的孔子也曾说过："宽以待人，就会得到百姓的支持；施以恩惠，就会让别人为你做事。"还说，"以恩惠对待人民，用正义使人民做事。"从这些思想中，孙武懂得了战争的胜负取决于民众的支持与参与程度，而不是别的什么因素。因此借鉴于上述民本政治思想，孙武挥笔写下了许多精彩的论述和命题："道者，令民与上同意也，故可以与之死，可以与之生，而不畏危"；"上下同欲者胜"；"进不求名，退不避罪，唯民是保"；"善用兵者，修道而保法，故能为胜败之政"。这些都堪称孙武政治谋略的光辉思想。

　　功夫在书外，一切真知来自于实践，孙武除了读书，还观察自然，研究客观事物。神奇的大自然使他产生了许多奇思妙想。他观察到天地间奥妙无穷无尽，江河万古奔流，万物生息，五行相生相克。自然是如此伟大，战争的法则不也是如此吗？"凡战者，以正合，以奇胜。故善出奇者，无穷如天地，不竭如江河。终而复始，日月是也。死而复生，四时是也。声不过五，五声之变，不可胜听也。色不过五，五色之变，不可胜观也。味不过五，五味之变，不可胜尝也。战势不过奇正，奇正之变，不可胜穷也。奇正相生，如循环之无端，孰能穷之？"孙武的这些论述不仅在军事上，就是在哲学上，也是有着深刻意义的。

孙武传

仁者乐山，智者乐水。孙武从这看似平常的水中感悟出深刻的哲理。水，平静的时候，会因形而变，从无固定的形状；流动的时候，总是从上自下避开高处，哪里低洼，就向哪里流；奔腾的时候，一泄千里，荡涤万物，摧枯拉朽，锐不可当。战争的法则不也是应该如此吗？"夫兵形象水，水之形，避高而趋下；兵之形，避实而击虚。水因地而制流，兵因敌而制胜。故兵无常势，水无常形。能因敌变化而取胜者，谓之神。"多么贴切的比喻、多么深刻的智慧，这就是孙武的兵法。

在孙武的眼里，飞禽走兽，山川草木，日月星辰……总之，天地间万事万物无一不充满神奇、无一不有着灵性。它们给孙武带来诸多启示："举秋毫不为多力，见日月不为明目，闻雷霆不为聪耳。古之所谓善战者，胜于易胜者也。故善战者之胜也，无智名，无勇功。""激水之疾，至于漂石者，势也；鸷鸟之疾，至于毁折者，节也。是故善战者，其势险，其节短。""善用兵者，譬如率然；率然者，常山之蛇也。击其首则尾至，击其尾则首至。""其疾如风，其徐如林，侵掠如火，不动如山，难知如阴，动如雷震。""善战者，求之于势，不责于人，故能择人而任势。任势者，其战人也，如转木石，石木之性，安则静，危则动，方则止，圆则行。故善战人之势，如转圆石于千仞之山者，势也。"从这些文字可以看出，孙武不仅是伟大的军事理论家，也可以说是一个文学家、博物学家，他深刻地理解了中国古典哲学的精髓。

孙武吸收和借鉴了一切有价值的东西。他畅游于知识与想像的海洋中，感悟大自然给予人类的启示，探索着军事科学的无穷无尽的奥秘与智慧，所有这些常常使他浮想联翩，兴奋不已。他挑灯夜读，夜以继日；他冥思苦想，废寝忘食。他愤笔疾书，不舍昼夜。智慧的火花已在他胸中燃成熊熊的烈焰，他已经胸有成竹，他已不能平静下来了！"我要写就一部全新的包容以往兵学精髓并超越它们的战争理论著作！我要让它永久地载入军事史册！载入人类文明的史册！"

在这种相对平静良好的环境里，孙武开始精心写作他的军事著作，精言妙语如同清泉一般从笔端源源涌出，字字珠玑，酣畅淋漓，一发而不可

收拾。《孙子兵法》的初稿他很快就写出了，共计十三篇，约 5000 余字。在这部震古烁今的兵法中，孙武结合春秋晚期战争实践活动，系统汲取前人军事思想的精华，提出了自己对军事问题的理性分析与认识。孙子兵法的特点是：内容丰富，观点鲜明，逻辑严谨，思想深刻，文采斐然。这部著作从今天看也几乎没有什么纰漏，通篇完美、睿智，无懈可击。这一切使它成为了中国古代军事思想发展史乃至于古代文化发展史上的一座不朽丰碑。

孙武在吴国的罗浮山隐居而完成自己的《孙子兵法》初稿之后，心情十分愉快，他掩卷沉思，对自己的军事思想与才能有了更强烈的自信。他觉得世上谈兵论阵之人大概无人能比自己更强。任何一个国家，如能用他的兵法临敌应敌，则必无往而不胜。

4. 兵学大成

常言道：诗穷而后工，意思是说造就诗人的重要因素是困苦；同样的道理，造就兵学思想的坚实土壤是战争。春秋时期战争的频繁、交锋之激烈、空间之宽广、样式之多种是中国历史上绝无仅有的，而战争实践正是兵圣孙武兵学体系构筑的主要动力。

战争占据了春秋时期社会活动的主导地位，成为当时时代文明、社会政治的焦点所在。在我国春秋三百年左右的时间里，各种战争此起彼伏，从未间断，史不绝书。这三百余年的文明史便是一部三百余年的战争史。

那个时候战争的频繁和激烈达到了令人难以置信的程度。在整个春秋时期内，战争的频繁程度远远超过了夏、商、西周的任何时期，三百余年间，爆发的战争不下数百次，戈戟迸击，烽烟迭起，旌旗翻卷，战车驰骋，拼得死去活来，杀得昏天黑地。其间又穿插着政坛上的尔虞我诈，外交上的纵横捭阖，这一切又增添了社会生活的动荡不宁。在战争中，一些诸侯国灭亡了；一些士大夫没落了；一些国家的疆域扩大了；一些强宗大族崛起了。各种政治势力登上了舞台，真是几家欢喜几家愁！同时战争也促进了经济的联系、民族的融合、阶级关系的发展、思想文化的更新。

这些战争，就其目的和对象而言，可以划分为几个基本类型：华夏诸

侯国与戎狄少数民族各部落之间为争夺生存空间的战争；诸侯争霸与大国兼并的战争；下层民众为反抗暴政而进行的军事斗争；周天子为挽回失去的势力而发动的征伐诸侯之战；统治集团内部为争夺权力宝座的战争；新兴势力与旧势力的夺权的战争；等等，不一而足。在这些战争中以大国兼并与诸侯争霸战争为当时战争活动中的主体。从战争自身所包含和涉及的内容看，当时的战争已经基本包含了古代战争的各种类型，战争的种类已层出不穷，这反映出战争行为已趋于高度成熟，这对于军事理论的归纳总结来说，无疑具有十分重要的意义。

就战争的性质而言，这一时期的战争，也有进步和落后的明显区别。因为这些战争有的促进了社会形态的变革，打击了暴政，有的维护了国家的统一和安宁，推动了历史的进步；有的则维持加强了反动暴虐的统治，给民众和国家带来深重的灾难，阻碍了历史前进的脚步。

就战争的作战样式和艺术而言，春秋时期的战争也较以往的战争趋于复杂和完备。总的来说，大方阵的车战是当时作战的主要样式。然而到了春秋的中期，由于井田制的衰落，"野人"的大量涌入军队，"国""野"畛域的渐渐泯灭，与戎狄步兵作战的需要以及武器装备的改进，步兵重新崛起，步战渐渐再次像先古那样占据主导地位。这种情况在南方吴、越、楚诸国中表现得更为突出。同时，水军在春秋时期渐渐得到发展，水战在水域宽阔的南方地区较为流行；而商代萌芽的骑兵作战，到春秋末年也有了长足的进步。就这样，战争的方式日益多样日趋复杂了。

当然，春秋社会发展也呈现出多样性，并不平衡。与此相对应，春秋时期的战争也可以划分为前后两个阶段。前期战争受旧的作战礼仪的影响和制约，明显带有温和的君子色彩；而后期战争则更增添了残酷、诡诈。这在我们下面讲到孙武与古代战争传统关系时，还要作进一步的分析。然而，这种阶段性的不同并没有改变春秋期间频繁的战争活动占据社会政治生活主流这一基本事实。总体来看，战争发展到孙武生活的春秋时代晚期，已经完成了从幼稚单一到比较成熟多样的历史转变过程。战争的总的趋势就是：规模日益扩大，样式日趋复杂，战争的频率日趋频繁，战争的程度日趋残酷、诡诈和激烈，战争的意义日趋明确，战争的结果对社会生活国家利益的影响日趋增大。而所有这一切，又是与当时社会进步的大趋势相一致的。

战争历史的渊远流长，战争方式的复杂多样，战争经验的丰富深刻，战争意义的鲜明突出。概括地讲，战争的丰富实践，到春秋晚期已经为军事理论家指导战争实践，系统构筑军事理论体系提供了契机，创造了条件。时代已经准备迎接一位伟大的军事思想家。孙武他勇敢地响应了时代的呼唤，显出英雄本色，睿智地独自承担起历史赋予的光荣使命，最终向历史递交了一份圆满的答卷——一部旷世奇书《孙子兵法》。

三、风云际会

孙武遁世隐居，使得吴国对他缺乏必要的了解，对他的杰出军事才华更是一无所知，甚至连对他的来历和真正身份也搞不清楚，大多数人把他看成是吴国当地人士。在这种形势下，孙武要想脱颖而出为吴国所用，运用自己的战争才能叱咤风云、扬名天下可不是那么容易的事情。但是，孙武绝非那种遇到坎坷便长吁短叹、颓废消沉的平庸之辈。他相信个人的努力和才能迟早会被人发现，坚信自己不会默默无闻地终老一生。他仍在等待，仍在准备，同时他也在创造机遇。

孙武在罗浮山隐居期间结识了一位朋友，正是这位朋友帮助他开始实现人生的志向，给他带来了命运的转机。

这位朋友，就是历史上大名鼎鼎、妇孺皆知的伍子胥。

伍子胥，名员，从出身上说是楚国贵族之后。他的祖父伍举曾事奉楚庄王，是楚国的重臣，颇受信任，父亲伍奢是楚平王之子太子建的老师。伍子胥自幼受到良好的家庭教育和熏陶，青少年期间便很有名气，为众人誉之为"少好于文，长习于武"，"文治邦国，武定天下"。可是正当他准

备在楚国政坛上施展文才武略之时，因为一场重大的政治变故，自己一生的道路由此发生了根本的改变。

事情的经过是这样的：

伍子胥的父亲是伍奢，哥哥叫伍尚。

当年他的祖父伍举，凭着直率的进谏受到了楚庄王的重用。伍家三世都是对楚国忠心的忠臣。楚平王在位时，让伍子胥的父亲伍奢作太子建的老师，称作太子太傅。另一个叫费无忌的人作了太子少傅。这一年楚平王派费无忌到秦国给太子娶亲，秦国公主长得很美丽，无忌就对平王说："秦女天下无双，您可以娶了她。"平王果然娶了秦女作夫人，后来生了个儿子叫珍，平王一直非常宠爱她，而后平王给太子建改娶了齐国姑娘。为此费无忌离开了太子而去侍奉楚平王。他十分担心平王一旦死去，太子建即位后会因为秦国公主的事加害于己，就想法向楚平王进谗言陷害太子建。费无忌对平王说："晋国之所以强大而成为霸主，是因为地处中原；而楚国居于南方偏僻简陋，所以不能和晋争高低。如果扩大城父的面积，把太子派去镇守，用来做北方诸国交往的要塞，君王您收取南方，就能得到天下了。"于是平王叫太子建去守卫今天在河南襄城县西南的城父，整备边防部地。然而时隔不久，费无忌又整日在平王面前说太子的坏话，他说："太子因为秦国女子的事，肯定有不满之心，希望您自己多加防备。太子和伍奢统帅军队，住在城父，与诸侯来往，将来一定会回国都来作乱。"平王觉得费无忌说得有理，就把伍奢召回进行审问。伍奢心里很明白这是费无忌的陷害，因而劝谏平王说："您怎么能仅仅为了一个小人的谗言，而怀疑自己的亲生骨肉呢？"费无忌一计不成，又生一计，他假装忠心地对平王说："如果君王现在还不采取措施的话，恐怕叛乱就在眼前，到那时您将束手就擒，悔之晚矣。"昏聩的楚平王听后大怒，囚禁了伍奢，同时派在城中领兵的奋扬去杀死太子。好心的奋扬密派心腹去告知太子让他赶快逃跑，不然将遭杀身之祸。太子得到消息后立刻逃到宋国去了。

费无忌这时又对平王说："伍奢的两个儿子都很有才能，如果不把他们除掉，将来必定成为楚国的隐患。现在可以用他们的父亲作人质，把他的两个儿子召来。"头脑还不清醒的楚平王便派人对伍奢说："你若把你的两个儿子召来就可以活,不然就得死。"伍奢说："我的两个儿子,老大伍尚为人和顺,诚实仁德,听到我的召唤就会前来。老二伍子胥小时就喜好读书,大了以后又习练武艺,他武可定国,文能安邦,是个能够蒙垢受耻,成就大事的人。他很有远见,召他他也不会来的。"平王以为伍奢是在夸耀自己的两个儿子,就派遣使者前去诓骗伍尚和伍子胥。伍尚听到使者所说马上就要动身前去。伍子胥立即拦住哥哥说："不能去。父亲正是因为我俩才没有被杀害,楚王害怕我们俩的才智和武力,才暂时不敢下手杀掉父亲;若是去了,我们不但救不了父亲,反而会一起被楚王杀害。"伍尚含泪说道："父子之间的恩情是出自真心的,如果真能见上父亲一面,也算是互相得到安慰了。"伍子胥哀叹道："如果和父亲一起被杀,怎么能叫世人了解事情的真相?冤仇不报,一辈子都会蒙受耻辱。你若非去不可,我也从此与你诀别了。"伍尚听了伍子胥的这番话后,禁不住泪水纵横,哭泣着说："我活着也会被世人耻笑,即使是在世上苟活,又能怎样呢?你胸藏文韬武略,善于出谋划策,又精通武艺,父亲和哥哥的仇,将来就靠你来报了。我如果能回来,那是老天的保佑,死了也心甘情愿。"伍子胥说："你去见父亲吧,我得赶快离开楚国,顾不上许多了,不然后悔也来不及了。"说完兄弟二人洒泪而别。楚平王得到伍尚,马上把他投入监狱,又派人去追赶伍子胥,一直追到楚国的大江边也没有找到伍子胥。伍奢听说伍子胥脱离险境后,很有远见地说："楚国的国君和大臣们这回可要遭受战争之苦了。"伍尚一个人到楚都去见父亲,结果父子二人真的都惨遭杀害了。

　　伍子胥从楚国逃出之后先赶到宋国,找到了太子建。结果正赶上宋国发生内乱,伍子胥又与太子建、公子胜逃到郑国,原想请郑国帮他们报仇。可是郑国国君郑定公以种种理由为借口,没有答应。

　　然而年少气盛的太子建报仇心切,竟勾结郑国的一些大臣想夺郑定公的权,结果事情败露,被郑定公听杀。危难之中的伍子胥只好又带着公子胜逃出郑国,投奔到当时的吴国。

这时楚平王早就叫人画了伍子胥的画像，挂在楚国各地的城门口，下令悬赏捉拿伍子胥，嘱咐各地官吏严加盘查。

伍子胥带着公子胜逃出郑国后，了解到了这些情况，就白天躲藏，晚上赶路。来到吴楚两国交界昭关的时候，看到关上的官吏盘查得很紧，伍子胥十分着急，传说他一连几夜愁得睡不着觉，结果头发都愁白了。这时他们遇到了一个好心人东皋公，他很同情伍子胥的遭遇，就把伍子胥接到自己家里。东皋公有个朋友，长得有点像伍子胥。东皋公让他冒充伍子胥前往过关。守关的果然逮住了这个假伍子胥，而那个真伍子胥因为头发全白，守关的认不出来，就这样伍子胥蒙混过关了。

伍子胥出了昭关，仍然害怕后面有追兵，就急忙赶路。前面突然横出一条大江拦住去路。伍子胥正在着急，这时江上有个打鱼的老头儿划着一只小船过来，了解到情况后，把伍子胥渡过了大江。

过了大江，伍子胥为表达感激之情，摘下身边的宝剑，交给老渔人，说："这把宝剑值一百两金子，是楚王赐给我祖父的，现在我送给您，好歹表示我的心意。"

老渔人说："楚王为了抓到你，出了五万担粮食的赏金，还答应封告发人大夫爵位。我不贪图这些赏金、爵位，难道会要你这口祖传的宝剑吗？"

伍子胥连忙向老渔人赔礼道歉，拿起宝剑，辞别老渔人走了。

伍子胥怀着丧父失兄的痛苦和向楚国报仇雪恨的大志逃离故国，流落四方。最后辗转乞食，历尽艰辛来到吴国。这时大约是公元前522年，也就是吴王僚五年左右，比孙武自齐奔吴略早几年。

伍子胥来到吴国，先是投在吴国王室成员公子光的门下做了宾客，最后通过公子光见到吴王僚。他不久就建议吴王僚发兵伐楚，伍子胥富于谋略，善于言辞，他向吴王僚述说攻打楚国的好处，得到了吴王僚的信任。公子光看到伍子胥和吴王僚日益亲密起来，恐怕会对他日后谋划杀掉吴王僚的计划不利，就向吴王僚说："伍子胥鼓动您去进攻楚国，并不是为了吴国的利益，我看只不过是想报自己的杀父失兄之仇罢了。千万不要轻信他的话呀！"伍子胥这时已看出公子光要谋害吴王僚，便想道："公子光既有在国内杀吴王僚篡位的野心，就不能拿进攻楚国的事来劝说吴王。"伍子胥就进见吴王僚说："我听说，一个国君是不应该为一个普通人的利益而去对邻近国家发动战争的。"吴王僚说："这话是什么意思？"伍子胥说："现在您贵为一国之君，操持权威，为一个普通人去动用武力，是不合适的。"经伍子胥这么一说，吴王僚也就不再想进攻楚国的事了。公子光的阻挠，使得伍子胥有些难堪，可是并没让他沮丧，而是更加有了信心，因为他从中觉察到了公子光的企图：图谋刺杀吴王僚而自立为吴王。

伍子胥打算推荐勇士给公子光，帮助他夺取王位，也借此使自己立足吴国达到伐楚报仇的目的。他想起了在来吴的路上，曾经结识过一位叫专诸的勇士。那次见面的时候，专诸正和人斗殴，刚一动手，就显示出怒有万人之气，锐不可当。然而这时他妻子呼唤了一声，他马上住手，返身而去了。伍子胥看到这场面感到十分奇怪，就问专诸说："为什么你刚才动手时气势汹汹，可一听到你妻子的呼唤就马上转身而去，这是为什么呀？"专诸平静地说道："能屈一人之下，必能立于万人之上。"伍子胥见他不但勇气超人，而且见识不凡，便与他深深结交，准备将来为己所用。现在正好公子光阴谋篡位，伍子胥便把专诸推荐给了公子光。

伍子胥让专诸去为公子光完成刺僚夺位的大事，而自己则暂时隐居山野，从事农耕和读书，但他心里一刻也没有忘记家仇，暂时的隐退是为了等待吴国政局的变化。

据宋代谈钥《嘉泰吴兴志》记载，在乌程县，也就是今天浙江吴兴县南，建有伍林村，有个伍子胥宅，还有题字："昔子胥逃难筑室于此，旧基尚存"。如果是这样的话，伍子胥当日的隐居之地当在吴都西南百余里处。这里与孙武隐居著书的地方罗浮山正好毗邻。

由于缺少史料记载，今天已无法重现当年伍子胥与孙武结识相见的场面了。但有一点我们却是知道的，他们俩都是从异国隐居于此，均是年轻力壮，血气方刚，有抱负，有理想，又都学过军事，懂得兵略，因此二人一见面就谈得非常投机，很快成为莫逆之交。他们的结交，真可谓是"他

乡遇知己"的绝佳例子。伍子胥是一位杰出的军事家,他"韬略出众,勇于策谋"并有军事著作传世。班固的《汉书·艺文志》中录有杂家类《伍子胥》八篇,兵技巧家类《伍子胥》十篇,可见伍子胥的卓越军事才能。孙武在与伍子胥的交往过程中,领略了楚国军事文化的魅力和风采,进一步开拓了自己的兵学思路。尤其是楚国军事文化的权谋应变特色,使得孙武对除齐国之外的中原军事文化中注重"礼乐"的传统进一步展开反思并最终予以否定,从而完善了自己的军事思想,使之更能适应军事斗争的迫切需要。应该说,他们两人的军事思想恰好形成了一种互补的相辅相成的关系。从这个意义上说,孙武与伍子胥的结识,乃是中国古代军事思想发展史上的一件幸事。

在与伍子胥交往过程中,孙武知道了伍子胥的家仇国恨,也多少暗暗觉察到吴国政坛的微妙变化。的确,当时的吴国已处于"山雨欲来风满楼"的前夕,一场惊心动魄的大变故正在酝酿之中,而它未来的结果不但同伍子胥的前途息息相关,而且也和自己的命运紧密相连。因此,孙武和伍子胥一样,都在急切期待着行将发生的大事。

第三章　吴王兴国

一、吴王初兴

吴国的历史渊远流长，它同周室本是同族，它的始祖为周文王的伯父。事情的经过是这样的：商末，周族兴起于今陕西省西北的泾渭流域。传至古公亶父的时候，商朝已经穷途末路，亶父开始了准备灭商的工作。当时古公亶父有三个儿子，长曰太伯，次为仲雍，小者为季历。而姬昌为季历所生，古公亶父见小孙子姬昌有出息，就把灭商兴周的希望寄托在他身上了，但是，要想这么做，就得传位给少子季历。太伯、仲雍领会到父亲这个意图，就主动让贤，托名外出采药，长途跋涉，跑到今天江南的蛮夷之地。后来姬昌果然继承王位，成为历史上有名的周文王。太伯、仲雍过江以后，到达了今江苏南部地区。当地的原有居民有千余家纷纷归附于他们两兄弟，共立太伯为吴太伯。太伯死后，弟弟仲雍继位。就这样，两位先古的贤人，周文王的伯父成了吴国的创建者。

后来周武王伐纣灭商以后，寻找逃奔在东南的太伯、仲雍的后代。这时，吴国的君位已经传至周章。贤明的周武王当即封他为诸侯。此后，地广人稀的吴国不断向外开疆拓土。到了春秋中叶，太伯以后的第十九代君寿梦继位，并从此开始使用"王"的称号。历史记载"寿梦立而吴始益大，称王"。寿梦是个有作为的君王，他励精图治，决心向中原先进地区的文明学习，他曾经"朝周适楚，观诸侯礼乐"。与鲁成公诚恳地谈论过

孙武传

礼乐之事，使吴国与中原各国文化交往日益频繁，各方面迅速接近了中原各国。这时晋国的巫臣阴差阳错地来到吴国，更加速了吴国的发展。

巫臣，原来是楚国申县的令尹，称为申公。申县的位置在楚国北部边陲，是楚国北上中原和北方中原各国南进的必经之路。申公巫臣为楚国担当这个重任，可见他在楚国的地位是多么重要。但后来巫臣因与楚庄王及公子侧为争娶陈国艳丽迷人、倾国倾城的夏姬而发生冲突。巫臣借出使齐国之机携夏姬来到晋国。楚国令尹子重和公子侧共同密谋铲除了巫臣家族，并分掉了他家族的全部财产。在晋国的巫臣听到这一消息义愤填膺，悲愤万分，写信正告子重和公子侧说："你们用邪恶贪婪来统治国家，滥杀很多无辜的人，我最终一定要让你们疲于奔命而死。"由于巫臣是楚国重要人物，对楚国内外情况了如指掌、分析透彻。他认为打击楚国为自己报仇最有效的办法是利用新崛起的吴国力量。于是他向晋景公建议，让自己出使吴国，联吴以制楚。晋景公听后觉得有理，他也在着手联合吴国，以牵制楚国，为的是减轻楚国争霸中原对晋国造成的巨大军事压力，就马上采纳了巫臣的意见。吴王寿梦二年（公元前584年），巫臣肩负着他的特殊使命和夙愿来到吴国，开始一步步实现他扶植吴国、借吴制楚的最终目的。

首先，他针对吴国处在南方水网地区，历来以水战为主，兵车、步兵的战术远远落后于诸国的特点，从晋国带来了兵车，并送给吴国一些射手和御者，帮助吴国士兵学会了怎么射箭，怎样使用战车，以及如何利用兵法排兵布阵。在巫臣的帮助和教导下，一支训练有素的车战军队组成了，并迅速投入了对楚作战之中。兵车果然在战争中发挥了奇效，很快吴国攻占了州来，也就是今天的安徽省凤台县。州来是吴楚双方争夺的焦点，战略地位十分重要。吴国若拿下了它，就几乎等于打开了通往楚国腹地的大门。这种态势使楚国上下惊恐万状，楚王赶紧命令正在郑国打仗的子重带兵赶往州来救急。而这时吴国又避实击虚，开始攻打徐国、巢国等楚国周边的小国，楚王就又调动子重、子反前来解救。就这样子重、子反一年内7次奉命火速赶往战场。吴军的这种战法使楚军疲于奔命，严重地削弱了楚军战斗力。战争的结果使原来归属楚国的蛮夷之地都让吴国占领了，楚国丧失了大片国土。楚国主帅子重受到宫廷的压力和人民的谴责，身心受到严重创伤，最后得了精神病死掉了。

同时，巫臣还让他的儿子狐庸在吴国负责外交事务。原本吴国是楚的盟国，外交上受制于楚。通过让自己的儿子担任外交官员，就使吴联晋伐楚的外交方针能够长期得到贯彻执行，这样吴国与中原各国的联系更加紧密了，在客观上这就达到了争取外援、孤立楚国的政治目的。

寿梦死后，其子孙诸樊、余祭、夷末、僚相继成为吴国的国君，他们都完全执行与楚对抗的政策。然而在吴国国王夷末去世以后，王位落到了他的胞弟僚的手里，这使得夷末的长子光十分不满。公子光即是后来称霸一时的吴王阖闾。他天姿聪颖，长于权谋，又懂兵法，喜怒不形于色。他很早就参加了吴国对楚的军事行动，年纪轻轻就积累了丰富的政治、军事斗争经验。

公元前 525 年，也就是吴王僚二年，吴王僚以公子光为将伐楚，双方在长岸展开交战。战斗进行得十分残酷激烈，楚军付出了巨大代价，楚将军司马子鱼也战死了，最后才打败了吴军，夺取了吴军一艘吴国先王遗留下的叫"余皇"的大船，并派上重兵严格把守"余皇"，以防吴军夺回。吴军撤出战斗以后，公子光冷静地分析了形势，他认为这还不能说吴军就这样败了，楚国付出的代价也不小，而吴军剩余的力量还可以一战。于是他把全军将士召集起来，大声说道："这次战斗失利，我是有一定责任的。但是丢掉了先王的大船，不能说只是我一个人的罪过，大家也有份。所以只要我们齐心协力，就一定能夺回大船，并最终取得胜利。"经过鼓动，将士们的信心增强了，纷纷要求再战一次以决胜负。公子光亲自挑选了三名军中身高力健的士兵，命令他们偷偷地埋伏在"余皇"大船的旁边，并告诉他们说："我喊'余皇'，你们就大声回答，全军在夜里随后跟上。"到了晚上，一切准备就绪，公子光就喊了三声"余皇。"潜伏的三勇士马上回叫了三声"余皇"，响亮的声音立刻惊醒了楚军，他们寻声向三勇士杀去。三勇士奋力拼杀，以一当十，但终究寡不敌众，还是战死了。这边

的公子光见楚军阵脚大乱，把注意力转向了别处，马上发起全线进攻，并一举大败楚军，重新夺回了"余皇"。

这次战役表现了公子光的英雄本色。他在失败的时候毫不气馁，能冷静分析敌我优劣，能从极不利中看到有利的一面，并有办法把士兵从失败的阴影中解脱出来，重新鼓起必胜的信心和勇气，又采用巧妙的战术，乱了楚军的阵脚，取得了反败为胜的可喜战绩。

吴王僚八年（公元前519年），吴王僚亲自统帅吴军，发动州来战役。楚国则联合了胡国、顿国、蔡国、沈国、许国、陈国等诸侯之师前来救援。双方实力相当，一场恶战不可避免地爆发了。战役开始，楚国联军首先向钟离发动进攻，遇到了吴军的顽强抵抗。楚国令尹死于混战中，楚军军心开始涣散下来。这时公子光急忙向吴王僚建议说："诸侯跟随楚军的虽然很多，但都是小国，他们前来助战是因为害怕楚国而不得不来，所以战斗力不强。我军虽然相对弱小，但团结一致，只要勇猛顽强是能够战胜楚国联军的。沈国、胡国的国君太年轻，易躁好动，陈国的大夫啮虽然年富力强，但很愚钝，不能变通。许国、顿国和蔡国则痛恨楚国对他们的盘剥，不会尽力。现在楚国的令尹死了，他们军心涣散，士气低下，七国同伙又不同心，因此楚军是可以击败的。如果用兵先攻胡国、沈国和陈国的军队，他们必定四散奔逃。三国一旦败退，各路诸侯的军队就会不战而退。诸侯混乱，楚军必然也就无心恋战了。请先让部队放松戒备，原地休息减少活动，引诱敌军，而后续部队则要精兵严阵以待。"吴王僚接受了公子光的建议。

最后，吴军与楚国联军在鸡父举行了大会战。吴王先用3000名罪犯进攻沈国、胡国和陈国。由于罪犯没有受过什么军事训练，战斗力不强，很快就败下来了。三国军队见状，争先恐后地出来俘虏吴军。这时吴国整编三个军紧跟在后面，中军跟随吴王僚，公子光率领右军，掩余率领左军。吴军的罪犯有的奔逃，有的站着没动，这就使得三国争抢俘虏的军队阵形大乱。吴王僚见时机已到，指挥军队猛扑过去，打得三国军队落花流水，并一举擒获了胡、沈两国的国君和陈国的大夫。之后吴军又释放了胡国、沈国的俘虏，让他们逃到蔡国、许国和顿国的军队里，并散布谣言说："我们的国君已经被吴军杀了！"吴军在后面擂鼓呐喊追杀了上来，结果这三国的军队也开始溃败逃窜。楚军见诸侯国的军队溃不成军，自己也拼命逃跑了。就这样，楚国联军被吴军打得一败涂地。

这是吴楚争霸中一次重要战役。此役之后，原是楚地的州来被吴国彻底占据，楚国的东大门已被吴军打开。楚国的令尹囊瓦因此而开始增修楚都郢的城墙，以备不测。在这次重要的战役中，公子光的谋划起到了关键性的作用。他先以计谋攻击楚国联军的薄弱环节，然后乘胜追击，使胜利一个接一个，直到彻底消灭了楚国联军。吴国军队从此威名远扬了。

二、阖闾自立

在我国历史上，周初曾实行少子继承制。因为周太王亶父执意立少子季历，其长子太伯、次子仲雍了解到这一情况后便逃奔到江南吴地。他们当了勾吴的开国君主，太伯卒后由其弟仲雍继立，这是兄终弟及制。少子继承制和兄终弟及制在勾吴的流行，表明长子继承制在当时尚未形成制度，而由此经常引起一些争端。由于吴国长期以来受兄终弟及的影响，吴国的君位在夷末去世后，落到了夷末的胞弟僚的手中，这使夷末的长子光十分不满。而公子光又是一个十分有才能的人，所以他随时准备以强力袭击僚而夺取王位。

公子光图谋袭僚和夺位是在暗中进行的。他平时不露声色，凭着他的军事谋略和作战武功，当上了吴国的将军。公子光在表面上还与吴王僚保持着一种相当协调的君与臣之间的关系。上面我们已经提到公子光在为将期间，率军破楚，屡立战功，以杰出的战绩为他杀僚夺位的计划奠定了坚实的基础。

公子光除了参加对外征伐攻讨以提高自己的威望外，还十分重视接纳贤士，收罗门客，为夺取王位进行暗中的准备。这项准备工作早在吴王僚五年，也就是公元前 522 年，伍子胥奔吴时就已经开始了。那一年，公子光结识了由楚亡命而来的伍子胥，使他的袭僚计划很大地推进了一步。

伍子胥因父兄被楚平王杀害，只身逃出楚国，企图日后为父兄报仇。经过千辛万苦，他终于来到吴国。他早就听说公子光英勇善战，在攻伐战争中屡建奇功，又察知公子光有弑王僚自立之意，不便对外说，就物色刺客进献给公子光。

公子光认为伍子胥父兄为楚杀害，怀着深仇大恨，便要借吴之力攻伐楚国，是一位有勇有谋的义士，而对自己完成袭僚夺位的事业又大有帮助，因此很想与之结交，便私下造访伍子胥。两人一见如故，各自倾诉了本人的志向和遭遇。伍子胥表示愿为公子光的计划出谋划策，他立即向公子光推荐勇士专诸作为袭僚的刺客。自己则暂时隐居于野，等待专诸袭僚之事的成功。

公元前 515 年，也就是吴王僚十二年春，因楚平王在去年冬天刚去世，吴王僚欲乘楚国丧事未毕、新立的昭王年幼即位的机会兴兵伐楚。公子光此时怂恿吴王僚出师，但自己又假装脚有病不能行动而留在宫内。吴王僚只是派他的两个弟弟公子烛庸和公子掩余领兵出师围潜，又派遣季札出使晋国，以观察诸侯的情况。楚国这时立即调动部队进行抵御。楚莠尹然、王尹麇领兵来救围潜，左司马沈尹戌又率"王马"和"都君子"等部队前来增援，他们与吴国的军队相遇于穷。楚令尹子常率领水军顺淮水而下，到达沙涔，以增援陆战部队。楚左尹郤宛、工尹寿又率领部队至潜，切断了吴师的后路。这样吴国的两个公子掩余和烛庸的部队就陷于前后夹击、进退无路的境地。

这时，公子光留在宫里，听到吴军在前线被楚军前后夹击，陷于不利的消息，兴奋异常地说道："千载难逢的机会到了，我不能失掉它！"于是，公子光把专诸叫来说："我才是王位的真正继承人，成为吴国国君是我追求的目标。现在机会到了，请你帮助我。"专诸说："吴王僚是可以杀掉的。但我母亲年纪大了，无人照顾，我儿子又小，以后怎么办？"公子光说："我会替你照顾好一切的，你放心去吧。"

就这样，在四月的一天，公子光在地下室埋伏了精兵，在自己的宫室里准备好了酒席来宴请吴王僚。吴王僚知道公子光常常对自己心怀不满，平时就很小心，这次他恐怕宴会上发生意外，就带了大量卫士，让他们排列在道路两旁。大门、台阶、里门、坐席旁布满了吴王僚精锐的卫士。这些卫士个个气宇轩昂，手持短剑，夹道而立。为防止侍侯的人身藏暗器，上菜人甚至须在门外先脱光衣服，另换一套衣服后才能上来。上菜的人要膝行而入，持剑的卫士用剑夹着他，剑尖几乎要碰到了身上，然后才能递上去。这真是一个让人窒息的时刻。吴王僚自以为如此戒备森严，刺客就是有天大的本领也难有所作为。酒至半酣，公子光忽称足疾发作，说声恕不相陪，就离席而去，进入了地下室，然后让专诸持着一条大熏鱼前去上菜。在侍卫短剑的威逼下，专诸慢慢接近吴王僚，突然他掰开熏鱼，抽出藏在鱼腹中的"鱼肠"剑挺身向僚猛刺过去，两旁卫士见状，把短剑交叉刺入专诸胸中，但还是为时已晚，勇猛的专诸忍着剧痛，把锋利无比的鱼肠剑插进了吴王僚胸中，直透后背。厅堂内外顿时一片大乱，这时公子光率领埋伏的士兵冲了出来，一阵砍杀，杀掉了吴王僚的全部卫士。这是中国历史上著名的刺杀事件。让公子光终于实现了梦寐以求的理想，登上了王位，号为"阖闾"。为表彰专诸的奇功，特封专诸的儿子为卿。

这场叔侄间的王位之争，是统治阶级内部争夺权力的斗争，今天看来无可厚非。不过我们应看到，阖闾即位以后大刀阔斧地对国内外措施进行了一系列重大调整，使国力迅速增强，并着手从根本上来解决与楚国争夺霸权的问题，这一切都大大加快了吴国的历史进程。

再说正在与楚军作战的公子掩余和烛庸听到公子光已发动政变杀死了吴王僚，当即弃军逃走。公子掩余逃亡到了徐国，公子烛庸逃到了钟吾。阖闾想到不杀了这兄弟俩，会遗祸无穷，就施压让徐国逮捕掩余，让钟吾人逮捕烛庸，二公子见势不妙，只好投奔从前的敌人楚国去了。楚国果然如获至宝，派监马尹大心去迎接二公子的到来，楚王还亲自赏赐了不少的土地给他们，让他们到养地去居住，又派左司马沈尹戍、莠尹然为他们筑

城，同时把养城以东的胡与城父的大量土地给了他们，以此让这两位公子与吴国对抗。

三、阖闾图治

1. 任用贤能

阖闾是一位雄心勃勃、才智过人的政治强人。弑僚夺位成功后，他把握实权，便着手为实现自己革新图强、争霸诸侯的政治野心而不懈努力。

在清除僚的残余势力的同时，阖闾在国内启用人才，委以重任，并向他们请教政治、军事、经济等各方面的问题。

阖闾重用的第一个人就是伍子胥。他举荐专诸而完成了袭僚夺位的大事，阖闾即位后，就把他请入宫中，任命伍子胥为行人之官，用对待客卿的礼遇对待他，与他共谋国家大政方针。

阖闾试着对伍子胥说："我打算使国家强盛，称霸诸侯，你说从哪做起才好呢？"

伍子胥顿首垂泪说："我本是楚国逃亡的罪人，父兄被杀害，他们的尸骨得不到安葬，我蒙受着耻辱与罪名前来归顺君王您，您不杀我已是我的荣幸了，哪还敢参与政事讨论国家大事呢？"

阖闾真诚地说："如果没有先生您，恐怕我今天早就被人拘捕囚禁了，当时幸亏听了您的指教，我才大权在握。为什么在半路上您又不帮助我了？"

伍子胥说："我听说，一个出谋划策的人臣，在君王处在危亡境地时还可以和君王相处，但是忧患消逝，大事已定之后，君王就一定不会再需要他了。"

阖闾说："这话不对，我若没有先生帮助，国家大事就会看不透彻，请您不必谦虚了。我国偏僻广阔，地处东南一角，地势险峻又潮湿，又有江海水患；对老百姓来讲也没有什么可留恋的，对国君来说没有什么可守御的；田地没有开垦，仓库没有建立。你说怎么办好？"

伍子胥想了一会儿回答说："我认为，治理国家的头等大事是使国家安泰，人心稳定，这是首要任务。凡是要安定国家，稳定人心，成就大业，让远者归服，近者顺从，就必须先修筑城郭，设立守备，修备武库，充实仓廪。"

阖闾听了觉得有理，十分高兴，就让伍子胥全权负责"修法制，下贤良，选练士，习战斗"等事务。并在国内下令说："全国无论贵贱老少，凡是不听伍子胥的，就像不听寡人的话一样，是犯了死罪，杀无赦。"

伍子胥被阖闾的真诚感动了，从此尽心尽力地为吴国各项建设项目而努力着。伍子胥当时的职位，按照《左传》、《史记》的说法为"行人"。《周礼·秋官》之中有大、小"行人"，是执掌接待宾客礼仪的。但吴国的"行人"却与此不同，是参与政治决策的高官。教吴车战的巫臣之子狐庸，就曾任吴国的"行人"，即参与制定国策的重要人物。《说苑·奉使》里直截了当地说："吴阖闾任子胥为相"，可见伍子胥职位之高。伍子胥在任期间，人民安居，农业发展，官吏也较为清廉；社会关系趋于安定，这就为吴国的强盛奠定了基础。

在阖闾即位初年，又有一名有才德的楚人伯嚭投奔吴国。伯嚭的祖先是晋国人。他的曾祖父伯宗是晋国的大夫，因为"好直言"，勇于进谏，而被当时横行霸道、窃取晋国政权的郤氏给杀了。伯宗的儿子伯州犁逃奔楚国。楚任伯州犁为太宰，掌管王家的内外事务。伯州犁也为人正直，在楚公子围杀害楚王郏敖的内乱中伯州犁受牵连同时被杀。后来，伯州犁之子郤宛在楚国的政治斗争中也死了，伯氏之族失去靠山，只得出奔外逃，伯州犁的孙子伯嚭就这样逃到了吴国。阖闾对伯嚭的身世遭遇十分同情。在伍子胥的一再推荐下，阖闾任伯嚭为大夫，一起参与谋划国家大事。后来，伯嚭又升为吴国的重臣，在谋划国政进攻楚国的事宜中倾尽全力。

宋国的华登也是阖闾执政时期启用的人才之一。华登在公元前 522

年，也就是吴王僚五年，因参与宋国的"华氏之乱"失败而投奔吴国。来吴的第二年，华登在吴王僚的支持下，用吴国的军队讨伐宋国想救华氏家族。因敌不过齐、晋、卫等诸侯国护卫宋国的军队，华氏再次失败。华登乃于吴王僚七年又投奔楚国。

后来在阖闾时期他又由楚奔吴。他是一位卓越的军事指挥家，擅于训练士兵，战功显赫。在他和伍子胥的领导下，吴国军队战斗力大大增强，为将来伐楚做好了准备。

在阖闾众多的革新图强措施之中，选贤任能、广致人才是吴王图治的关键所在。道理很简单，任何事情都需要有人去做，任何理想都要靠人去实现。而要把事情办好，非得有好的人才。在当时逐鹿中原、霸权更迭的情况下，人才的网罗和任用，密切关系着霸业的盛衰、国家的兴亡。因而在春秋时期普遍有"得士则昌，失士则亡"的说法。阖闾的英明，就在于他登基后始终把求贤任能作为头等大事来抓，而且不管是哪国人，只要有才能，他都委以重任，从而为后来的称霸事业奠定了坚实的基础。

2. 布惠于民

阖闾即位之初在任用贤能的同时自己身体力行，改变作风，勤俭治国，对人民施恩行惠，取得了民众的拥护。《左传·昭公三十年》记载了楚国大臣子西这样一段话："阖闾得国之初，善待人民，爱民如子，同甘共苦，上下一致。"《国语·楚语下》记载了对阖闾的称颂之词："口不贪嘉味，耳不乐逸声，目不淫于色，身不怀于安，朝夕勤志，恤民之赢，闻一善若惊，得一士若赏，有过必改，有不善必惧，是故得民，以济其志。"从上述这些赞词中，不难想见阖闾当年刻苦自励、从善如流、与民同劳、奋发图强的身影。

阖闾执政后积极进行的又一项重要工作是发展农业生产。因为他十分清楚，只有物产丰富，府库充足，人民的健康、国家的强盛才会有可靠的物质保证。

阖闾即位后，在农业方面曾向齐国学习过扩大田亩、减轻赋税的治国经验。他又制订了一系列鼓励农民垦荒种田的政策，因此农民的生产热情高涨，吴国大量的荒地得到开垦。夫差在回顾先王阖闾西进伐楚国的情形时说："譬如农夫作耦，以刈杀四方之蓬蒿。"这应该是阖闾当年鼓励农民披荆斩棘，向偏僻的荒地进军的生动写照。经过阖闾执政时期农民的大规模开垦，吴国的农田面积肯定有较大规模的增长。

农业离不开水，为发展农业生产的需要，吴国的水利事业在阖闾即位后也陆续兴办。据说当时在伍子胥的主持下，吴国民众开凿胥河，使皖南的宣、歙等河流与太湖相通，后又修建了数个水库。江南地区湖泊密布，水道纵横，在阖闾励精图治的新政促进下，其他小型的水利建设一定还有不少。

由于阖闾政策的鼓励，农民的生产积极性高涨，生产工具的进步和水利的兴修使吴国在春秋后期农田面积大量增加，谷物丰登，农业生产面貌发生了巨大的变化。《越绝书·记吴地传》记载："摇城里是吴王子居位的地方……那里有良田三百顷，土质肥沃，有水流经过"；这些肥沃的水田应该有相当数量是在阖闾执政时期大搞农田建设时兴造的。《越绝书·记吴王占梦》又记载："吴王夫差执政时，人民殷实富足五谷丰登。"据说有一回，夫差一次就借给"越国粮食万担以上"。夫差执政初期粮食满仓，五谷丰登，显然是阖闾时期发展农业生产的结果和继续。

随着农业的丰收，阖闾时吴国的畜牧业也很快地发展起来，并成立了由国家经营的专门饲养某种家畜、家禽或鱼类的饲养场。《越绝书·记吴地传》中说："娄门外鸡陂墟，故吴王所畜鸡，使李保养之，去县二十里"；"桑里东，……故吴所畜牛、羊、豕，鸡也，名为牛宫。"唐代的陆广微《吴地记》中又说："城东五里有猪坟，是吴土畜猪之所；东二里有豆园，吴王养马处；又有鸡陂，阖闾置豆园在陂东。"宋范成大《吴郡志》并引《吴地记》中说："鱼城，在越来溪西，吴王游姑苏，筑此城以养鱼"；"鸭城，在匠门外，吴王筑以养鸭。"上述记载中的"吴王"，应该多指阖闾。因为在这些文章记载的前后，都是称述有关阖闾的事；而《吴地记》的最后一部份记载，则直接点明是在阖闾时期。可见阖闾在致力发展农业的同时，又很有远见地陆续兴办许多大规模的饲养牛、马、猪、羊、

鸡、鸭、鱼的场所，使农、牧一起发展，各业兴旺。

3. 设立城防

在春秋列国诸侯纷争时局混乱的年代里，一个国家想要强盛发展，必须先在国都及其附近建筑坚固的城墙，以抵御邻国诸侯的侵略，加强统治本国的人民。伍子胥在回答如何"安君治民"的问题时，认为首要的大事就是"广建城郭，设立守备"。阖闾也深知建设都城加强守备对振兴吴国的重要意义。

自吴先祖寿梦以后，吴国的都城在诸樊执政时曾迁徙过一次。在《史记·吴世家·集解》中曾有这样的记载："诸樊迁都。"但是吴国的都城具体在哪儿，史书中没有明确记载，可能在今无锡市附近。到了阖闾即位，他再次迁都，到达今日的苏州市。这在宋朝朱长文《吴郡图经续记》中有明确的记载，这个记载应该是有根据的。阖闾此次迁都不外乎有这样几点原因：进一步避开楚国的锋芒；逼近东南方较弱的越国，从而占据更有利的战略位置；新的国都的水陆交通更为便利，《越绝书·记吴地传》载有从新国都出发的"水道"和"陆道"十分发达，不论是西向伐楚、北上中原还是南下伐越，都可顺利通达；三是新都的物产更加丰富，十分接近太湖之滨的富庶之地鱼米之乡。这些都为吴国未来的繁荣和强盛创造了更为有利的物质条件。

选择和建筑都城，在古代是一件极为重要的事。按照一般例行的规矩，选定都城地址要考察水质的优劣、土地的好坏。这叫作"相土"或"相宅"。阖闾在吴都的选址和建设过程中，也曾进行过细致的考察和周密的规划。《吴越春秋·阖闾内传》曾记载阖闾指示子胥："筑城郭，立仓库，要因地制宜"；而伍子胥则"观察天象，勘察土地，研究土质，品尝水质"。按惯例详加勘察和设计一番。为使城郭坚固耐久，阖闾还令人从远地运来大量优质土和石料，供筑城之用。新建吴都有着三层城垣，构造精密，质量完好，这在当时来说实在是一个巨大的工程。

吴国新都的布局也很完善合理。据考证，吴都大城内有小城，小城是吴王主持朝政的地方。小城面积约为大城的九分之一，在大城的中部偏南。大城以小城为中心，突出了小城的主导作用。大城内有百姓居住，也有驻军，甚至还有热闹的市场。《吴越春秋》记载，阖闾曾将刺客要离的妻子"烧死在市场中"；《越绝书》中记载说，阖闾葬女胜玉时"曾舞鹤于市内"。

吴都的三重城垣，无疑起着保卫城市的作用。《越绝书·记吴地传》中记载，吴小城"其地基宽二丈七尺，高四丈七尺"。可见其城墙之宽广和高耸。在郭内还有全城的制高点姑苏台，平时吴王可以登上姑苏台监视百姓，而战时可用作指挥和瞭望。姑苏台一直保存完好，直到春秋末年，越国袭击吴国，进入了城郭，把姑苏台给烧了，它才毁于战争。吴大城在建造过程中，没有忘记使城内水陆道路开阔，纵横交错，四通八达。《记吴地传》中说："大城内从阊门到娄门，共有九里七十二步，陆道宽二十三步；平门到蛇门，十里七十五步，陆道宽三十三步，水道宽二十八步。""吴国经常用水路来运粮食。"由上可见，新建的吴国都城面积广大，设施齐备，具有多种功能，城内外交通便利，水路发达，它无疑会对吴国政治、军事、经济的发展产生更加积极的作用。

另外在吴国新都的西北，今无锡市的西南、闾江入太湖的河口，当年阖闾还筑有一座城堡。据调查，现在这座城堡的遗址土城的周围约3里，直径1里，高出本地地表2至3米不等。城的东北和西南，则是群山环绕，形势险要，因而使这里易守难攻，成为了防御楚、越的战略要地。同时又成为了吴国新都的屏障。迄今城内还有操兵场、点将台和兵器库等遗址。据《越绝书》和《吴地记》载："伍子胥取利浦及黄渎的优质土筑阖闾城。""伍子胥伐楚还来，运润州利湖土筑之，还不够，又取黄渎土，筑成了大小二城"。这里说阖闾城有"大小二城"，大城即都城，小城就是指此城。它们都是用远地优质土筑成的。

除以阖闾命名的大小二城外，阖闾在位期间所筑的其他城以及各种防御设施还很多。《越绝书·记吴地传》中曾有大量记载："比如抵御越国的娄北武城；离都城百里的用于驻军的宿军城；成为水军基地的栅溪城；以备外越的娄门外城；此外还有巫栅城，辟塞城，等等。《吴郡图经续记》

又记载：在今天吴淞江下游的人海口处，有夹江相对的两座城池，它们也是阖闾建筑用以控防越军的。另据《湖通记略》记载，在浙江长兴县有"斯圻"，所谓"斯圻"，乃是春秋时吴王的屯兵之处。步军屯于城，曰"吴城"；水军屯于圻，曰"斯圻"。《广通坝考》记载，在江苏高淳县广通镇有"固城邑贵址"，是吴王所建用于抗拒楚国的军队的。这些防御性城墙和设施，都是在阖闾时期所建，它们与其他防御设施互为呼应，成为吴国战争防御的主要组成部分。此外，在太湖周围的山上有许多石质建筑，一些学者认为这是吴国所建的军事堡垒和藏军洞，这种说法也不无道理。阖闾十分注重太湖周围的战略地位，经常于太湖周围练兵，进行实地演习。这些石质建筑与其他军事设施连在一起，构成了吴国强大的军事防御网络，也为吴国进攻他国提供了必要的后勤保障。

4. 制兵造船

阖闾野心勃勃，志在称霸。在构筑防御工事的同时，阖闾也念念不忘进攻别国。当孙武初次来觐见阖闾时，他便大谈要用武力进行攻伐。他认为只有这样才能达到他的目的。因此，他大量制造各种进攻和防御的武器，以装备军队供战争之用。

制造兵器在吴国有悠久的传统。铸剑就是阖闾制造进攻武器中最有成就的一项。相传他雇用技艺精湛的工匠干将、莫邪，利用先进的冶金技术，铸造出了名满天下的锋利宝剑。《吴越春秋·阖闾内传》记载，"干将作剑，采五山之铁精，六合之金英"。他采用大型的冶炉，"使童女童男三百人鼓风装炭"以提高炉温。在冶炼达到高潮时，"金铁刀濡，遂以成剑"。可见其铸剑过程中，选用原料之复杂、冶炉之人工规模和操作工序之掌握，都十分讲究。形成了一套精湛的铸剑工艺。《赵绝书·记吴地传》的记载中说："阖闾让干将铸剑，要使用童男女三百人。"据说，阖闾新建的城郭有一"匠门"，就是为纪念铸剑名匠干将而命名的。《吴地记》上说："匠门，又名干将门。"《吴郡图经续记》中的《门名》进一步阐述说："将门者，吴王使干将于此铸宝剑。今天叫'匠门'，是同音的原故。"相传今浙江的避暑胜地莫干山，就是当年干将、莫邪铸宝剑的地方，现在当地尚有剑池、试剑石等与铸剑有关的古迹。从《吴越春秋》关于铸剑的记载看，吴国在春秋后期已经掌握了相当高超的冶铁铸剑技术。从淹城发现过铁刀等兵器的情况来看，干将、莫邪所铸的剑，很有可能有铁质的。阖闾时制造的著名宝剑还有"巨阙"、"辟闾"等名称。《荀子·性恶》篇说："阖闾之干将、莫邪、巨阙、辟闾，此皆古之良剑也。"可见阖闾时吴国所制宝剑品种之多和质地之精良。

吴国的剑坚韧锋利，做工精良，在春秋战国期间被交口称赞。《周礼·考工记》曰："吴越之剑，迁乎其地而弗能为良，地气然也。"意思是说：吴越之剑采集了大地之气，所以锋利无比。《庄子·刻意》又说："夫有吴越之剑者，柙而藏之，不敢用也，宝之至也。"意思是说：吴越的宝剑，用精美的盒子藏着不敢用，因为那是至宝。《战国策·赵三》载马服君赵奢的话说："夫吴干之剑，肉试则断牛马，金试则截盘匜，薄之柱上而击之则折为三，质之石上而击之则碎为百。"吴剑之所以会如此著名，具有巨大的杀伤力，除了铸剑原料的优良之外，当与阖闾时期的冶炼技艺高超、精工制造也有很大的关系。

出土与传世的铸有铭文的吴剑，以阖闾和夫差时期的为最多。如1964年在山西原平县出土的阖闾剑，上铸有"攻敔王光自作用剑"八字；1974年在安徽庐江县出土的吴王光剑，也就是阖闾的用剑，除铸有上述八字外，又加上"趄余以至克肇多攻"八字；1978年在安徽南陵县出土的吴王光剑，铭有"攻敔王光自作用剑，以当勇人"十二字。上述可以确认为阖闾的随身佩剑都制作得精美锋利无比，特别是山西原平出土的阖闾剑，剑身两面饰有火焰状花纹，剑锷仍很犀利，经过两千多年的历史风霜，仍然银光闪耀、寒气逼人，可见阖闾时铸剑之多和技艺之高，名不虚传。这些所铸之剑实为中华民族之瑰宝。

除了铸剑以外，阖闾时制造的进攻性武器中著名的还有戈。《三代吉金文存》和《周金文存》都著录有"大王光"和"攻敔王光"的戈两件，说明阖闾自用的戈亦为数不少。由于阖闾时期吴国的精工制造，吴戈锐利精良，在春秋战国期间同样名满天下。《楚辞·九歌·国殇》用这样的诗句描写威武的军士进行交战的场面："操吴戈兮披犀甲，车错毂兮短兵接。"在当时吴戈成为各国军士乐于使用的杀伤力极强的武器。除此之外，据史籍记载，吴国在春秋后期所造的进攻和防御武器，尚有长矛、长勾、长斧、矢、弩、盾、甲、兜鍪等。由于吴国精良的冶金制造技术，这些兵器都质地优良，成为兵家珍品。

吴国处在南方水乡，河道密布，水网纵横，因而吴军历来善于水战，这就使得吴国的造船业特别发达，且有悠久的历史。到了阖闾在位期间，由于扩军备战的需要，造船业的规模更大，并有严格的造船标准和方法。据《越绝书》中《伍子胥水战兵法》载：

阖闾问伍子胥："现在水军的情况如何了?"伍子胥回答："战船的分类有大翼、小翼、突冒、楼船、桥船。水战的规律与陆战的规律基本上是一样的：大翼相当于陆军中的重型战车，小翼相当于陆军中的轻型战车，突冒相当于陆军中的冲锋之车，楼船相当于陆军中的瞭望之车，而桥船相当于陆军中的骑兵。"可见当时战船的种类繁多，就像陆军中的战车。该书又说：

大翼一艘宽一丈六尺，长十二丈；中翼一艘宽一丈三尺五寸，长九丈六尺；小翼一艘宽一丈二尺，长五丈六尺。

春秋时的一尺，约合今 20 厘米，那么吴国的大翼一艘长度约有 24 米。其规模之宏伟，可以想见。当时每艘战船的人员、装备也都有定制。据该书记载：

大翼一艘容战士二十六人，划桨的五十人，掌舵的三人，操长钩、矛、斧的四人，吏仆、射长各一人，一共九十一人。使用的长钩、矛、长斧各四把，弩各三十二把，箭三千三百余支，甲、兜鍪各三十二套。

这样有定员、定位、安装备的大型战船的出现，说明吴国的战船制造已达到相当成熟的水平。吴国的战船有"疑船"之制，它可作为主帅的掩护。该书又记载：

吴王阖闾问伍子胥军法。子胥曰："君王所在的就是疑船，旌麾、兵载与王船等者七艘。将军疑船，兵载与将军船等三船，皆居于阵列的左右。有敌来，就出来指挥战斗。"

从伍子胥《水战兵法》的文献来看，吴国有如此多而丰富的战船和严密的水战作战制度，它能在吴越、吴楚的历次水战中频频取胜也是理所当然的。

5. 选练士卒

在阖闾时期征兵制度也有很大变化。《史记·吴世家》载，吴王余祭三年（公元前545年）齐庆封奔吴，"吴把朱方县封给了庆封"。可知早在阖闾执政以前，吴国已有了县的设立。至吴王夫差十二年（公元前484年），子贡赴吴游说，结果"吴王乃发九个郡的兵马讨伐齐国"。可见，夫差时期吴国已是郡县林立，从郡县征兵的制度已经相当完善。由春秋时期吴国郡县制的发展和阖闾即位后大力改革、励精图治的情况来推测，吴地郡县征兵制的改革及积极推行当在阖闾执政时期。与中原各国一样，随着吴国国力的大增以及在郡县内的普遍征兵，吴国的兵力大量增加。刘向《新序》记载"孙武以三万破楚二十万"。孙武在一次战役中所率精兵已有三万，可见当时吴国的总兵力或应在十万以上。

阖闾在和平时期还加紧进行训练军队的演习。《吕氏春秋·首时》篇记伍子胥奔吴后，帮助阖闾"选练士，习战斗"；《吴越春秋·阖闾内传》记阖闾让伍子胥"训练士兵骑马、射箭、驾车和战术方面的技巧"。阖闾在太湖之滨开辟了许多练兵的场地。宋代的范成大《吴郡志》的第十八卷记载："练渎，在太湖，旧传吴王所开以练兵"。现在无锡市南的军嶂山，位于太湖边上，传说也是孙武练兵的地方。现在山上还有甲仗坞、方阵里、扬旗、教场嘴、白旄等地名，传说都是春秋时吴国练兵的遗址所在。在训练军队的过程中，阖闾与伍子胥、孙武等将领一起，对士兵加强教育。《吕氏春秋·上德》篇说："阖闾、孙武教导的吴国士兵勇不可当！"《史记·律书》也说，孙武在吴国训练士兵，"纪律严明，赏罚分明"。据一些史书记载，阖闾时孙武、伍子胥训练军队认真刻苦，训练时也使用真正的锐利武器，使士兵能够经受实战的考验，培养他们顽强勇敢的性格。汉代的王充在《论衡·率性篇》中说："阖闾曾经在太湖之畔训练他的士

兵，以刀刃加在士兵的肩上，血流至地。"由于具备良好的军事训练，阖闾的军队在以后的战争中勇猛异常，锐不可当。

春秋时期吴国向外扩张遇到的主要障碍是越国和楚国。为了壮大自己的力量，吴国在外交上争取与其他诸侯国，结成巩固的政治联盟，这是阖闾执政后的又一重要政治方针。阖闾这时把位于淮河上游的蔡国作为自己结盟的主要对象。1955 年，安徽省博物馆在挖掘清理寿县西门蔡侯墓时，出土有铭文铜器近五百件。其中有两件是吴王光鉴，这是阖闾将自己的女儿或妹妹叔姬寺吁嫁给蔡昭侯时的媵器。蔡昭侯十三年（公元前 506 年）冬，蔡国与吴阖闾一起伐楚，攻下楚国国都郢。可见这个政治联盟在对外战争中真的起到了实际作用。

吴王阖闾对吴的综合治理取得了成效，吴国的实力迅速增强了起来。他眼见群贤毕至，人心附己，内心的欢愉自不必说。在阖闾发奋图强的岁月里，吴王阖闾更是身体力行，以身作则，甚至与人民同甘共苦。史书上说他"吃饭不吃两道菜，坐着不用两重席，房子不建造在高坛上，日常生活用品不用雕镂的，居住的宫室也不建造楼阁，他出门用的车船等交通工具也不加装饰，穿着衣服的样式讲求实用而不追求华丽。若赶上有天灾和瘟疫流行，阖闾必亲自巡视安抚孤寡，及时送去生活用品，帮助百姓渡过难关。如果是率军出征或是到军队中去的话，做好的食物一定得等士兵都有了，他自己才食用。他所吃到的东西，士兵也一定有一份。体恤老百姓并和他们同甘共苦，因此士兵和百姓不知疲倦地工作着，死了也知道自己不是白白死去"。综上所述，可以看到：阖闾即位后，谦虚勤奋，多思好学；任用贤能，广纳人才，自身能做到勤俭生活；他爱民亲民，发展生产，兴旺农牧，使天下富庶；军事上迁都筑城，加强国防；制造武器，建造舟船，训练军队；争取与别国结成联盟。这些都为吴国在将来的战争中取得胜利奠定了坚实的基础。

第四章　身担重任

一、孙武入吴

1. 七荐孙武

眼看着国家日益强大起来，可是吴王阖闾脸上仍是不露声色。吴王阖闾心里十分想攻打楚国，但又迟迟不肯发兵，这引起了伍子胥的困惑。他去找伯嚭商议研究此事。伍子胥和伯嚭见面后都说："我们是君王所收养的大臣，替君王出谋划策，给国家也做了些兴国强邦的好事，我们所以如此就是为了让君王攻打楚国。可吴王的命令虽然发布了，但又托故不见有攻打楚国的意思，这是怎么回事呢？"两个人想了很久，还是百思不得其解。

这时，吴王的侍从忽然传令说要见他们二人。两人急忙去见吴王。一见面阖闾就劈头说道："我打算为你们二位出兵攻打楚国，怎么样？"伍子胥、伯嚭二人心中欢喜，相视而笑，马上说："我们愿效犬马之劳。"可奇怪的是阖闾往下不再说什么了，而是领他们到宫外游园去了。

吴王阖闾登上高台，凝神远眺，这时阵阵微风吹拂而来，这醉人的春风引起了阖闾的无限遐思，他久久伫立在高台之上，可是最后他叹息一声又走下了高台。

阖闾的一举一动被伍子胥和伯嚭看在眼里，印在了心上。他琢磨着吴王为何突然召见我们呢？为什么说是为我俩出兵而不说是为吴国出兵呢？

又为什么说完一句话，见我俩愉快地答应后，而后又一言不发呢？又为什么登上高台凝神思索久久不愿离去呢？是迷人的景色使他流连忘返吗？不可能。是春日的阳光使他陶醉吗？也不像。他又为什么最后长叹而去呢？这究竟是怎么回事呢？

当时吴国正处在自身发展的重要关头，内政外交上形势甚为严峻。西有强楚的抗衡，南有越国的牵掣，在此条件下，吴王还要北上中原，与晋、齐等国一争高下，所有这一切，都要求有杰出的军事人才帮助吴王阖闾，完成吴国争霸天下的宏伟大业。阖闾举目望去，伯嚭等人偏于文事，出谋划策还可以，但要让他们号令三军、冲锋陷阵却多少有些勉为其难。伍子胥倒是大将之才，可他与楚王之间有杀害父兄之仇，万一在战场上他为报私仇而丧失理智，说不定会误了吴国的大事，所以伍子胥也不是最理想的统帅人选。想到这些，阖闾心头多少有些怅然，他意识到如今招揽大将之才乃是当务之急，实在是不能再耽误时间了。

这时，通过仔细分析，伍子胥多少觉察了阖闾的思想活动。是啊，吴国目前的要务是征伐诸侯，建立霸权，任命统兵大将最为关键，刻不容缓，可是阖闾并没有委任我伍子胥为将的意思，看来他对我是有所顾虑的。其实，我的好友，隐居山中的孙武才是真正可以"克敌制胜"的大将人选，他一定有能力在军事上辅佐吴王，帮助阖闾建立殊世伟业。

伍子胥深思熟虑后，决定向阖闾郑重推荐孙武。一天他趁阖闾单独召见他谋事的机会，正式向吴王举荐孙武。可是孙武自从由齐国来到吴国后，一直在罗浮山一带躬耕隐居，潜心写作兵书。吴王阖闾连孙武这个名字都没听说过，以为伍子胥这番举荐，多半是为了自己的朋友，以便日后在朝中树立自己的亲信，因而不但不听伍子胥的推荐，反而在内心藏有一丝戒备和不快。

伍子胥见阖闾对自己举荐孙武的建议反应冷淡，心情不免有些沮丧。然而，鉴于自己对孙武的深刻了解以及对吴王事业的赤诚忠心，他还是下定决心，借同阖闾讨论用兵之机，反复举荐孙武七次之多，盛赞孙武是华夏大地上不可多得的军事人才，以此说服阖闾。

　　吴王面对伍子胥的反复推荐也坦诚地说："我以前连孙武这个名字都没有听说过，对此人完全不了解，况且他又是鄙野隐居之人，一点名气也没有。寡人怎么能知道他有统领三军、安邦定国的才能呢？"

　　伍子胥回答说："古人云：'居不隐者，患不远；身不逸者，志不广。'大凡隐居之人，并非是要完全抛弃世俗之事，不食人间烟火，而是为了能避开人世间的纷纷扰扰，寻找一片净土，使得自己能冷静下来，从长远的角度考虑治国安天下的大道。表面上看起来这些人好像只追求个人的安逸自由，实际上只有志向远大的人才有这样超凡脱俗的行为，这种人一旦受到知遇之恩，就会舍生忘死，报效国家，大展其平生所知所学，做出惊天动地的大事。夏、商、周三代的历史就证明了这一点。商代开国谋臣伊尹，原本为有莘氏女的陪嫁奴隶，商汤不以为他出身卑微，将国政完全交付给他，最后伊尹帮助商汤打败了夏朝最后一个国君夏桀，建立了不朽的功勋；傅说，原本是傅岩从事版筑的奴隶，商王武丁不以为他出身卑微，任以国政，开创了武丁中兴的盛世局面；姜太公年老穷困，一个人孤独地垂钓，得遇周文王，被委以重任，指挥千军万马灭了商纣王，奠定了周几百年的基业。大王您既然素怀济世之大略，有经纶天下之雄心，对待贤人应当不限贫富贵贱，凡有一技之长、一艺可取的，都要以礼相待，不可傲慢倦怠。如此的话，必然会名声远播。天下有才能的人，就会来投靠您，那么霸业就指日可待了。微臣再次恳请君王重用孙武。"

　　听了伍子胥这番话，吴王阖闾觉得很有道理，神色为之振奋起来。这时伍子胥又说道："此人精通韬略，有鬼神不测之机，天地包藏之妙，他自著了《兵法》十三篇。因世人不知其才能而隐居于罗浮山之东，如果得此人为军师，天下无人是他的对手，更何况楚国了。"阖闾马上说道："你去替我把他召来吧。"伍子胥马上说："此人不会轻易出山，必须用重礼聘之，才有可能请动他。"阖闾同意，取来黄金十锭，白璧一双，遣大夫伯嚭驾着马车，前往罗浮山聘请孙武去了。

这时的孙武经常叹息自己有经天纬地之才，而无明主相识。那一天他正抱着双膝在家中吟诗，伯嚭这时在外面听到了声音，心想这一定就是孙武，便慢慢走近拱手行礼说道："久闻先生大名，真是相见恨晚哪！"孙武见来人衣冠整齐，忙出迎道："大人从何而来，农夫我有失远迎！"伯嚭说道："我是吴国大夫伯嚭，久闻先生高风，今奉诏聘你入朝，共商国事。"孙武连忙推辞说："我乃是一介村夫，没有什么见识，怎敢劳烦圣意？"之后，孙武置酒招待伯嚭，伯嚭苦劝孙武就聘，孙武就是不答应。最后伯嚭从袖子中拿出伍子胥的书信交给孙武，孙武看罢，喜不自胜，随即收拾琴书，整理东西，次日与伯嚭上路见吴王去了。孙武是愿意出山为人所用的，一来是可以展示自己的军事才华，为国家效力；二来他对吴国当前的政治也颇为关注。因为在春秋时期，中原诸国如齐、鲁、晋、宋、郑、卫等，都有士大夫世族互相倾轧斗争以至篡位夺权之事，而使国家混乱不堪，国力受到严重损伤，而吴国绝没有那样的士大夫世族，国家权力也一直牢牢掌握在国君手中。这是边陲诸国与中原诸侯国的一大差异，而吴国尤其是如此。这一点可以从出土的吴国铜器铭文绝大多数是国王及其子孙所为中得到证实。王权集中，大臣皆听命于王，这是吴国在阖闾时期迅速崛起的又一重要原因。孙武离齐奔吴，前面已经说了，当也与这种国家形势有关。

吴王终于起用了孙武，孙武按捺不住自己激动的心情，跃跃欲试，准备在吴国一展才华，实现梦想，建功立业。

2. 后宫演兵

公元前512年，也就是阖闾三年，通过伍子胥"七荐孙子"，吴王决定召见孙武。

孙武第一次与阖闾见面时，伍子胥和伯嚭都在场。当时吴王走下台阶欢迎孙武，赐坐之后就一起谈起了兵法。最后孙武拿出了自己所著的《兵法》十三篇，献给了吴王阖闾。阖闾让伍子胥从头朗诵一遍，伍子胥每读完一篇，吴王都赞不绝口。孙武的十三篇兵法依次是：《计》篇、《作战》篇、《谋攻》篇、《形》篇、《势》篇、《虚实》篇、《军争》篇、《九变》

篇、《地形》篇、《九地》篇、《火攻》篇、《用间》篇。

吴王阖闾初读《兵法》之后，感觉甚好。其实为了使吴王读兵法时感到亲切，孙武在兵法中总是以吴越两国的情况作为比喻而加以说明。当时越国是吴的近邻，在吴的南方，吴国自寿梦以后开始强盛起来之后，越国就成为了吴国首要的攻击目标。但越国自允常即位称王后，国家也开始发展，逐渐对吴国的进攻不甘示弱，因而双方发生了持续不断的战争，成为世仇之国。

由此可知，孙武在奔吴以后。写定的兵法著作，其中有的地方是在向吴王说明如何战胜"越人"，这是有针对性的。

孙武的《兵法》十三篇乃是他的智慧结晶所在，几乎没有什么漏洞。为了更有效地说服吴王，孙武在兵法的开头就点明说："将听吾计，用之必胜，留之；将不听吾计，用之必败，去之。"意思是说：按照我的兵法用兵，则必胜，我就留在此地；如果不按我所说的用兵，则必败，而我将去之他国。可见孙武对自己兵法的高度自信。孙武在撰著兵法之时，充满自信，跃跃欲试，希望在吴国闯出一番大事业。最后，他在著作中进一步表明自己的观点说："昔殷之兴也，伊挚在夏；周之兴也，吕牙在殷。"伊挚是殷朝的开国大臣伊尹，尹是其官，挚是其名；吕牙是周朝的开国大臣吕尚，也就是姜太公，牙是其字"子牙"的简称。孙武撰著兵法用这样的事例作为结尾，显然是希望"明君贤将"用他的计谋，而"必成大功"。从这里我们可以看出，孙武的理想是要在当时诸侯割据的华夏国土上，建立起像殷、周那样的统一王朝。他期待吴王去成就这样的大业，做汤、武那样的帝王；而自己则成为辅佐统一王朝兴起的开国元勋，就如同伊尹、吕尚般的人物。

由此可知，当时孙武的理想是多么高远、宏大。阖闾打量着面前这位年轻人，只见他从容大方，英气勃勃，镇定自若，显出出众的干练和才华。阖闾心头感到十分高兴。

阖闾对伍子胥说："这部兵法真有通天彻地的智慧，但是寡人的国小，军事力量也弱，那该怎么办呢？"孙武回答说："我的《兵法》，不但可用

于士兵，就是妇人女子，按照我的军令，也可以训练并让她们去打仗。"听到这话，吴王阖闾脸上掠过一丝不易觉察的微笑，说道："我倒很想用你这兵法来做些游戏，不知先生意下如何？"

孙武察觉出了阖闾这番话中的讽刺意味，便马上严肃地回答说："兵法之事，非同小可，它直接关系到国家的利害和安全，既不能把它看作是单纯的个人喜好，更不能以顽童嬉戏的不严肃态度去对待。如果君王您仅仅以戏乐或喜好的角度来谈论兵法，那我无法给您圆满的答案，还请您原谅。"

孙武这话说得严密清晰，义正辞严，掷地有声。阖闾听了不觉为之动容，答道："寡人不理解兵法的精妙所在，还请先生赐教于我。然而您的兵法固然写得有条有理，精彩纷呈，但是否能为寡人小试牛刀指挥一下队伍吗？"

听了这番话，孙武知道吴王对自己还有不信任之处。吴王现在既然提出要用兵法演练的要求，那正是用实际行动何吴王展示自己才华的机会。于是孙武便大声回答："当然可以，怎么试都成，完全满足君王您的意愿。用什么样的人来试都可以，不论是高贵的还是低贱的，聪明的还是愚钝的，也不论是男的还是女的，只要用兵法一加约束、一加训练，便可做到令行禁止，纪律严明，冲锋陷阵。"

阖闾听了孙武的话，不免又暗暗摇头："这年轻人似乎也太狂妄了一些，从古至今从没听说过可用兵法训练妇女的事情。好吧，他一言既出，就让他做到底，抓住这点出个难题考考他。"阖闾想法已定，就半开玩笑半认真地告诉孙武："先生既然对自己的兵法如此有把握，寡人倒愿意看看您如何把兵法用在训练妇女上？"

孙武见阖闾真的要用妇女来演练兵法，不禁皱了皱眉头，心中叫苦，觉得这位君王未免有点任性，或者是在刁难自己。于是地提醒阖闾说："妇人多不严肃，我担心君王您事后会不满意，还是换其他人演练为好。"

阖闾打断了孙武的话："寡人有什么可不满意的呢？"心想孙武这年轻人果真是口出狂言，一旦要动真格的，心就虚了。我偏偏要让妇人演练，看他能搞出个什么样子。

　　"就这么办吧!"阖闾用不容置疑的口吻将此事拍板定钉了。他当即下令去宫中挑选宫女,以备演练之用,并同孙武约定了演练兵法的时间。孙武见吴王主意已定,也就不再说什么了,胸有成竹地迎接这个小小的有趣挑战。

　　当天下午,孙武准时来到吴宫后面的苑囿之中,阖闾已在那里等候。见孙武来了,阖闾马上下令唤出事先选定的一百八十名美女,并交给孙武进行操演。

　　一切准备就绪后,孙武对吴王说:"我需要大王的二名宠姬做队长,以统领方阵。"阖闾又召来自己的两名宠姬,分别叫左姬和右姬,并对孙武说:"这是寡人的所爱,可以做队长吗?"孙武说:"可以,但是作为军队,要纪律严明,奖罚分明,这次虽是演练,也不能马虎。请大王立一人为执法;二人为军吏,作为传令之用;二人击鼓;数名力士做为牙将,拿着刀枪斧戟,列于坛上,以壮军威。"阖闾一一满足了孙武的要求。孙武吩咐宫女分为左右两队,右姬管辖右队,左姬管辖左队,披着甲胄,拿着兵器。孙武向她们宣明军法:第一不许混乱队伍;第二不许说话;第三不许不听命令。最后说:"明天早晨,都来此操练,大王要登台观看。"第二天早晨八点,众宫女来到教场,一个个身披甲胄,头戴兜鍪,右手操剑,左手握盾。二姬顶盔束甲,充做将官,分立两边,一个个英姿飒爽,好不英俊。孙武升帐后,亲自以墨绳画出区域,布成阵势。并让传谕官将二面黄旗分给二姬,让她们为领队,众宫女随着她俩之后操练。行进时步伐要一致,随鼓声进退,左右回旋,寸步不能乱,要求完毕,孙武让两队宫女蹲下听令。

　　孙武还按兵法规定的程序,派自己的驾车人和陪乘者分别作为司马和司空,一起监督宫女操练,负责执行军法。

　　一切安排就绪后,孙武严肃地登上指挥台,向众宫女认真宣讲操练的方法和要领。他双目有神,大声地向宫女们发问道:"你们都知道自己的左右手、前心和后背吗?"众宫女觉得这个年轻人好生奇怪,一个人哪里

会不知道自己的前心、后背和左右手呢?于是一个个懒洋洋地回答:"知
——道。"孙武望见宫女们心不在焉、懒懒散散的样子,不禁有些生气,
可是还是按捺住性子继续讲了下去:"心所对的方向就是向前;向左,看
左手方向;向右,看右手方向;朝背的方向就是向后。一切行动,都要以
鼓声为准。大家都听明白了没有?"宫女们这次回答得倒也干脆:"听明白
了!"孙武讲完,即命令士卒扛来执法用的斧钺,把它竖立在练兵场的一
侧,并向众宫女反复申明军法:"凡发令而不听从者斩首。"之后,孙武便
上前向阖闾请示是否可以开始。阖闾当即表示:"请先生开始操演。"

　　孙武于是向这群特殊的"士兵"大声宣布演练开始,擂击鼙鼓,命令
这些"士卒"向右行进。众宫女第一次经历这样的场面,穿着盔甲,拿着
剑盾,听到"咚咚"的鼓声,只觉得好玩有趣,一个个笑得东仰西歪,不
能自持。孙武见状,紧皱眉头,摇头叹息,等到喧哗声稍止,孙武便自我
责备说:"是我规定得不够明确,你们对演练的规律和命令不够熟悉,这
是我的过错。"说完,孙武又将军令军法和操练的要领,仔细地向众宫女
交代数遍。然后又操槌击鼓,指挥宫女向左行进。可是那些宫女依旧不听
从命令,嘻嘻哈哈,笑作一团,视操练如同儿戏。

　　面对这种散漫混乱、极不严肃的情景,孙武真的怒不可遏了,两目忽
张,声如骇虎,他严厉地说:"规定不明确,交待不清楚,那是我为将者
的责任。现在军纪军法已宣布明白,操练的科目内容又三令五申,这种情
况下仍然不执行命令,那就是下级士官的罪过了。"他大声命令执法官
"取斧钺!"斧钺是军法的象征,这意味着孙武要执行军法了。接着,他回
头问执法官:"按照军法,不服从军令该如何处置?"

　　执法官毫不含糊地回答说:"斩首。"

　　"那好"!孙武斩钉截铁地说,"兵法上说:'赏善从贱人开始,罚恶从
贵人开始,'就把左右两位队长斩首示众!"孙武下达了命令。

　　孙武话音一落,执法的士卒就上前拖出担任左右队长的两位吴王美
姬,准备执法。宫女们眼看要动真格的了,顿时花容失声,笑意全无,两
位美姬队长更是浑身颤抖,魂飞魄散。

　　刚才吴王阖闾在看台上看得还有滋有味，他发现宫女们舞剑挥刀比跳起群舞还要好看。现在突然发现孙武真的要斩他的两个美姬，大为惊骇，再也坐不住了。他急忙派人传令给孙武，要求刀下留人，并说："寡人已经知道将军军法严明，善于用兵了。没有这两个美姬伺候，寡人就会食不甘味，寝不安席，看在寡人的面子上，请将军收回命令！"

　　孙武见阖闾求情，不禁有些踌躇，可是他坚毅的性格终于排除了思想顾虑，他转身回复使者："臣既然已受命为将，将在军，君命有所不受！"说罢，他转身命令刀斧手："开斩！"

　　斧钺高高举起又沉重地落下，吴王两位宠姬就这样身首异处，香消玉殒了。阖闾不忍心眼看着自己所宠爱的两位美姬被处死，又不好发作，一气之下，拂袖而去。

　　孙武将阖闾的两名爱姬斩首示众之后，又指令两队第一排的两名宫女充当队长，并亲自擂鼓发令，继续指挥宫女进行演练。宫女们已见识了孙武的厉害，哪里还敢再造次，认认真真地按照孙武的命令进行操练，如同换了一个人一样。鼓声令左，就一齐向左；鼓声令右，就一齐向右。宫女们前后左右，进退回旋，跪伏起卧，所有动作都做得合乎规矩。整个练兵场上，除了整齐的步伐和统一的动作之外，再也听不到喧哗嬉笑的声音，看不到前仰后合的情景。一百多个风姿绰约的年轻宫女，穿着盔甲，拿着刀剑俨然成了一支训练有素的钢铁队伍，孙武主持的军事操练就这样完全达到了预期的目的。

　　于是，孙武派人禀报阖闾说："队伍已经训练好了，请君王前去检阅。这样的军队，君王可以任意支配。就是让她们去上阵杀敌赴汤蹈火，也不会有任何问题的！"阖闾此刻正气不打一处来，还在为失去两位爱姬而烦恼，听了使者的禀报，没好气地回答："请孙将军回馆舍休息吧，寡人不愿再去看了。"想到自己的初衷落得如此结果，吴王阖闾那个懊恼劲就可以想见了。

　　孙武听了回话，摇了摇头淡然一笑，说："君王只是爱好兵法上的词句罢了，内心里并不想真正去实行。"之后，孙武遣散宫女，自己乘车返回馆舍休息去了。

吴王阖闾在演兵场上失去了两名爱姬，回到王宫后仍然余怒未消，好几天情绪低落，高兴不起来，并把怨恨加在孙武身上。

阖闾确实很疼爱两位爱姬，她们死后，阖闾把她们葬于横山，并立了祠以祭奠，后人把它们称为爱姬祠。因为这件事，阖闾有不再起用孙武之意。可是想来想去，阖闾认为孙武的确是个难得的将才。千军易得，一将难求，自己要实现争霸天下的夙愿，肯定少不了孙武这样的人的辅佐，便又下不了驱逐孙武的决心。

正当阖闾为孙武的去留问题犹豫不决之时，伍子胥又入宫做他的思想工作来了。

伍子胥见阖闾闷闷不乐的样子，知道阖闾还在为那天演兵场上发生的事情而生气，就以温和的语调，诚恳沉着的态度向吴王进谏道："微臣听说兵者事关重大，不可以掉以轻心，马虎大意。所以在治军上，军纪军法不严肃执行，就不能训练出一支强大的军队。如今大王您正渴求贤明之将为己称霸所用，希望藉此大兴王师，征伐楚越，进而称霸天下，使众诸侯俯首归附。在这样的形式下，不起用孙武为将还有谁能更合适呢？那时若要想远涉它国，征战万里，岂不是一厢情愿吗？这正是美色易得，良将难求，大王您若是因为二位美姬而弃用孙武，那不是弃嘉禾而择莠草吗？"

这时的阖闾毕竟是位英明君主，他不甘心碌碌无为，他要实现自己的志向。所以一经伍子胥的点拨，理智立即清醒了，终于没有让一时的感情蒙蔽住自己。之后，他怀着对孙武将才的赏识和器重，亲自去孙武住的馆舍挽留这位旷世奇才。

就这样，阖闾和孙武在馆舍又见面了。自经历了王宫演练这番风波后，这次会面的气氛便显得有些严肃了。阖闾这边已对孙武的才能深信不疑，而孙武这方面则也折服于阖闾宽容豁达的胸襟，打算竭尽全力为吴王建功以报答知遇之恩。

孙武向阖闾表示了一番歉意，接着便又提到了当日杀死美姬的缘由。他说："赏罚分明，令行禁止，这是兵家的基本法则，为将治军整众的通则。用兵莫贵于威严，威行于众，严行于吏；只有三军遵纪守法，听从号令，一支军队才能攻无不取，战无不胜。"阖闾原本就有挽留任用孙武之意，听了他的这番话，觉得很有道理。于是便最终下定决心，任命孙武为吴国的将军，担当起军事重任。

孙武从此便，开始了他人生旅途上的新的跋涉。

二、君臣论治

在伍子胥、孙武等人的辅佐治理下，吴国的内政、外交和政治军事等方面都大有起色，走上了富国强兵之路。吴王阖闾极为重视孙武、伍子胥两人，把他们看作自己的左膀右臂，他们经常在一起谋划治国治军的大政方针，议论古来帝王治国安邦的经验教训，分析当代各诸侯国政事的蛛丝马迹、利弊得失。

有一次，阖闾同孙武谈论起治军之道时情绪很高。孙武根据自己对历史战争的广博了解和深刻认识，侃侃而谈，向阖闾介绍了黄帝征伐蚩尤等历史上的战役和治国经验，并发表自己的看法："在远古的时候，黄帝坐镇华夏中原，雄据要津，当时其他地方的首领作恶肆虐，为害百姓。黄帝决心救民于水火，致天下于太平。他先是与民众一道休整广积粮食，训练士卒，赦免罪犯，在取得了天时、地利、人和三方面的优势之后，才大兴义师，领兵征伐，南伐赤帝，东伐青帝，西伐白帝，北伐黑帝，终于先后将他们击败，使得天下拥戴，万民归心。后来，商汤顺从民意，伐灭夏桀，统一了九州；周武王吊民伐罪，铲除商纣，四海归一。这历史上的一帝二王，他们既得到了天之道，地之利，又得到了人民的支持，所以才无往而不胜的，这些经验都是后世君主所借鉴的典范。"阖闾听了深受启发，就这样，吴王阖闾从孙武那里得到了不少治军平定天下的教益。

又有一次，吴王阖闾兴致很高，同孙武讨论起治国之道。交谈之中，他们说到了中原霸主晋国的政治情况。阖闾很想了解孙武的政治见识，便

询问道：

"晋国的大权现在为范、智、中行、魏、韩、赵六家士大夫所掌握，他们各自控制着晋国的一块地方，相互争权夺利。依将军之见，最终，六卿之中谁会最先灭亡，而哪个家族能够强盛起来？"

孙武根据自己对晋国政治的观察和对历史经验的分析，提出了自己的看法。他说："六个士大夫之中，范氏、中行氏两家会最先衰败灭亡。"

阖闾对孙武的观点很感兴趣，随即追问道："将军您根据什么作出这样的结论？"

孙武神态从容地回答说："这是根据这些士大夫亩制的大小，收取租税的多少以及他们家族士兵的人数、官吏的贪廉等情况作出的结论。就范、中行两个家族而言，他们以八十步为畹，一百六十步为亩。六个家族之中，这两家的亩制最小，收取的租税却最重，高达十分之五。士大夫赋敛无度，民众饿死沟壑，官吏众多而又骄奢，军队庞大而又屡屡兴兵。长此以往，谁能够受得了，这样的家族最终必然众叛亲离，土崩瓦解。"

阖闾听得此言，觉得孙武的分析切中要害，甚是有理，于是更来了精神，接着问道："范氏、中行两个家族败亡之后，覆灭的又该是哪家呢？"

孙武认真地回答说："根据同样的道理推论，下一个就该是智氏了。因为智氏的亩制，以九十步为畹，一百八十步为亩，只比范氏、中行氏的亩制稍大一些，租税同样沉重，也是抽取十分之五。智氏与范氏、中行氏的痼疾完全一样：亩小，税重，家族富有，人民困穷，而且吏众兵多，主骄臣奢，又穷兵黩武，好大喜功，结果只能是与范氏、中行氏家族一样，最终覆灭。"

阖闾这时来了认真劲儿，打破砂锅问到底，继续问孙武："智氏败亡之后，下一个倒霉的又是哪一个呢？"

孙武不慌不忙，以同样的道理沉着应对："那恐怕就该轮到韩、魏两家了。这两家以一百步为畹，二百步为亩，税率还是十分之五。其病根依然是：亩小，税重，公家聚敛的财物众多，民众却贫困，同时官兵众多，急功近利。只是因为韩、魏两家亩制稍大，人民负担相对轻一些，所以能多苟延残喘一段时间，但最终将随那三家之后灭亡。"

此时不等吴王发问，孙武接着论述道："至于赵氏家族的情况，则与上述五家完全不同。六个家族之中，赵氏的亩制最大，以一百二十步为畹，二百四十步为亩。不仅如此，其征收租赋的情况不过分。亩大，税轻，家族取之有度，官兵数量较少，在上者不过分骄奢，在下者尚可温饱生存。宽政得众，苛政丧民，根据此番情况来看赵氏家族必然兴旺发达，晋国的政权最终要落入赵氏之手。"

历史上孙武对于晋国六卿兴亡盛衰的精辟论述，等于是给吴王阖闾上了一堂治国安民的生动一课。阖闾听后，深受启发，口中连声说好，并不胜感慨地说："如此说来，王者的成功之道就在于他能厚爱民众，不失人心啊！"

吴王阖闾接着又说道："先生酌古论今，意气风发，使寡人耳目一新，豁然开朗，看来伍子胥的推荐很是英明，先生的才能非凡夫俗子所能及，也不是一介武夫所能拥有的。"

随后，吴王阖闾又把话题转到了军事上，他向孙武请教道："我已经看过了先生所著兵法十三篇，十分钦佩您的学识和智慧，但尚有一些令我困惑不解的问题，请您当面解决。"

孙武恭敬地说道："大王请讲。"

阖闾说："我们的军队如果出境作战，在敌国驻扎。这时敌人从四面八方包抄过来，将我团团围住，我军想突出重围，可是四面敌人太多不能通行。打算激励军队的士气，使他们勇敢地去突围，用什么办法好呢？"

孙武沉思了一会儿，字斟句酌地回答说："在这种情况下要挖出深沟，筑起堡垒，向敌人演示我军要固守阵地的样子，并保持安静不动，以隐蔽我军的企图。然后暗自布告全军，把我们的处境讲清，告诉全军我们已处绝境，想要突围出去唯有以死相拼。然后把随军牛马杀掉让全军将士饱餐一顿，剩余的粮食则要全部销毁，断掉全军留下来可能生存的念头，让将官不再想其他的后路而只想突围之事，让士兵抱有必死的信念，这时磨刀利刃，鼓足士气，分兵两路向敌人发起突然进攻，进攻时要杀声震野，鼓声震天，从心理上使敌人畏惧起来，仓促应战，必然手忙脚乱。突出去的

部队要从另一面接应另一支没有突出的部队，使敌人更加混乱。这就是在我军在被敌国围困的情况下，采用的求生办法。兵法上说：'困而不谋者穷，穷而不战者亡。'意思是说：被困而不想办法就会穷途末路，穷途末路又不背水一战就会被消灭。"

孙武刚说完，吴王阖闾跟着又问："如果情况正好相反，是我军包围了敌人，又该如何围歼敌军呢？"

孙武淡然一笑，说道："这很容易。山谷险峻，敌军难以逾越，兵书上把这时的敌人称之为穷寇。歼敌的办法是：把我方士兵潜伏起来，选择好敌人逃跑的路线，然后虚留一条生路，使敌人只想为求生而逃跑，从而丧失置之死地而后生的决心。如果丧失了战斗力，这样的敌人再多，也会被击败的。兵法上又说：如果敌人处于绝境，士兵斗志昂扬，要想消灭敌人的办法就是顺从敌人的思路去找它的弱点，不要和敌人硬拼死打，要把我方有利的一面隐藏起来，让敌人迷惑不解琢磨不透，同时派兵切断敌人的粮道。为了防止敌人派精锐部队突围，应多设弓箭手在暗处布好埋伏，等待敌人落入陷阱。"

吴王听完赞叹道："果然奇妙。我再问一个问题，如果敌军占据山川险要地势，粮食又很充足，我军引诱敌军出战，敌军不上当该如何是好？我军又如何能找到敌军的漏洞而发动进攻呢？"

孙武说："遇到这种情况也有办法。首先我军分兵把守住要害之地，一定要保持高度的警惕性，不能有丝毫的松懈，然后秘密派出间谍去刺探敌军的虚实，密切注视敌人漏洞所在，以小利诱使敌人进攻，同时禁止敌人一切对外活动。时间久了，敌军一无所得，自然会改变坚守的策略，等到敌人一旦离开固守之地，我军则要突然全线出击消灭敌人。这就是敌人据守险隘，而我们能够攻破敌人的计谋。"

吴王阖闾又继续问道："在您著的兵法十三篇中尚有一些寡人看了不能领会其玄妙之处的地方。比如说：'途有所不由，军有所不击，城有所不攻，地有所不争，君命有所不受'。先生您能否讲得具体一些？"

孙武说："可以。'途有所不由'是指'有的道路不一定要走'，军队进入这种地区，进入深了后方不利于接应，进入浅了达不到前进的目的；军队行动了就会有不利因素，军队不行动就会有被包围的危险。这样的道路，还是不走为妙。'军有所不击'是说，'有的敌人不一定要攻击'，敌我双方已准备交战，估计我军的军事力量足以击破敌军甚至俘获敌军将领，但从长远的军事利益上考虑，还有其他更巧妙的办法，不用浪费这样的军力去和敌人面对面地较量，在这种情况下，敌军虽可以打败，但也不要去打它。'城有所不攻'是说'有的城池不一定攻取'。如果估计我军的实力完全可以把这座城池攻下来，但攻取以后对于我军的下一步计划并没有什么好处，占领以后，我军又不能很好地守住这座城池。再比如用强攻的办法，比较困难，但如果我军不去攻占它，而是在这座城邑的前方活动，造成一种有利的形势，这座城池的守敌就会因为绝望而放弃城池，即使是不能造成有利的形势，这座城池的存在也不致危及我后方的安全。对于这种城池，虽然可以攻取它，但也不一定要去攻它。'地有所不争'是说'有的地方不一定要去争夺'，比如山谷水泽，这些军队无法生存的地方，对国家也没有什么利益的地方，不要去争。所谓'君命有所不受'是'说国君命令不一定要执行'，是指他的命令违反了上述四种原则，就可以不执行国君的命令，作为一名统兵将帅懂得了这四种兵法的基本原则，就算懂得如何用兵了。"

孙武和阖闾就这样一问一答，越讨论阖闾越觉得满意、投机。孙武对吴王的发问很是佩服，觉得吴王提出的问题常常单刀直入，具有实用价值，问得也很全面，小到军事上战术的运用，大到治国安邦，既问到处于有利的形势下怎么处理将要发生的事情，又问到在不利的形势下该怎么去想办法解决，怎么去扭转不利的局面。孙武从吴王的发问中看出了吴王阖闾确实为一位心怀大志而且想有所成就的君主。

而吴王通过孙武精彩贴切的解释也发觉孙武确实是个有经天纬地之才的人。他分析问题精辟犀利，往往能一下子抓住事情的要害。他头脑冷静，思维缜密，言语准确，对答如流，真是一位天下难寻的文武双全的将才。

孙武任将以后，阖闾经常向他讨教政治、经济、军事等各方面的问

题。除了军事方面的问题之外，阖闾特别关心各国的政治情况，士大夫的斗争形势，以及如何能取得人民的拥护，成为强国和霸主等问题。以上的一些关于孙武和阖闾的一些争论和对话并非只是历史学家和文学家的推测和加工，而是基本上确有其事。从银雀山汉墓竹简《孙子兵法·吴问》来看，阖闾当年确曾问过孙武晋国的六大家族在互相兼并倾轧的斗争中"孰先亡，孰固成"的问题。孙武从六卿亩制的宽狭、赋税的轻重、官吏的多少和统治者对人民的态度如何等方面，论证了他们未来的成败。阖闾对孙武的分析连连称"好"，最后得出结论道："王者之道，厚爱其民者也。"可见他在那场讨论中深有所悟，学得了许多治国的道理。《通典·兵》记录有相当多的孙武与阖闾关于在战争中遇到各种情况应如何应付的回答。有的学者认为，它是战国中晚期以后的人所添加的，但也不能排除有些对话是以当时的历史情况为依据，而有其一定的真实性。从以上内容可以看到，阖闾向孙武所提问题的范围之广和内容之多，充分反映了阖闾当时勤奋好学、善于思考和积极进取的精神面貌。

阖闾是我国春秋时期一位颇有作为的君王。他当政期间，在政治、经济、军事等各方面都有所建树，使吴国的实力进一步加强。后来孙武在对外战争中的胜利，与阖闾的积极进取、知人善任是分不开的。

第五章　开创霸业

一、霸业之初

1. 旨在破楚

孙武在吴国大展宏图、登坛拜将之后不久，吴国对楚国的战略决战，渐渐成为了吴国整个国家政治生活中的重要问题。孙武作为吴国统领军队的将军，自然要走到幕前，担当起自己最为重要的角色。

公元前 546 年，宋国向戌倡导诸侯列国旨在"停兵止武"的弭兵大会之后，中原地区在相当长的一段时间内出现了相对和平的局面。当时，楚、晋、秦、齐四大强国，都因国内矛盾激化，国势趋于衰弱，而被迫放慢了互相扩张争霸兼并活动的步伐。与此同时，偏处于中原东南部的吴国和越国则先后国壮兵强起来，开始加入大国争霸的行列。由此，战争的主要区域也从北方的黄河流域转移到了南方的淮河长江流域，战争的主要对象也从中原诸侯国转移到了吴、越、楚等国。

吴国建国的历史其实相当悠久，但自西周之初直至春秋前期，由于吴国地处东南一带，远离中原文化的中心地带，因此，虽然国力上有一定程度的发展，疆域也在不断扩大，但是总的来说，春秋中叶之前，吴国在列国中地位并不显赫，影响也较小。然而，自春秋中叶起，随着吴国综合实力的发展，吴国在诸侯争霸的格局中逐渐崭露头角，成为春秋时期后来迅速崛起的新兴国家。尤其是吴国第十九代君主寿梦执政以后，

虚心向周边和中原的先进强国学习，发展经济，改良政治，繁荣文化，加强军队建设，扩大对外交往，使得吴国历史的发展进入了一个令人惊喜的新阶段。

吴国的迅速崛起与强大，使之逐渐与西边的强国楚国之间产生了尖锐的冲突和矛盾。当时楚国在中原诸侯争霸斗争中落于晋国的下风，为保持国势不得已只好把兼并的重点指向相对较弱的东方近邻吴国，这样就必然引起吴国的不安和抵抗。而这时的吴国也为了进一步开拓，不可避免地要把楚国视为自己前进道路上的最大障碍，两国之间经常发生战争，自然而然成为双方关系中的主流。

这时晋国的介入，使得吴楚之间本已十分紧张的关系更加严峻，几乎到了一发而不可收拾的地步。

当年晋国出于同楚国争霸斗争的需要，采纳楚国流亡到晋国的巫臣联吴制楚的建议，主动与吴国协定了战略同盟，让吴国从侧面向楚国施压，以牵制楚国北上晋国的势力。吴王寿梦二年，晋景公派遣申公巫臣出使并长驻吴国，让他带着特殊的任务，进一步实现晋国帮助扶植吴国、借吴制楚的战略目标。

正在复苏起来的吴国，正需要寻找大国作自己的后盾，以增加自己在诸国角逐中的筹码。现在晋国主动找上门来，自己何乐而不为呢？于是吴王就欣然接受晋国的建议，坚决摆脱了对楚国的服从关系，并动用武力，同楚国争夺淮河流域的大片地区。就这样，吴国逐渐成为了楚国的心腹之患。

巫臣出使吴国，还给吴国带去了中原地区诸国先进的军事文化和战术，加速了吴国军事实力的增强。原来吴国地处南方水乡、水网密布，军事上多以水战为主，陆战的步兵数量很少。巫臣给吴国带去了中原先进的战车，并教吴使用车阵的方法，这样一来，吴国历史上第一次开始拥有自己的车战兵团，兵种配置更加齐全完备了，能够适应各种情况的战争，从而逐渐化解了楚国在兵种和战法上对吴国的固有优势。

自寿梦开始，吴国历经诸樊、夷末几位君王，直至吴王僚，在前后六十多年的时间里，吴、楚两国之间战事不断，爆发了十次较大规模的战争。其中历史上有记录较为著名的有：吴王寿梦二年（公元前584年）的"州来之战"、吴王寿梦十六年（公元前570年）的"驾之战"、吴王僚二年（公元前525年）的"长岸之战"、吴王僚八年（公元前519年）的"鸡父之战"等等。在吴楚这十场战争中，吴军全胜六次，楚军全胜一次，双方胜负难分的有三次。从这里我们可以看出，吴楚争霸中总的趋势是楚国日渐削弱，国势衰败，吴国却咄咄逼人，逐渐占了上风。

可是就在吴国势力日益壮大的大好形势下，楚国也来了个如法炮制，效仿晋国联吴制楚的做法，伐谋伐交，拉拢远在东南方的越国从侧面骚扰、攻击吴国。而北方齐、鲁诸国担心吴国日益强大会对他们的安全构成威胁，也多有不安，因此它们从各方面对吴国施加压力，这样一来，吴国在战略上反而处于三面受敌的局面。吴王阖闾刺杀吴王僚而后登基之时，所面临的就是这样一种局势。

吴国要在这样复杂多变的环境之中求得生存，谋取发展，就必须在三个方面的敌人中选定一个相对较弱的进攻方向，重点突破，带动其余，从而最终实现"西破强楚，北威齐晋，南服越人"的理想，完成称霸中原的战略目标。就这样孙武、伍子胥等人出于对全局利益的战略考虑，向吴王阖闾提出了首先集中力量打击楚国的建议，阖闾在考虑之后欣然接受了他们的建议。

历史证明孙武等人的战略选择是正确英明的。

因为如果吴国首先发兵进攻北边的齐、鲁等中原诸国，不但没有必胜的把握，而且出师无名。正如后来伍子胥对吴王夫差所讲的那样，"不能居其地，不能乘其车"，即使取得一些小的胜利，也不能从中获得多少战略和经济上的实际利益。同时，吴国在当时诸侯的眼中，尚属于并未十分开化的蛮夷之地；而齐、鲁则是历史悠久的"礼义"之邦文化大国，在列国中很有威望，吴国要进入中原文明列国的圈子，有赖于齐、鲁等国的提携和认可。所以吴国此时的确不应该贸然先攻打齐、鲁诸国。

那么如果吴国此时进攻南方的越国，这在政治上、军事上也不是吴国

最佳的选择。吴越两国面积、人口、国力等方面都相差无几,攻打越国的军队如果数量不足就不能保证必胜,多了则国内空虚,会给西面的楚国提供可乘之机,到那时吴国两面受敌,将会陷于被动。而且越国远在吴国的南面,距离中原十分遥远,文化比吴国还要落后,即使战胜越国,在中原各国中不会产生多大的影响。

当时吴国唯一正确的选择只有首先进攻西边的楚国。这是因为:第一,楚国历史悠久,地广兵众,位居长江上游。长期以来它兼并小国,扩大地盘争霸中原,一直是吴国最大的心腹之患。第二,楚国当时国内面临的困难形势为吴国进攻提供了千载难逢的大好时机。这个时期楚国的形势十分混乱,民众疲惫困顿,国力空虚匮乏,国君昏庸无能,奸佞当道乱政,君臣离心离德,政治日趋腐败,局势动荡不安,社会秩序混乱,矛盾复杂尖锐,外交陷于孤立,军令不能统一。第三,从当时的中原诸国形势来看,吴国进攻楚国在外交上也能够立于不败的地位。晋国的积极支持自不在话下,齐、鲁诸国虽然忌惮吴国的勃兴,但更畏惧也更仇恨楚国,所以它们将基本保持中立。至于越国,虽为吴国后方的宿敌,但此时其整体国力毕竟比不上吴国,现在又刚刚被吴国打败,因此越国尚没有足够的力量敢于主动向吴国进犯。

由此可见,吴国在这个时候发兵进攻楚国正是绝好的时机。

2. 剪除内患

在励精图治、发展生产、加强战备的同时,吴王阖闾、伍子胥和孙武已经开始谋划破楚大计。

有一天,阖闾对伍子胥说:"你当初一到吴国就劝说吴王僚进攻楚国,寡人以为也是可行的,只是当时怕吴王僚派寡人出征与楚作战,而他从中渔利,吴王同时又怕别人夺了本该属于寡人的破楚之功。如今寡人已成为国君,破楚功业已非寡人莫属,现在我准备攻打楚国,你们以为如何呀?"伍子胥分析了楚国的内政。

最后问孙武:"我们先进攻哪里?"孙武说:"用兵的道理,应该是先除内患,再对外征伐。我听说是僚的弟弟掩余现在在徐国,另一个弟弟烛庸在钟吾国，这两个人肯定有为吴王僚报仇的心愿，所以今日进兵应先讨伐这两个人，然后再南伐。"

伍子胥认为孙武说得有理，点头同意。

就这样，孙武令伯嚭率兵围攻徐国，自己带兵围攻钟吾国，并引兵屯集于边境。徐国放哨的士兵马上报知掩余，掩余大惊失色，马上又把情况报知烛庸。烛庸想了半天没有办法，便回书对掩余说："阖闾用孙武为师，伍子胥、伯嚭为将来攻我国，势不可当，我们还是投降楚国以保万全吧。"掩余同意。当晚，他们降于楚昭王，昭王问大臣子西，子西说："阖闾刺杀王僚而驱逐他的二个弟弟，这二人就是他的仇人，我们应该加以利用！就让他们两个守舒城，看他们吴国人自相攻杀。"昭王同意给了他们两兄弟精兵一万，驻守舒城。

孙武知道这一情况后让伍子胥和伯嚭攻打舒城，可是掩余坚守不出，烛庸耐不住性子领兵出战，伍子胥与他打了起来。不久，掩余见兄弟不能取胜也出城加入了战斗，这时伯嚭带兵一拥而上，掩余、烛庸最终不是对手，领兵逃往楚国的养城。他们手下的兵士原有很多都是吴国人，这次战斗后，他们中有很多都归附了伍子胥。

伍子胥和伯嚭进入舒城后，写信给楚昭王，历数了楚平王和费无忌的罪行，要求他治费无忌的罪。楚平王看了伍子胥的书信，又得知舒城陷落，非常害怕。问群臣如何是好，令尹子西这时说："现在吴国兴盛、兵强马壮，又有孙武、伍子胥等高人，我们还是不战为妙。况且伍子胥说得有理，当年是费无忌的谗言害了他的全家，如果我们把费无忌的人头献给他，让他解了心头之恨，或许我们两国暂时可以和平一段时间。"

楚昭王同意了子西的见解。可是这时费无忌已经死了，他就命人打开费无忌的棺木，割下他的首级，派使者过江去见伍子胥。伍子胥见到费无忌的首级，大骂不止，并用剑乱砍，但也解不了他父兄被害的心头之恨。

这样，伍子胥想带兵渡江进攻楚国。孙武对他说："楚王已经知罪，你也得到了费无忌的首级，我们不如在江边驻下，休息一段时间，等到时机成熟，我们再战不迟"。伍子胥听从了孙武的话，写信向吴王阖闾做了

孙武传

汇报。他们屯兵于夏口，等待时机。

不久他们得到吴王的命令，让他们回国休整练兵，造战船，以等待将来攻楚。

在吴王阖闾刺杀吴王僚夺取王位之后，还有一件事值得一提：原来吴王僚还有一个儿子叫庆忌。吴王僚被刺之后他及时逃往国外。阖闾恐他日后纠集诸侯来找吴国的麻烦，心里总是忐忑不安。这时伍子胥想了个办法，又把要离推荐给了阖闾。

吴王见要离身材矮小，相貌丑陋，就没有理睬他，伍子胥忙说："要离虽然长得不好，但有胆有识，可以利用。"吴王就把要离召到后宫问他："庆忌逃到国外，纠集了一邦卫国兵马，有三万多人，屯于吴江口，正在招纳逃亡之人，以便日后攻打我们。你有什么办法？"要离说："庆忌招纳逃亡之人，正合我计。大王，您就说我诽谤您，杀了我的妻子，砍了我的右臂，这样我就可以投靠庆忌，那时我就可以找机会杀了他。"吴王马上说："这个办法太残忍了，我宁可不去刺杀庆忌。"后来伍子胥说："现在国家危急，要离忘我献身，是忠义之士，成功后给他封号，善待他儿子也就可以了。"结果吴王同意了，真的杀了他的妻子，砍断了要离的右臂。朝臣上下都不知这是计谋。要离不久逃出吴国，投到庆忌门下。庆忌起初也怀疑其中有诈，但看到要离的惨状，听了他的言词，最后还是接纳了他。之后他们关系越来越密切。庆忌问要离如何能够杀阖闾以报仇。要离说："伍子胥是楚国的重臣，为了替父兄报仇才来到吴国，想要借吴国的力量伐楚，所以尽心尽力为吴王效力。现在楚平王和费无忌都死了，阖闾上台后不提给伍子胥报仇的事了，所以伍子胥很怨恨吴王。这时我在吴王面前替伍子胥说话，吴王大怒，才杀了我妻，砍了我臂。现在我有一个办法，可以对付吴王。"要离看看两边说："这里耳目众多，我们找个安静点的地方再说吧。"

第二天庆忌与要离在吴江上泛舟游玩，在左右无人的时候要离说："阖闾杀了吴王僚，逼走了他的两个弟弟，现在老百姓有很多怨言，只有伍子胥在辅佐吴王阖闾，现在他们之间又有了矛盾，伍子胥退居山野了。

如果此时我们给伍子胥写封信让他里应外合，共破阖闾，公子您就可以登上本属于您的王位了。"庆忌听后很是高兴，完全相信了要离，便与他在船上畅饮。当时正值仲夏，江边荷花怒放，一片美景。庆忌饮酒赏花心中高兴，乃至大醉，便披着长袍卧于舟中。要离这时看见四周无人，又看到庆忌已睡熟，鼾声如雷，就轻轻地拽了拽庆忌的衣襟，几次庆忌都没有醒，要离这才拿出匕首向庆忌的心窝猛刺下去，庆忌惊醒过来，挥了一下手，看见匕首已插在自己的心口上。庆忌是个高大强壮的人，他揪住要离，把他丢进了船屋，自己则大叫数声而死。庆忌的随从武士这时赶来用戈刺要离，要离便转身投江自尽了。

阖闾进一步铲除了异己，为自己日后争霸破楚奠定了基础。

二、攻养之战

1. 疲楚之计

经过几年的治国强兵之后，吴王觉得吴国已经很强大了，想利用这个有利时机进攻楚国，但是，孙武知道时机还未成熟。吴国虽然在近几次对楚战争中逐渐占据主动地位，但是就两国整体实力而言，楚国对吴国还具有一定的军事优势。这首先是因为楚国拥有一支实战经验丰富且相当规模的军队，总数量达 20 万人。这支军队兵种齐全，装备先进精良，有"楚之为兵，天下强敌"之誉。再则，被吴国视作攻取目标的楚都郢城，雄伟坚固，占地面积很大，内部资源充足，易守难攻。第三，吴国若要兴兵伐楚，攻打郢城，就必须深入楚国腹地，而"劳师袭远"历来就是兵家之大忌。吴军如今只有数万之众，要顺利完成这样艰巨的任务，恐怕会难上加难。

这时伍子胥献上了一个重要的战略计谋，他说：凡是以少胜多，以弱胜强的，必须先处理好三军的劳逸问题，疲惫之师是无法打胜仗的。现在

楚国上下都是贪庸的官吏，没有能认真做大事的。所以我们可以把军队分成三个部分，轮流去骚扰楚军，时间一长，他们必定筋疲力尽，丧失斗志，到那时我们就可以一举而攻破楚国了。吴王阖闾欣然同意了他的观点。

这就是著名的"三师肆楚"之计，也叫"疲楚误楚"之计。

此计是伍子胥提出的，但是，孙武的兵学思想对伍子胥的影响是很明显的。

这种"以迂为直"的战争指导方法，正是孙武所强调的。孙武认为："凡用兵之法……莫难于军争。军争之难者，以迂为直，以患为利。故迂其途，而诱之以利，后人发，先人至，知迂直之计也。"意思大意是说当两军相争之时，为了谋求战略上的有利形势，有时"为了走直路而必须走弯路"；为了更大利益而牺牲小的利益，常可收到意想不到的奇效。在伍子胥的战略思想中，诱楚军"皆出"是"诱之以利"；"彼出则归，彼归则出"，是"迂其途"；等到敌人因疲惫而失误时再行攻击，是"后人发"；因此，可以说伍子胥之计和孙武的"迂直"战略是统一的、一脉相承的。这个战略思想在实质上表现出依靠"人为"、"所措必胜"的积极指导战争的思想原则。如何发挥人在战争中的能动因素，掌握战争主动权，稳妥地取得战争胜利等等，是孙子有关战争艺术的思想精髓。《孙子兵法·虚实篇》中明确指出："胜可为也"，要求战争的指导者必须要有胜利的把握，"所谓善战者，胜于易胜也"，"其所措必胜"，是因为"胜已败者也"。吴军"为三师以肆"楚军，"彼出则归，彼归则出"，敌人打不着我，是我"立于不败之地"的根本；当敌人出现失误时，我则"不失敌之败"，果断地"以三军继之，必大克之"！这些精妙的思想与伍子胥的"疲楚误楚"战略有着多么惊人的一致性啊。

这个方法还明显受到了同时代晋国制定的"三分四军"疲扰楚国的谋略的影响。但是，由于它强调了"大克"敌人的最终目标，使它在质上产生了飞跃，这标志着春秋时期的谋略策划的成熟。

2. 孙武练兵

吴王阖闾四年（公元前511年）秋，阖闾拜"孙子为将"，指挥新编三军对楚国发动了一场战争。战争的目的很明确：擒杀掩余和烛庸二公子，攻克养城，扫清淮水北岸楚国的所有势力，为将来的破楚入郢大计扫清障碍。很明显，这是阖闾破楚大局中剪除政治异己，消除王室后患的重要一步，也是孙武在战略布势上的第一步棋。孙武指挥吴军出色地实现了"疲楚误楚"策略，他以灵活多变的作战手段，获得了这次局部战争的全胜。它是孙武独立指导战争的第一部大作。

为进行这场战争，吴国精心准备了整整一年。在此期间，孙武首先对吴国的军队进行了改编，将三万多人编为三个部分，加强了多种陆战的训练，以适应以后的军事行动。三军的编制为：

总人数共 33600 人，每军 11200 人。每军下辖十旌，每旌约 1110 人。

在吴军的指挥系统中，"军"是高层的一个相对独立自主的作战单位，由将军负责指挥。有一个将军，一个副将军。正副将军各乘一辆兵车，在车上树立日月军旗以明示全军，树立晋鼓以号令全军。设主管文书工作的"挟经"官 1 人和专司击鼓发令的"秉枹"官 1 人。"旌"是军以下的中层作战单位。需要时可协同作战或独立作战，由嬖大夫负责指挥。每旌设 1 个嬖大夫，在所乘兵车上树立旌旗以昭示全旌，配备可随身携带的提鼓，以号令全旌。旌也设主管文书和专司击鼓发令的"挟经"、"秉枹"各 1 人。"行"是基层作战单位，由上士负责指挥。每行设行官上士 1 人，辅以行帅 3 人。设"执铎" 1 人，主执大铃，负责发布撤退的命令；设"执稽" 1 人，分管统计伤亡、军需等工作，还负责筹划补给等后勤军务；设"建幡" 1 人，执掌队伍的旗帜以标志全行。

吴军编制中的"行"，基本上相当于春秋时期常见军队编制中的"卒"。每行当下辖 4 "两"，每"两"为 25 人，由司马中士负责指挥；每"两"下辖 5 "伍"，每"伍" 5 人，由伍长负责全伍的战斗行动。

吴国改编三军，仅仅是战争前期工作的一个最基本的条件，更重要的是将帅和士卒的训练。根据已制定的"八字战略"和孙武所主张的战法，其后吴军的作战样式要有重大调整。按孙武的想法，吴军的作战将不再是"舟师兴兵与陆地作战"这样一种简单的模式，而是一种更多地依赖穿梭于水陆之中，在"肄楚罢楚"的中寻找"误楚克楚"的战机和得以制胜的全新战法。

阖闾对未来的战争抱有极大的兴趣和希望，但他又相当担心采用新战术将要遇到的各种麻烦。有一次他曾问过孙武："争地作战，谁占据争地谁有利。若敌人先占据了争地，凭据险要保全有利态势，简练兵卒，或坚守，或出击，严防我军进攻，该如何处置？"孙武回答说："争地作战的方法，先要懂得能让地才能得地，强求反而会失地。若敌已占据争地，当谨慎行事，不要强硬地攻击。可以引军假走，大张旗鼓，向敌方战略要地迅猛进军，一方面拉着柴草，扬起大尘以迷惑敌人视听，另一方面命令我精锐部队秘密埋伏，敌人必然要离开争地去救援。敌人要攻打某地，不妨先让给他；敌人要放弃的地方，我就攻占它。这就是争夺战场主动权的最好方法，是获得全胜的战法。"这些话的针对性是很明显的。

在训练士兵的问题上，孙武非常注重对善走者和敢死者的训练。在各个旌与行里都挑选了"多力"士兵和"利趾"士兵。"多力"士兵，即力大敢死的士兵；"利趾"士兵，则擅长奔跑，是一支特殊的军事突击力量。在孙武的思想中，战争形式可认为是"走"和"打"的合一。特别是在争取主动调动敌人方面，更需要士兵"善走"的本领。善走者，《兵法》中有大量这样的言词，如："行千里而不劳"；能"趋其所不意"；能"速而不可及"；"退而不可追"；孙子认为这样才能掌握战场主动权。"多力"士兵和"利趾"士兵的选练，创造了一支奇兵，在其后的吴楚战争中起到了相当重要的作用。

3. 三师肄楚

由于战前孙武对战役谋划得十分周密，准备很充分，所以这次吴军攻克养城之战进行得很顺利。战争首先是从讨伐在夷城的徐国国君章禹开始的。吴国上次灭掉徐国时，徐国君章禹剪断头发，带着夫人迎接吴王，表示真心降服，吴王阖闾也宽待了他。不想徐君后来寻个机会逃到楚国，楚国马上就筑夷城给徐君让他继续与吴对抗。孙武首先攻夷城就师出有名了。而且孙武从一开始作战就隐藏了吴军最终要攻克养城、擒杀二公子的战略企图，这样"伐夷"是佯攻，目的是迷惑敌人，使之无法判断孙武的真正企图。由此拉开了吴楚两国的战争帷幕。

孙武率领吴军以急行军速度横渡江淮等河川，向西北奔袭夷城，这果然吸引了楚军的注意力，扫除了将来要攻打养城的障碍，避免了日后在攻养城时可能腹背受敌的情况。下一个目标按说应该攻打养城了，但孙武并没有急于行动，因为他估计在养城的二公子应该已有防备，而楚军此时也没有疲惫。所以，孙武又向南行军五百余里，渡过淮水，进入了"潜、六"等地；这招果然迫使楚国出重兵前来救援，当楚军左司马沈尹戌率军抵达潜、六地区时，吴军调头就走，根本不肯与楚军正面冲突。

楚军发现潜城已残破不利防守，就迁潜城守备力量到了南冈。与此同时，吴军另一支队伍已溯淮而上。他们日夜兼程，风雨无阻，舟行数百里直扑楚国的要城弦城，并把弦城团团包围，摆出一付要强攻弦城的架势迫使楚军前来救援，这样就再次把楚军调动出来。当楚军在左司马、右司马救援弦城刚刚抵达豫章地区的时候，吴军这支军队见已达到目的，便迅速而还。

孙武在这时用兵特点主要是机动疲敌，不与楚主力交战。在战役中，吴军两支军队长途跋涉，出色完成了孙武的战略部署。楚军在极短的时间里，两次被迫倾巢而出，辗转数百里，又处处扑空，一无所获，使得将士沮丧，军力疲惫。

孙武见此时敌人已疲于应战，便号令"三军"实施突然袭击，以迅雷不及掩耳之势，一举攻陷养城，擒杀了二公子掩余和烛庸，达到了战争的预期目的，以最小的代价，获得了最大的胜利。

孙武首次用兵，就显示了军事家的杰出指挥才能，威震三军。吴王阖闾见政治异己已被铲除，王权的潜在威胁没有了，吴军又在这次"疲楚"之战中处处主动，打出了气势。因此，当孙武从战场上归来的时候，吴王阖闾急切地问伍子胥和孙武："是不是可以乘这次胜利，长驱直入，一举攻下楚都郢城？"孙武严肃地回答说："大王，我军这次行动虽然获胜，但只是使楚军疲惫而已，并没有消灭它的有生力量，况且我军相对来说也很

疲劳，还要休整一番，千万不可急于求成。"吴王于是命令全军将士休整，准备迎接日后更大的战斗。

孙武养城之战的胜利，震动了各诸侯。当晋国得到消息的时候，正巧发生日食。晋国的赵鞅当晚梦见一个小孩踩着歌点跳舞，而且全身赤裸。第二天早晨他让史墨占梦。史墨说："六年以后这个时候，吴国就要进入楚都郢城了。"史墨的预言虽夹杂着迷信的成分，甚至可能是后人编进去的，但也说明这一战产生的巨大影响。

三、伐越之战

1. 吴越恩怨

吴王阖闾即位之后，在孙武指挥的对外战争中，采取了两次具有重要意义的军事行动。第一次是伐灭徐国，控制钟吾国。吴王阖闾攻伐这两个小国不仅仅是为了惩罚他们私下放走了掩余、烛庸二公子，而主要是因为这两国所处的战略地位十分重要。两国地处淮水下游北岸，很早就依附于楚国，特别是徐国，勾结楚国对抗吴国长达七十余年的时间，是楚国从北方侧背威胁吴国的重要堡垒。如果吴军西进伐楚，两国可以随时南下切断吴军的后路，对吴国威胁很大。第二次是克养之战，与第一次有同等重要意义。它除了为吴王阖闾扫清了争夺王权的隐患：既杀了二公子，还扫清了楚国在淮水中下游用以防御吴国的势力，从而实现了吴王阖闾最终破楚战略布局的第二次大行动。

完成这两步行动以后，下一步该如何运作，吴国君臣进行了反复研究与谋议，一致认为要想击败楚国，首先要解除后顾之忧，而这个最大的"后顾之忧"，就是地处吴国身后的越国。

传说越国是夏禹的后裔所建。当年大禹治理水患时来到南方，曾在会稽一带活动，召集诸侯"乃大会计治国之道"，所以以后这里取名为会稽。

大禹在这里"因传国政，休养万民"。据说他死后也安葬在会稽山。夏禹的后代少康即位时，把自己的儿子无余封在这里，以继续夏禹陵庙的祭祀活动。无余后来就建立了国家，名为"越"。就这样，无余成了越国的始祖。

吴越两国同处中华大地的东南部，山水相连，人民世代在一起生活，所以民风相同，习俗共通，而且人民都勇敢善战。

起初，越国和吴国都依附于西面的楚国，后来吴王寿梦叛楚，越国的地位逐渐上升，但它与楚国仍然友好，成为楚国在吴国身后的重要盟国。

公元前544年，也就是吴王余祭四年，吴国伐越，战争结束后，吴军俘虏了很多越军。吴王余祭让部分俘虏做吴宫守门人，并负责看守船只。有一次吴王余祭视察船只的时候，被一个原是越人的守船人刺杀了，自此吴越两国成了"势不两立"的敌国。在此期间越国的力量也在不断地壮大，并先后在吴王夷末七年（公元前537年）、吴王僚九年（公元前518年）跟随着楚国一起伐吴。到了吴王阖闾时，正好越国允常在位。历史记载：允常在位时，与吴王阖闾发生了战争而互相怨恨。越国这时的疆域已"南至句无，北至御儿，西至于姑蔑，东至于鄞，方圆数百里，国都是会稽"，已经俨然是南方大国了。

阖闾很早以前就预见到越国将是吴国争夺霸业的一个不容忽视的强敌。远在吴王僚的时期，阖闾也曾数次与越国进行过较量。其斗争的特点是只要楚国发兵攻吴，越国几乎总要出兵与楚遥相呼应骚扰吴国。而且越人与吴国人一样也善于水战，其水军的实力也不弱。如果按吴国的战略思想，有朝一日将倾全国军力西进破楚，那时越国就会乘吴国空虚而北上攻吴。这正是阖闾、孙武、伍子胥等人所担心的。

面临着南方越国的崛起，吴王阖闾即位之初，就有所防备，他命令伍子胥在姑苏修筑坚固的阖闾王城。这个王城城墙的设计，就加强了对越国的防御。据《吴越春秋》记载：因为"越在东南，故立蛇门以制敌国，"这里的敌国，就是指越国。并且吴王将东面的城门全部阻塞堵死，为的就是使越国不易进攻，所谓"不开东面者，欲以绝越明也"。孙武向吴王进

献兵法，为吴国谋划破楚大计的时候，也考虑到了越国的牵制。他在《孙子兵法》中两次提到越国，指出：只要认真对付越国，在战略上不犯错误，"越人之兵虽多，又何益于胜败哉"。阖闾拜孙武为将之后，在谋划军事中也常要谈起如何对付越国的进犯。他最担心的就是越国乘吴攻楚时袭击吴国的守备问题，问孙武："按兵法原则，在本土作战，士卒顾家，不可与敌作战，应当固守不出。但是如果敌人攻击我内城，掠夺我粮食牲畜，堵塞我交通要道，禁止我打柴草，待我物质消耗空虚之后再攻击我，如何是好呢？"孙武说："敌人既然已深入到达我都城，那么我们的诸多城邑便在他们的背后了，这样敌军士卒将以军队为家，专志战斗。而我士卒处本土，安于故乡，怀抱求生的欲望，用这样的士卒排列战阵，战阵不会坚固，让他们作战也不易取胜。这时我们要对内集结军队，屯聚粮食，储备衣物，保城避险；对外派遣轻快部队切断敌军的运输通道。敌军挑战不成，粮草辎重又运不上来，四野又无所掠，军队将困顿饥馁。此时再诱之以利，敌军必争，这时就能打败敌人了。"这些精彩的军事谋略问对，表明了阖闾和孙武在攻防战略上是十分清醒的。

但是阖闾不是喜欢"固守"家园的人，他要对外争霸，他把更多的心事用在了攻城破敌上。

2. 挑衅越国

中国古代的历史记录中经常会有一些逸闻和神秘的地方，从中可以领略到古人独特的精神风貌和人格的多重性，下面这两则故事就是如此：

吴王阖闾有个心爱的女儿，名叫胜玉。有一次，他们家宴吃蒸鱼，吴王吃了一半，便把剩下的一半给了这个女儿，没想到胜玉非常生气地说："大王把剩下的鱼给我吃，我活着还有什么意思？"说完回到内屋后竟自杀了。吴王很是悲痛，为女儿举行了隆重的葬礼，随葬了大量金银珠宝，修建了庞大豪华的墓室；入葬时还让白鹤在街市上行走，跳舞；最后竟将观葬的老百姓万余人封在了墓室中。吴王称：有万人为我女儿陪葬，她不会寂寞了。如今在吴越之地的殡葬中还有舞白鹤的风俗。这件事也可以说明在古代即使是贤明的君王有时也是极其惨无人道的。

　　接下来还有一件事十分神秘。有一天，楚昭王在宫中睡觉，醒来发现枕边有一物放光，原来是一口宝剑。到了早晨，他找来一位懂剑的风胡子，风胡子一见大为吃惊，问："此剑从何而来？"楚昭王说："早晨醒来它就在我枕边了。"风胡子说："这是'湛卢'剑，是吴国著名剑师欧冶子所铸，名剑只有三口，'鱼肠'剑刺杀了吴王僚，'磐郢'剑陪葬了吴王女儿，只有这口剑还在吴王身边，它集中了天地之精华日月之灵气；拥有它的国度必定昌盛。现在吴王刺杀了王僚，又坑杀了万人为女陪葬，天怒人怨，这口剑就自动离开了他投向了大王您呀！"楚昭王一听大喜，就自己把剑佩带在身边，认为这是祥瑞之兆。

　　与此同时，阖闾失去了宝剑，就让人去找，不久有人报告说："那口剑已到了楚国"。吴王大怒，说："一定是我身边的人把它盗走的。"随即杀了左右随从数十人。之后又让孙武、伍子胥、伯嚭去攻伐楚国。又派人去越国谈判，表示希望越国能够和吴国一道讨伐楚国。越王允常对使臣说道："你们不遵守与楚国订立的盟约，现在又抛弃越国，打算消灭我们的友邦，鄙国不能从命。"

　　吴王阖闾听到越国的回音非常愤怒，要起兵攻打越国。这时孙武对他说："今年天时不利，不宜伐越。"吴王不听，带兵进攻越国，结果兵败。

　　孙武私下里对伍子胥说："四十年后，越国将强大起来，而吴国要灭亡。"

　　阖闾回兵之后，又修固城池，加强守备，使越国北上侵吴的可能性减到最小程度。之后，阖闾又积极备战一年，一个最终的破楚战略计划终于酝酿成熟了。直接参与这次战争决策、谋划并负责指挥的，正是孙武。

　　这个战争计划建立在良好的基础之上，吴国已平定了江水南岸和淮水北岸两股楚国用以牵制吴国进攻的势力；而大别山以东江淮之间的广大豫章地区还属于楚国，是楚国拒吴西进的主要据点。因此，此次战争的目的就是扫清豫章地区的楚国势力，为将来大举破楚奠定基础。

四、豫章之战

吴王阖闾任用孙武，扫清江水南岸和淮水北岸两方面楚国从前牵制吴国西进的势力以后，吴国来自背后和侧面的威胁即已消除，而大别山以东江淮之间广大的豫章地区则成了吴征伐楚国的主要障碍。吴国要想深入楚国腹地，就必须扫清豫章地区的楚国的军事势力，以此作为吴军伐楚的基地。

战争是从桐国背叛楚国开始的。在豫章地区，除了六、潜等国已前后被楚国吞并，沦为楚国边邑之外，在南近江水一带，还存留着桐国和舒鸠等几个小诸侯国。这些小国外表上独立，却饱受楚国残暴压迫和剥削，受尽凌辱。

吴国利用这些小国对楚国的不满，展开了有效的政治和外交攻势，首先分化桐国，使之背叛楚国，紧接着又把舒鸠国争取过来。舒鸠在今安徽省舒城县，很早以前就被楚国吞灭了，受尽了楚国的压迫，因此舒鸠人对楚国充满仇恨，只是一直找不到合适的机会报仇雪恨。这次吴国派人前来，舒鸠人十分高兴，当然愿意帮助吴军。阖闾采用了孙武的"死间"计谋，引诱诓骗楚国。《孙子兵法·用间篇》说："死间者为诳事于外，令吾闻知之，而传于敌间也。"意思是说：所谓死间，就是我方制造假情报，并通过潜入敌方的我方间谍传给敌方，使敌军受骗。然而此事一旦败露，我间谍必死。

按此计策阖闾派舒鸠人引诱楚国说："听说吴国很害怕楚国，他们自己说，若是楚国进攻吴国，吴国只能用代楚国讨伐背叛楚国的桐国的办法来讨好楚国。这是绝对可靠的消息。"这番话果然起了作用，调动了楚军。孙武在这一阶段所用的指导思想，意在"动敌"，其运用"死间"计谋，"畏楚伐桐"为明为虚，使楚军"无忌"、对吴军失去戒备和警惕为暗为实。

楚国君臣听说了这件事之后，认为既然消息可靠，又不用楚国亲自出兵讨伐桐国，还能使吴国惧怕自己，这可真是好办，机不可失，时不再来，赶快出兵征伐吴国。吴王阖闾七年（公元前 508 年），楚国果然发兵伐吴。至此，豫章之战的第一阶段即告完成。

在这一阶段，吴军引蛇出洞，因间惑敌。在战略指导上，意在"动敌"，利用舒鸠人为间谍，向楚传达引诱他们的消息。

战役进入第二阶段以后，吴军以利诱敌，潜师待时。这年秋天，经不住利诱的楚军，在楚国令尹囊瓦率领下贸然出动。来到豫章地区以后，就把楚国大军驻扎下来，静观吴军的"伐桐"行动。孙武在前线担任此次战役的指挥任务，他看到楚军果真中计，被调动出来，而且是楚国令尹囊瓦亲自出马。孙武并没有急于去完成下一部方案，而是按照预先计划，进一步引诱楚军掉入陷阱。孙武一方面采取"卑而骄之"的计谋，作出真的好像害怕楚军而去讨好楚军的样子，把吴军水军调往豫章南部的江水地区，摆出要替楚国"讨伐桐国"的样子，继续迷惑引诱楚军。另一方面，孙武迅速采取实质性的行动，秘密将吴军的陆军调往豫章地区中段的巢城附近集结，等待机会。

这一阶段在战略谋划上主要是让敌人对形势的判断进一步失误，使楚军对舒鸠散布的情报确信不疑。孙武采取的谋略是"示形于敌"。"见舟于豫章"，佯攻桐国为明，"潜师于巢"，待机歼敌为实。这真可谓虚虚实实、真真假假，神秘莫测，充分体现了孙武兵法的精妙、细致。

孙武因机克敌，达到了预期效果。到了秋冬，已有数月。楚军长期驻在豫章，征讨吴国没有任何成果，又不见吴军攻打桐国，早已军心涣散，士卒都想回家过年，对吴军也放松了警惕，刚来时伐吴的决心已丧失殆尽。孙武见"敌人开户"的条件具备，便指挥吴军主力突然开往豫章，将楚军团团包围，只留一个缺口，对楚军发动了猛烈的攻击。楚军措手不及，已毫无战斗力，便拼命朝缺口逃窜。吴军乘势追杀楚军，大获全胜。此时阖闾对孙武和伍子胥说："我想借此胜势，乘楚之危，一举入楚，长

驱直入，破楚入郢，两位爱卿认为怎么样啊？"孙武和伍子胥都认为破楚时机不成熟，应适可而止，撤军备战。阖闾也算开明，听从了他们的意见。

然而这时战机又来了，此时在战场侧翼的巢城楚军守备空虚，可以乘其不备，调兵攻打，以扩大战果。

孙武便引兵来到巢城，但是巢城坚固高大，不易攻取，这时有人报楚国的子常带着救兵来了。孙武又急令专毅带五千人去对付子常，不久又命令大军后退五十里，这样守巢城的公子米繁出来迎接子常。这时埋伏起来的吴将夫概杀了出来，并要攻城，米繁急忙应战，而且囊瓦也出城相救。而专毅从另一边攻入了巢城，孙武也带兵赶到，杀得楚军大败，而且活捉了公子米繁，子常和囊瓦跑了。但是吴军攻下了巢城，阖闾很是高兴。

就这样，吴军轻而易举地拿下了巢城，活捉了巢城守将公子米繁。公子米繁被带回吴国，充当人质。巢城是楚国大别山以东江淮流域的最后一座军事据点。吴军胜利后，这一地区的楚国力量全部被清除，吴军取得了豫章之战的最终胜利，为将来破楚打好了基础。

这一阶段，吴军"不动如山"，敢于长期等候，可见对作战很有自信，实属胆识超凡。而一旦发动进攻，则很勇猛、坚决，正符合孙武"其势险，其节短"的战略思想。

孙武在吴楚豫章之战中，又一次充分展现了高超的指挥才能。在整个战役过程中，孙武以"伐兵"为指导原则，成功地运用了相敌、诱敌、间敌、诈敌、骄敌、因敌、动敌等富有孙武独特思想而又令人目不暇接的胜敌谋略，从容不迫，始终控制着一切。诱楚人，败楚师，克楚城，俘楚将，一举拿下了吴楚必争之江淮地区的豫章，从而打开了通往楚国的东大门，使吴国最终完成了破楚郢的第一部战略布局。

第六章　西破强楚

一、楚国内患

1. 陷害忠良

自从吴王阖闾即位以来，重视人才，特别是提拔了像孙武、伍子胥等文臣武将，用了前后不到六年的时间，即已完成与楚进行大决战的战略计划。早在吴王阖闾刚刚当政的时候，楚国内部发生了一场残酷厮杀。当时楚国的大臣郤宛为人忠厚正直，深受楚国人的爱戴，这引起了楚国另外一名大臣鄢将师的嫉恨，他看到费无忌权势极大，就与费无忌狼狈为奸，暗中勾结。鄢将师把对郤宛的忌恨向费无忌倾诉，费无忌马上也妒火中烧。他俩经过一番精心谋划，想出一条毒计，他们利用令尹囊瓦轻信谗言、贪财喜赂的特点，决定借囊瓦之手除掉郤宛这个仕途上的绊脚石。费无忌跑到囊瓦那里，假惺惺地说："郤宛大人请您去喝酒，不知您是否肯光顾？"囊瓦一听很高兴，心想请我去当然好啦，他郤宛名声很好，我也正可借用他的声望，捞取些名誉，想到这里就欣然答应了。费无忌又跑到郤宛家里，对郤宛趾高气扬地说："令尹大人要到你家喝酒，这可是我亲自去请的，你得好好招待一番，不能有半点懈怠。"郤宛一听，很诚恳地说道："我是下贱的人，怎能劳烦令尹的大驾呢？令尹如果真的一定屈尊来寒舍喝酒，那他赐给我的面子就太大了，我没有什么东西可以作为礼物，您说该怎么办？"费无忌一见郤宛没有多想，心中暗喜，但表现出煞有介事地

说："令尹最喜欢皮甲武器，您把收藏的拿出来，我帮你挑一挑。"郤宛让家人拿出皮甲武器，费无忌很认真地挑出五种兵器，五件皮甲，然后对郤宛说："等令尹到来时，把这些放在门口，一定让他看看，您可以找机会献给他。"等到酒宴那天，郤宛按照费无忌的说法把皮甲兵器放在了门口。这时费无忌故作惊讶地对正要赴宴的令尹囊瓦说："我差点让您遭了祸。郤宛他起了杀心，把皮甲和兵器都放在门口了。您不能去！"囊瓦听后不知道怎么办才好，就派人到郤宛家门口看个究竟，回来的人讲的与费无忌说的一模一样。囊瓦顿时勃然大怒，骂道："老匹夫！好大的胆子！"说完把鄢将师召来，令他立即攻打郤宛，放火烧郤宛的家。郤宛听到消息，有口难辩，不知如何是好，一气之下，就自杀了。楚国的人都很同情郤宛，派去的人甚至不肯放火。囊瓦见状下了决心，一不做，二不休，凡是不烧的，与郤宛同罪。最后把郤氏家族全部诛灭了。

郤氏家族惨遭杀害，使楚国人民十分义愤，纷纷指责令尹囊瓦。沈尹戍了解到这种情况就对囊瓦说道："郤宛被害没有人知道是费无忌所使，都认为是您一手策划的。其实这完全是费无忌在背后捣的鬼。费无忌是楚国最坏的人，当初太子建、伍奢、伍尚、伍子胥、伯嚭等人都是受了他的迫害，有的死了，有的逃亡在外。正是因为他，才使我们对内伤了忠臣们的心，对外和吴国结下了怨仇。吴国现在新近启用伍子胥、伯嚭，让他们执掌兵权，训练士卒。强大的敌兵时刻威胁着楚国的安全，一旦发生了战争，您就危险了。聪明的人消除谗言来使自己安全，愚蠢的人听信谗言而使自己走上绝路。如今由于您听信谗言，受了骗，国家已经很危险了。"囊瓦听到这一番真心话后受到极大震动，连忙说："这是我囊瓦的罪过啊。我一定认真想一想！"这一年的九月，囊瓦借机杀了费无忌和鄢将师，并全部铲除他们的家族，以此来取悦国人，为自己开脱罪责。

令尹的行为虽然多少缓和了一些楚国的矛盾，但由于他本性贪婪无度，根本不考虑楚国的利益，又使得楚国与其他诸侯国之间矛盾日益激化起来。

2. 诸侯受辱

在吴王阖闾六年（公元前 509 年），当时蔡国是楚国的附属国，其国君蔡昭侯制作了两件极其精美的裘皮大衣和两件雕刻精美的玉佩。他带上这些宝物去朝见楚昭王。为了表示对楚国的友好，蔡昭侯把其中的一块玉佩和一件裘皮大衣恭敬地献给了楚昭王。楚昭王看见巧夺天工的玉佩和华美精细的裘皮大衣高兴得不得了，总是拿着爱不释手，于是为感谢蔡昭侯举行了盛大宴会。得知楚昭王要盛情款待自己，为了表示郑重，蔡昭侯就把另一件裘皮大衣穿在身上，同时佩戴上另外一块玉佩。两国国君同时来到王宫，彼此都哈哈大笑，因为他们谁也没想到对方能穿上这套裘皮大衣，从外表上看它们没有丝毫差别，真是巧夺天工。落坐后，宴会的气氛十分热烈。这时贪婪的囊瓦眼睛死死地盯着蔡昭侯。在敬酒时，囊瓦向蔡昭侯暗示想要他身上的两件宝物。蔡昭侯感到十分气愤，又不好发作，就装聋作哑，仅仅是客气地接受囊瓦的敬酒。宴会结束后，贪婪的囊瓦仍然贼心不死，公然到蔡侯的下榻处去索要，蔡昭侯断然拒绝了。恼羞成怒的囊瓦竟然编了个罪名把蔡昭侯扣留在了楚国。而且一扣就是三年。说来也巧，同一年，唐国的国君唐成公也去楚国朝见楚昭王，他的队伍中有两匹叫"肃爽"的骏马，十分难得，不想又被囊瓦盯上了。只要是囊瓦看上的东西，他总是千方百计地据为己有。结果可以想像，唐成公与蔡昭侯遭到了同样的厄运，也被扣留在楚国长达三年。

　　唐国的群臣左等右等，不见唐成公回来，他们苦苦等待了三个春秋之后。群臣觉得不能再拖了，就想说服唐成公满足楚国令尹囊瓦的要求，但唐成公坚决不答应。大家没办法只好重新商量，最后想出一个计策。唐国派人到楚国说，服侍唐侯的人太久了，他们想更换一下。楚国同意了。唐国派去的人就用酒把跟随唐侯左右看马的人灌醉了，私自把这两匹"肃爽"马献给了囊瓦。囊瓦认为唐侯最终屈服了，这才高傲地送唐侯回国了。回国后，偷马的人自己把自己囚禁起来说："国君因为玩马的缘故，使身体被困楚国。臣下们请求那个养'肃爽'马的人再找两匹同样的马。"唐侯一听，自我反省了一下，自责道："这都是我的过错，与大家无关。"说完还对众大臣给予了奖赏。

　　蔡国的大臣听到唐侯被释放的原因后，也主张效法唐国的做法，尽快

把蔡侯营救回国，于是蔡国派出使臣，坚决要求蔡侯把两件珍宝献给囊瓦，囊瓦听了蔡国使臣的话后，更加得意忘形。在楚宫里看到蔡国的大夫们，囊瓦傲气十足，让手下人去威胁和训斥说："蔡侯在我国被困这么久不能回去，难道是我们的原因？都是你们蔡国人不识时务，如果明天你们再不送上那两件宝物，那就别怪令尹大人不客气了，你们统统要被处死！"蔡侯万般无奈，只好忍气吞声，把宝贝献给了囊瓦。囊瓦拿到宝物，笑逐颜开，马上释放了蔡侯。

在回国的路上，蔡昭侯越想越气。他想自己在楚国受了 3 年的煎熬，满以为最终能全身而退，谁知到最后还是屈服于贪婪的囊瓦的淫威了。蔡昭侯越走心里越愤怒，这时来到了汉水边上，蔡昭侯面对着波涛汹涌的汉水，心情格外沉痛，最后愤然把一块美玉投入湍急的汉水，大声地发誓说："我今后若再南渡汉水去楚国朝贡，那上天就让我像这块玉一样，永远葬身大川之中。"回国以后，蔡昭侯马上就派使者出使诸侯各国，遍告诸侯说："天下诸侯有谁能讨伐残暴的楚国，寡人愿为他充当前卒。"

蔡昭侯完全知道，没有一个强国为他出面，他一个小国想报此三年受辱之仇是不可能的。他首先想到了晋国。晋国与周天子有密切的联系，而且是一个与楚国长期争霸的军事强国，在中原诸侯的心目中，晋国是理所当然的盟主。于是，蔡昭侯带上自己准备立嗣的公子元以及大夫的儿子作人质，到晋国去痛数楚国的罪行，请求晋国出面，号召天下，共同征讨暴楚，为他报这个奇耻大辱。

晋国见蔡昭侯带着公子元来了，又听了他的一番苦诉，觉得蔡昭侯恳请得有理有据，若不出兵，有失晋国的尊严。同时，晋国觉得正可利用这个机会树立一下自己在诸侯中的盟主之威。于是在公元前 506 年，即鲁定公四年三月春，晋国说服周天子，让大臣刘文公出头，在召陵聚集诸侯。参加会盟的国家共有十八个国家，数量之多是春秋史上罕见的。他们是：晋、蔡、鲁、齐、卫、郑、陈、曹、许、邾、莒、胡、顿、薛、滕、小邾、杞等。可是正当他们要兴师动众地讨伐楚国的时候，却发生了一连串不顺利的事。先是天公不做美，下起大雨来，滂沱不止，联军中开始流行疾病。这时诸侯内部也开始不和，卫灵公因为蔡侯的位置排在自己的前面，很不高兴，就吵闹起来。晋国大夫荀寅知道蔡昭侯还有宝物，便向蔡昭侯索取，被蔡昭侯婉言拒绝。于是荀寅大为不快，跑到晋国主帅范献子面前说："当前我国内部矛盾重重，危机四伏，诸侯现在意见不合，没有想真正出力去攻打楚国的，在这种情况下勉强出兵，恐怕会凶多吉少，况且大雨不断，联军中疟疾流行，周边的鲜虞、中山国还尚未服从我们晋国。如果这时出兵了，就等于背弃我们与楚国达成的和平盟约，这只能产生怨恨，而对楚国并没有什么损害，又会丧失中山国的臣服，权衡利弊得失，不如辞谢蔡侯为好。而且从前我国不是出兵攻伐过楚国吗？结果打到了楚国方城，也没有得到任何利益，出兵伐楚只是枉费力气。"范献子见荀寅说得头头是道，也不知道内情，就胡乱找个理由谢绝了蔡昭侯，最后这十八家人马各自散去了。

蔡昭侯极度失落，怀着无限的愤恨回到蔡国。那年夏天，由于沈国没有参加召陵之会，蔡昭侯就把满腔怒火发泄到楚国附属国沈国身上，在晋国的纵容下，蔡国出兵伐沈。不久蔡军灭掉了小小的沈国，并把沈国国君嘉带回到蔡国杀掉。秋天，楚国见蔡国灭掉自己的附属国，这意味着蔡国公开地向楚国挑战。楚国就出重兵讨伐蔡国，把蔡国紧紧包围起来。蔡昭侯这时面临着亡国灭宗的危险，他把最后的希望寄托到了吴国身上。蔡昭侯已完全意识到自从楚昭王即位以后，楚国卿大夫之间的互相倾轧，到了你死我活的地步，也看到伍子胥、伯嚭这批智士谋臣因受迫害，被迫由楚流亡到吴国，为了替死去的亲人报仇，他们率领吴军连年骚扰攻伐楚国，给楚国造成很大的威胁。于是，蔡昭侯下了决心，他派自己的儿子公子乾和大夫的儿子到吴国作人质，请求吴国出兵拯救处在楚国包围中的蔡国，同时替蔡国报仇雪耻。

二、遣兵伐楚

1. 三国合谋

吴国在与楚国的几次战役中连连取胜，孙武的战略思想得到了贯彻。比如：吴国"疲楚误楚"的计谋，十分有效。吴国逐渐地从弱而强，由强而攻，楚国这时已处于十分被动的地位。到吴王阖闾九年（公元前506年），吴国的整体实力更加强大，特别是孙武在吴国倾心帮助阖闾，"申明军约，赏罚必信"，拥有了一支经过严格训练、战斗意志旺盛的军队。这为吴王阖闾称霸东南、西破强楚作好了军事与战略的准备。

在昭王登基以后，楚国政治更加腐败。内部忠良被害，权奸当道，外部则兵连祸结，东困于吴；楚的附庸叛离，各国诸侯也抛弃楚国，另有打算。吴王阖闾九年（公元前506年）夏天，晋国支持蔡国灭掉了楚的附庸国沈国。于是这年秋天，楚国发兵围攻蔡国，扬言要为沈国复仇。蔡国同吴国向来交好，吴王打算借此良机兴兵伐楚。

据《吴越春秋》记载，阖闾当时跃跃欲试，兴奋不已，认为千载难逢的时机到了。他忙召来伍子胥和孙武共同商讨进攻楚国的战略方针。他对伍子胥和孙武讲："先前克养之战获胜之后，寡人曾经问两位爱卿，是否可以挥师入楚，攻打郢城？孙武将军说：'民劳，未可，待之。'豫章之战获胜后，我又问是否可以乘胜破楚，两位爱卿都说机会不成熟，'郢不可入'。现在，蔡侯来求我们，破楚入郢的时机是否在我们眼前了呢？"孙武说："上两次不能兴师强攻楚国，是因为没有条件。按战法来看：兴师攻伐，只凭一时的胜势就贸然进军，企图仅以威势慑服敌人，决非常胜之道，关键要靠谋略和军事实力的运用。"阖闾问："这是什么意思？"伍子胥说："楚国的军队，是很强大的，现在君王使下臣与楚军攻杀争锋，是把握不大之事。就如今的情况来看，君王图破楚入郢称霸大业，成功与否，全赖天时是否有利，并非臣等要想怎样左右君王就能实现的。"当时，吴国进攻楚国，有两个方面不利因素：一是以寡攻众，吴军只有3万人，而当时楚军有20万众；其二是倾国远征伐楚，吴楚之间相隔千里之遥，攻伐相当不利。从这两个方面，吴国不得不采取谨慎的态度。然而吴王与楚决战的决心已定，这时孙武分析道："楚国令尹囊瓦，贪欲无度，已经得罪了许多诸侯：今年三月刘文公在召陵大会18国诸侯，欲图伐楚，其中齐国、陈国、蔡国、胡国、许国、顿国原来都是楚国的盟国。尤其是唐、蔡两国国君，在楚国三年受辱。唐成公常想复仇，其朝内大臣将士说要出这口气。蔡昭侯如今到吴国来，已是两度请求我们了。蔡、唐两国极度怨恨楚国。如果君王下决心要出兵决战攻打楚国的话，就必须联合蔡、唐两国的军队共同破楚，才有可能成功。"伍子胥完全赞同孙武的分析，他进一步明确地提出："囊瓦扣留蔡昭侯三年，蔡昭侯为此已经发了誓，现在楚军讨伐蔡国，完全是霸道的。楚国霸道，而蔡国无罪。大王若真有图谋中原诸侯以兴霸业的话，现在是时候了。"

吴王阖闾听完伍子胥和孙武的议论和分析后非常高兴，他多年的夙愿终于要实现了。他立即派人通知蔡昭侯和唐成公说："楚国政治黑暗，奸佞当道，对内残害忠良，实行暴政；对外恃强凌弱，侵略吞食周边小诸侯国，悍然侮辱两国的国君。我已决定出兵讨伐暴楚救援蔡国，真诚地希望两国能与吴国共同完成破楚大业。"唐成公和蔡昭侯得知吴王将要出兵救援的消息，高兴极了。两国的人民也都欢呼吴国的正义之举。于是"三国合谋伐楚"。

阖闾和孙武面对的敌人楚国是很强大的。虽然当时的楚国在令尹囊瓦的黑暗统治下，政治上极其腐败，百官倾轧，民不聊生；军事上却穷兵黩武，到处发动战争，使国力受损；战略上陷于东吴北晋两面作战，而又轻视宋国；外交上以强国大国自居，"贪而多过于诸侯"，"四面树敌，不以为害"；在整体上已经陷入了孙武所说的"未乱先败"的局面。

但是，历史悠久的楚国毕竟是一个军事强国，它的军事实力是不可忽视的。

首先，楚国拥有一支战斗力颇强的庞大的军队。楚国参与的战争之多，参加的大战之多，在那个时代可以说是绝无仅有。通过这些丰富的战争实践，楚军获得了许多有价值的战争教训和经验，使楚军的战斗力一直保持在一个较高的水平，成为春秋晚期仅晋军能与之相匹敌的、军队总人数达 20 万之多的一支强大的军队。这支军队不但擅长陆战车攻，而且在与吴国的争战中又精通了水战。尤其是它的步兵，更是楚军的精锐，素有"卒如熛风"的美誉。正所谓"楚之为兵，天下强敌"。

长期的残酷争战，造就了楚国尚武的民风。根据现在湖北江陵雨台山楚墓群考古发掘的材料来看，共发掘了五百多座春秋战国时期的楚墓，出土兵器达 500 余件。其中"在 264 座单棺墓中，有 89 座殉葬有剑。更为甚者，有 24 座小墓，其他随葬品一无所有，但都随葬一把剑。兵器的大量随葬，从这种风俗看，的确说明了楚国兵力的强大和尚武的精神"。

楚军的武器准备也很先进。长兵器有用宛城名铁精工制成的长矛和青铜戈戟，其"钻如蜂虿，轻利剽速"，被视为"善兵"。长沙浏城桥一号楚墓出土的长达 2.8 米的藤柄铜矛、长达 3.1 米的木柄铜戟和竹柄的戈、戟，都是楚军将士们在车战时所用的长兵器。楚国的剑虽不如吴越两国贵族所用的宝剑那样做工精良，但是楚国军队中用于日常战斗的剑，却是铸法先进，讲求实用的。江陵雨台山楚墓出土的楚剑和匕首，竟有 12 种形状和样式！铸造方法多是两范相合，一次成形，十分坚固沉重。多数铜剑都不饰花纹，铸成素面，实用锋利；仅有 6 柄铜剑在剑格上镶嵌了兽面纹，十分精美，剑首内铸了 7 至 10 圈不等的同心圆图案。据《越绝书·卷十一》记载，当时楚王曾经派相剑专家风胡子去吴国，请吴越两国著名的铸剑大师干将和欧冶子试铸铁剑并传授技艺。1976 年，湖南杨家山 65 号春秋楚墓中发掘出一柄铁剑，"经金相学鉴定，含碳量 0.5%～0.6%，是属于球状珠光体组织，剑身断面可以看出反复多次锻打的层次，虽年代久远，却也锋利无比，它是我国目前最早的一柄钢剑"。这个发现证实了春秋时期楚军重视武器装备制造的事实。

除此之外，楚军用来装备士卒用以攻防护身的铠甲也是当时相当先进的。据《荀子·议兵》载，楚国士兵"鲛革犀兕以为甲，鞈如金石"。《考工记》上说："犀甲每旅以七片革片连缀而成；兕甲每旅以六片革片连缀而成……犀甲可用百年，兕甲可用二百年"，这说明了楚军甲胄的精良。用犀兕之皮制成的皮甲，轻便坚牢，革里平滑，甲缝顺直，穿在身上方便气派。吴王寿梦十六年（公元前570年）吴楚鸠兹战役时，楚军使邓廖曾率领"组甲三百，被练三千"为先锋向吴军冲击。其中"组甲"即是以贵重的犀兕之皮制成的皮甲。湖北随州曾侯乙墓出土了一批楚式皮甲残片，经考古工作者整理复原的一副皮甲胄模型来看，其头胄及上旅的连缀很巧妙，既能保护脖颈，又不妨碍其自由转动，反映出楚国制甲工艺的高超和精良。另外，江陵雨台山出土的楚国木盾和箭壶，都是做工考究，素面无饰注重实战运用的。总之，楚军的武器装备便利、坚固、实用，堪称精良。

这一切，对吴国的文臣武将来说，都是客观实在的挑战。

2. 战略部署

战略方针制定完以后，吴国开始进入了紧张的临战准备。战前准备工作的核心，就是谋划未来战争的整体安排：

首先，阖闾与孙武、伍子胥的方针是：集中全国的军事力量，动用全国的军事储备，"悉兴师"与楚军在地形复杂的江淮之间进行战略总决战，战争的目的十分明确：破楚入郢，彻底击垮楚军！

其次，吴国的战略方针是：联合蔡国和唐国，三国合谋伐楚。吴国的兵力，即使全部出动，也只有三万人，单靠这支力量，胜利的把握不大。唐、蔡二国军队能出动的加在一起也不过二万余人。三国联军总共约五万人，而这时楚国虽然是处在内外交困、人心涣散的境地，但瘦死的骆驼比马大，楚国仍拥有一支庞大的军队，总数在二十万人以上。因此三国必须保持高昂的斗志和冷静的头脑，有一往无前、不获全胜死不

罢休的气概，以及战略战术上的先进，这样才能弥补兵力在数量上的不足。

再则，在战争谋略上，运用吴军所擅长的孙武的"虚实"战术，以"兴师救蔡为明为虚"；而以"破楚入郢"为暗为实。这一整套战法不但在理论上已由孙武进行了充分论证，而且在实战中，也为吴王阖闾四年（公元前511年）吴"三师肆楚"克养之战和吴王阖闾七年（公元前508年）"豫章之役"的战争胜利所证实，是完全符合战争实际的。楚国兵力大大超过吴、唐、蔡三国联军的兵力，要想以少胜多，只能"攻其不备，出其不意"，充分运用孙武的"虚实"战法，才能夺取决战的胜利。总之，必须用智慧而不是蛮力去战胜对手。

最后，确定了千里破楚的进军路线。吴楚之间千里相隔，从军事地理的角度上来看吴楚间的地貌山川，可以发现四条可行的路线。其中水路两条，陆路两条。

这两条水路是：第一条以水军溯江水西上，可直逼郢都。第二条进军路线，以水军溯淮水西上，经由黄邑、弦邑，然后弃舟登陆，自豫章地区西北边沿途南下，沿大别山脉和桐柏山脉的交汇处冥阨、大隧、直辕三隘口进入楚国中心，然后渡过清发水，穿过雍澨地区，再渡过汉水，然后即可直达郢都。

另外两条陆路是：第一条取道淮水北岸，沿陈国和蔡国之间的平原地区北上，先攻下楚国北部的方城，再经由缯关、申邑、吕邑，第二条是沿豫章地区中段鸡父、零娄向西南翻越大别山脉，经隘门关直达柏举，然后经郧邑渡过清发水、汉水直奔郢都。

从以上四条进军路线的优劣来看，第一条进军路线因为江上的路途太远，又由于唐、蔡二国地处楚国北部侧背，溯江水攻楚，既不能会唐、蔡二国之兵，也不能达到救蔡伐楚之计，因此第一个被排除。第三条进军路线，即陆路第一条，能实施救蔡之计，能会唐、蔡之兵，但因为攻击楚国城邑过多和迂途过远所造成负担，实际上是三国联军不可能承受的，因此也予以排除。第四条进军路线，即陆路第二条，十分隐蔽，可以达到战术的突然性，但要翻越山高地险的大别山区，费力费事，因此也要否定。唯有选择溯淮而上的第二条进军路线最为可行。这条进军路线向南可以避开大别山脉和江水这两个难以逾越的险峻地带，北面可以避开尚集结在方城一带用以制晋的楚军主力；既可以沿途汇合唐、蔡之军一起攻楚，又可实施救蔡破楚的计划，是最为可行的一条进军路线。当时吴王阖闾与孙武早就选定了这条唯一的进军路线，因此在前些年的吴楚战争中，就有针对性、有目的地扫清了淮水两岸的楚国势力，牢牢控制住了淮水地区。

吴王阖闾、孙武和伍子胥在吴国策定了此次决战的总体方案：先以水军溯淮水而上，假装救援蔡国。如果楚军不解蔡之围，则就势以蔡军牵制住楚军，吴军和唐军正好乘虚而入，直取郢都；如果楚军解除对蔡国的围困，则三国之兵联合起来径直穿过蔡国边境，至楚地黄邑淮水转向处，登陆后再从楚国侧后防御晋国和防御吴国的中间地带突入楚境，迅速穿过冥阨、大隧、直辕三处楚国的隘口，深入楚国腹地，力争在方城一带的楚军主力没有反应过来之时，想办法引诱守备郢城的楚兵出来决战。然后以迅雷不及掩耳之势，追奸敌人，一举破楚入郢。对吴军来说，此决战有三处重要的地方要把握：

首先，吴军必须把守备郢都的楚军引诱出来决战，否则楚军凭借郢城的深池高墙，足以抵挡吴军直到援兵到来。

其次，必须把这支楚军调动至大别山西部汉水以东的柏举一带决战。柏举距郢都三百余千米，环境复杂，是孙武选定的决战场地。如果在柏举决战，可切断这支楚军与方城和郢城两方面的联系，为果断拿下空城郢都创造最有利的军事帮助。

最后一点，必须在方城一带楚军援兵未到之时决战。如果方城一带楚军主力提前赶到，破楚入郢将会不可能实现。《孙子兵法·虚实篇》说："故知战之地，知战之日，则可千里而会战。不知战之日，则左不能救右，右不能救左，前不能救后，后不能救前，而况远者数十里，近者数里乎？"

吴军的上述战略构想，就是建立在孙武这一理论原则之上提出来的：只要吴军选择好预定战场，做到"知战之地"，同时做到"知战之日"，掌握好决战的最佳时间；而楚军却"不知战之地，不知战之日"，那么，楚军"前"、"后"、"左"、"右"都不能相救，而远在八百里外的方城楚军鞭长莫及，又怎么能够救援这边的楚军呢？即使最终不能调动楚军，吴军也不会有什么影响。因此，这个作战构想是十分大胆又慎重可行的，它体现了孙武"自保而全胜"的战争思想。

以上吴军的作战构想和战争部署，充分体现了孙武兵法重谋略、重实力、重地利、重时机、重人的因素、重"攻其不备"出奇制胜的战争指导思想，并在指导这次吴楚决战的过程中获得了极大的成功。

3. 防范越国

大战前夕，吴王阖闾与伍子胥、孙武和伯嚭商议，都认为应该走水路奇袭迂回作战，进攻楚国，这时候孙武突然说道："南方的越国现在正在崛起，文种、范蠡都是很有智谋的人，我担心我们倾国伐楚，越人会偷袭我们。"伍子胥说："那怎么办呢？"孙武说："我们向越国借些粮食，他们要肯借，证明不想攻伐我们；若不想借，就说明越王有谋我之心。"就这样吴王派人去越国借粮。范蠡很有智谋，他想了想形势局面，就借了一些给吴国。然而这边孙武更富于远见。他还是担心越国会在吴国伐楚时来攻吴国，就派人领着五千人马守住了吴越两国之间的隘口，以防越军进攻。之后孙武、伍子胥才决定开始进兵楚国。

三、千里兴师

1. 汉水诱敌

吴王阖闾九年（公元前 506 年）秋九月，吴军经过充分的战争准备，倾全国之兵，千里西进，要攻伐楚国。阖闾让儿子太子波在吴都留守，让亲弟弟夫概作先锋，从水路溯淮河而上，先去蔡国解救他们去了。楚国的令尹囊瓦得到消息说淮水之上吴军声势浩大，战船数百，向蔡国驶来。他一方面慑于吴军的强兵和前几年领教过的高超战法；另一方面，楚国出兵围攻蔡国，已在名义上为沈国国君的被杀申了冤，保住了楚国的面子。因此果然如伍子胥和孙武所料，楚国解蔡之围，军队调头去防郢城。吴军遂按预定的作战思路，水军溯淮而西上，掠过通往蔡国的汝水与淮河的交汇处，拼命划船，进抵黄邑以北的淮汭地区，之后弃船登陆，在豫章地区会合唐、蔡两国军队，以急行军的速度，疾行南下，果断地穿过大别山脉和桐柏山脉之间的大隧、冥阨、直辕三处关隘，突入了楚境，直奔汉水，意在威逼郢城。

楚令尹囊瓦和左司马沈尹戌刚刚率围困蔡国的部队回到楚国，还没来得及休整就听说吴军这时已经深入楚国腹地，直奔郢城而来了。他们大为惊诧，就在极其被动的情况下仓促应战。楚昭王赶忙命令令尹囊瓦、左司马沈尹戌、大夫史皇、武城大夫黑等人统率楚军昼夜兼程去汉水西岸进行抵抗，两军就这样隔着汉水互相对峙。

楚军之中左司马沈尹戌是一位头脑冷静、很有谋略的优秀军事将领。他在与吴军作战中积累了丰富的经验，他看到这次吴军来势凶猛，知道必然要有一场大战，楚国这时不能失败，只能取胜，否则后果不堪设想。于是，他就向令尹囊瓦建议说：“吴军这次是来者不善，善者不来。我们一定要慎重对付他们。他们士气正盛，声势浩大，又是倾举国之兵而来；目前我军刚从蔡国撤回，兵疲力弱，还未休整，不可贸然出战。兵法上说：“千里馈粮，士有饥色。”吴军远征，肯定希望速战速决。我们的方针，莫不如由您统领我军凭借汉水的屏障，与吴军周旋，拖延时间，只要不让吴军渡过河，郢都的安全就可以保证。再请您让我火速前往方城求救，把方城以北负责防备晋国的我军主力迅速调回，以解燃眉之急。之后，我军先直扑淮汭，将吴军停靠在那里的战船全部焚毁，然后我再转移，扼守住大隧、直辕、冥阨三个隘口，彻底切断吴军的退路，使他们首尾不能相顾，吴军进退无路，时间一长，将劳兵疲。这时，您再渡过汉水，攻打吴军的正面主力，我率方城之军从后面攻击，吴军腹背受敌，必然会一败涂地。"
令尹囊瓦觉得沈尹戌出的计谋很不错，就下令全军在汉水南岸等待时机，
坚守不出。同时派左司马沈尹戌北上去方城搬兵，准备出奇兵攻击吴军的
背后。沈尹戌的谋略是完全正确的，所以对吴军是极大的威胁，它使吴军
颇有进退两难之势。若这场战争的过程依沈尹戌的构想而进行，就很难说
吴楚间的这场战争到底会怎样了。

　　这种情况孙武是事先考虑到了的。因此，吴军此时作战计划的关键，
在于引诱楚军在方城援兵尚未到来之前贸然渡过汉水与吴军进行决战。孙
武对通过引诱调动敌人颇有自信，他在《孙子兵法》中曾多次谈到如何运
用调动敌人来掌握战争主动权："以利动之，以卒待之"；"能使敌人自至
者，利之也；能使敌人不得至者，害之也。故敌佚能劳之，饱能饥之，安
能动之"。这些话说得很深刻，若能抓住两军的利害关系来调动敌人，那
么"我欲战，敌虽高垒深沟"，也"不得不与我战"。这些原则，在孙武初
期的战争指导中都得到了充分体现。因此，我们可以十分肯定地说，孙武
面对沈尹戌作战布署的挑战，在事关吴军生死存亡的危局中，必定会采取
种种方法来调动、引诱囊瓦渡过汉水与吴军决战。正在此时，楚军内部发
生了变故。

　　楚军中左司马沈尹戌走后，令尹囊瓦日夜关注着对岸吴军的动静。可
是，令人想不到的是，吴军军营一片宁静。这宁静反而使囊瓦感到有些不
安。因为这使他猜不出吴军究竟想干什么，反而被搞糊涂了，也不知自己
该如何行动。又等了几日，囊瓦还是不见吴军的动静，就更加着急，反复
思索，急得团团转。

　　他立即召集楚军将领进行商议。武城大夫黑首先自作聪明，站出来
高声说道："吴军按兵不动，肯定是有计谋的，不过他休想骗过我。我
认为吴军此次出战，所用的战车是用木料做成的，非常坚固，不怕风吹
雨打日头晒。而我军战车外面是用皮革包裹着，用胶盘固定着，遇到阴
雨潮湿，风吹老化，战车就无法使用了。再这样，我们只能中了吴军的
奸计，不能等了，赶快以我优势兵力，渡过河去与吴军大打一仗。"令

尹囊瓦听后很是赞赏，认为武城大夫黑观察很细致，从这么点的小问题看到了吴军的计策，识破了吴军的阴谋。他为楚军中能有这样的人才而感到很高兴。

武城大夫黑得到了令尹囊瓦的赞赏，大夫史皇见了也不甘落后，他马上走上前，对令尹囊瓦低声说道："尊敬的令尹大人，楚国现在上上下下已开始渐渐怨恨您了，而越来越敬重左司马沈尹戍了。假如这次战役完全按左司马沈尹戍说的去做，您在这死等着，他自己调动方城的楚军主力，到淮汭地区摧毁吴军战船，再南下封住险要隘口，从背后击败吴军。那么，请问大人您，这击败强敌的伟大功劳是您的呢？还是属于沈尹戍他一个人的？全按照他说的办，必然是沈尹戍他一个人的。您在朝廷恐怕要地位难保了吧？所以请您马上行动，一定要速战速决，抢在沈尹戍行动的前头与吴军开战，一举解决了吴军。"

令尹囊瓦经史皇这么一说，认为史皇比大夫黑还要高明。他还真心为自己着想，设身处地地分析说到了点子上。

让这两位阿谀大夫信口雌黄地一说，尹囊瓦下了决心。他立即命令楚军渡过汉水去与吴军进行决战。

孙武见囊瓦按捺不住，终于率楚军倾巢出动了，便继续采用"诱敌"和"误敌"的方法。先让楚军顺顺利利地渡过了汉水，这使囊瓦骄狂起来，觉得吴军不过如此，没什么了不起。接着孙武在小别山陈兵列阵，摆出一副要与楚军决战的架式，诱使楚军前来攻打，结果还是两军刚刚接战，吴军就开始向后败退下来。囊瓦哪里知道孙武的计谋，以为吴军不堪一击，求战更心急，遂指挥楚军大肆追击，"自小别至于大别"。孙武仍一如既往，一连与楚交战三次，又后退三次，每次都是走走打打，打打走走，与楚军始终保持若即若离的状态，引诱得楚军越打越急，越追越远，不知不觉中楚军已追到大别山以西的柏举地区。

2. 柏举大战

这年冬天十一月十八日，天刚放亮，吴、楚两军在柏举真正开始了会战。这时军队统帅的心情往往一样，当战争还未到来时，盼望着早日开战取得胜利，可当真的要开战了，又往往犹豫起来，对自己能否获胜产生怀疑。吴王阖闾此时就是这样。当双方都为开战临阵前积极准备的时候，阖闾觉得吴军并非十拿九稳。阖闾的弟弟夫概知道后，心急如焚，他不顾君臣之礼闯入阖闾帷帐里面，急切地说："楚令尹囊瓦贪得无厌，陷害忠臣，中饱私囊，多行不仁不义之事，把楚国上下搅得乌烟瘴气；他治军不爱兵，为政不怜民，所以现在楚军上下离心离德，不能团结一致，作战的时候根本就不能有拚死的决心。如果士兵们没有视死如归的战斗信念，那么就是再好的统帅去指挥，再强大的军队也必然会失败。现在正是我军同仇敌忾，先机进攻，勇往直前的好时候。我们首先攻打囊瓦的主力，楚军一定大乱，而后我军发大兵再大举总攻，则是必胜无疑。在这关键时刻，任何犹豫和裹足不前都会酿成大错呀！请大王进攻吧！"阖闾沉思良久，最后还是没有按照夫概的建议办，让他回营等候命令去了。夫概回到了自己的营账，左思右想都觉得自己的想法是正确的。最后，夫概牙一咬、脚一跺对手下将士说道："《兵法》说得好：'作为君王的臣子，统兵作战的将军，任何决策要以君王和国家利益为最高准则，凡合乎君王和国家的利益的事，就要做到底，有时不需要等待君王允许的命令'。这些至理名言正是对今天这种情况所说的。我必须抓住战机与楚军决一死战，才能成就破楚入郢的最后目的。"

说完，夫概亲自率领所属精兵猛将五千人，乘楚军尚未开饭之际，发起猛烈进攻。楚军原打算吃完早饭，然后列好方阵，再与吴军交战，谁知吴军不按常规提前向楚军发起冲锋，这使楚军猝不及防，楚军大营顿时混乱起来。

阖闾和孙武见夫概已率兵先行出击，也没怪罪他。赶紧采取紧急措施，抽调"利趾"徒卒3000名和"多力"徒卒500名作为大军的先锋，疾速增援夫概，以保证优势；同时加紧集合队伍，随后追击掩杀楚军。

楚军主将囊瓦早有退心，属将士卒们也都毫无斗志，只有史皇出兵挑战，孙武便让先锋夫概迎之。夫概选勇士三百人，一遇楚兵都用大木头为武器，没头没脑一阵乱打，楚兵从未见这种情形，措手不及，被吴兵打得大败，史皇仓皇而逃。这时囊瓦说："你让我渡江迎敌，现在一交手就打败了，你有什么脸来见我！"史皇说："现在吴王阖闾在大别山下安营扎寨，晚上，我们出其不意去攻击它。要是能杀了吴王，就什么都好办了。"

这次夫概没得到命令的进攻取得了胜利，大家都在向他祝贺。孙武说："囊瓦是个小人，贪功近利，今天大夫史皇只是小败，并没有多大损失，今天晚上一定会来袭大营，一定要小心。"说完，就命令夫概和专毅各领自己的部队埋伏在大别山脚下，在午夜等待命令。又命令唐、蔡两国的军队到时分别接应。孙武又让公子山保护吴王移至汉阴山，使原来的大寨成了一座空营。

结果到了半夜，果不出孙武所料，囊瓦带精兵去袭吴王的营寨，进去后发现是座空营，便慌忙杀出。这时号角齐鸣，专毅、夫概两军从两边夹攻杀来。囊瓦且战且退，损失了很多人马，刚刚脱险，突然唐侯和蔡侯领兵又把囊瓦截住，他们俩见到囊瓦显得非常愤怒。唐侯说："还我肃霜马，免你一死。"蔡侯说："还我袭佩，饶你一命"。囊瓦又气又恼，这时大夫武城黑来到，总算救了他，并说："我们的营寨已被伍子胥劫了，史皇也大败，不知下落。"囊瓦这时垂头丧气，带领败兵连夜回到了柏举才停下。

不久，大夫史皇也领着残兵来到，他们一起又立起了营寨，囊瓦说："孙武太厉害了，不如我们逃走，以后再战。"这时史皇说："你本来是领兵抗吴，现在跑了，吴军长驱入郢，你就死定了。不如全力以赴，死了也留下英名。"囊瓦正拿不定主意，这时楚将蓮射从郢都赶来。他了解了全部情况后说："如果按照沈尹戌的意思，怎么会这样？我们现在只有固守城池，好等待沈尹戌的援兵。"囊瓦还想抵赖，被蓮射训斥了一番。但囊瓦觉得自己官位比蓮射高，便与他争吵了起来。结果两下各带各的兵安营。结果第二天早晨，夫概又向囊瓦杀来。蓮射与蓮延父子赶来助阵，但为时已晚。伍子胥这时也带兵来援助，囊瓦这一下溃不成军，自己也受了伤，这时史皇拚命保护囊瓦才让他最终逃亡去了郑国，而史皇战死了，武城黑也被杀。楚军的残兵最后都跑到了蓮延那里。余下的楚军也有的在做垂死挣扎，但这些都为时已晚，无济于事了。吴军以排山倒海之势压向楚军，只听杀声震野，鼓声震天，刀剑撞击之声，车毂交错之声，混在了一处。吴军最后大获全胜。楚将蓮射战至最后，被吴军俘虏。

柏举决战中残存下的楚军各自夺路溃逃。后来蓮射之子蓮延一点点收拢残部，带着这支残军向郢城没命地逃去；一路上他们如惊弓之鸟、漏网之鱼，狂奔了三百余里，来到了清发水边，这些惊魂未定的残兵败将，争相渡河逃命。可是由于过河的工具较少，楚军就开始互相争夺起来。这时阖闾和孙武指挥的吴军也紧接着追到了清发水附近。看到楚军的残部竞相争渡的混乱场面，阖闾十分高兴，马上下令士卒人不歇息，马不解鞍，一鼓作气向清发水边的剩余楚军发起攻击。孙武正要上前对吴王说些什么，这时从前边战场返回的夫概却抢前一步，对吴王阖闾说："微臣听说这么一个典故：一只被围困的野兽，在它面临着生死的紧要关头，尚且还要做最后的拼死挣扎，更何况是万灵之长的人呢？如果现在向刚刚开始渡河的楚军发动进攻，他们意识到自己将不能渡过河去死里逃生的话，那么，他们一定会拼死反扑回来，可能还会杀出一条血路，搞不好战事就会因此拖延下去。说不定到时沈尹戌带领的方城援兵会及时赶到，到那时我军就会处于被动状态；说不定楚军还会把我军击败。如果采取另一种思路，先听凭这些残兵的一部分渡过河去，让先渡过河去的这部分楚军知道自己已经安全了，他们就会丧失返渡回来与我军继续作战勇气；而跟在后边渡到河中的楚军就会羡慕已经处于安全地带的楚军，而不会顾及还未渡河的楚军。跑在最后面渡河的楚军就会怨恨前边的同伴抛弃了他们。这样，楚军一分为三，自顾不暇，军心已经涣散，变得毫无斗志。因此，采取兵法上所说的'半济而击之'的战法是最适合的。"

"半济而击之"是《孙子兵法·行军篇》的著名论断，也是吴王阖闾所了解的战法。现在夫概在战争实践中根据具体情况对它进行了深入精辟的解释，阖闾和孙武当然会表示赞同。

阖闾对伍子胥说："我有这样的弟弟，何患郢都不破？"

于是吴王阖闾和孙武命令吴军放慢追击楚军的速度，同时让前哨观察楚军渡河的进展。这时的楚军前边已有少部分渡过了河，他们有的疲惫地躺在岸边，有的高兴地跳了起来，也有的高兴地喊叫起来，都在庆幸自己先渡过了河；而在河中的楚军正拼命地划着船；还没有抢到船的楚军乱作一团，惊恐地吵着、骂着。突然楚军背后鼓号齐鸣，烟尘四起，杀声震天，吴军从几个方向一齐向河岸边杀来。楚军被吴军一阵掩杀，前后不能相顾，死伤大半，楚军士兵的鲜血把清发水染得通红，一具具将士的尸体顺着河水漂流而去。楚将蓬延眼看着近在咫尺的楚兵却无法相救，气得咆哮不已。最后他垂头丧气地率领着已渡过河去的残兵败将，逃往郢都去了。

3. 雍澨败援

楚将蓬延率楚军残部人马不停地西逃，最后逃到雍澨地区，人困马乏、饥渴劳顿不堪。蓬延以为，自柏举大战后，楚军已拼命后撤500余里，吴军连打带追，也跑了差不多同样的路，应该驻军休整一下。因此下令楚军原地休息，埋锅造饭，认为稍事休息之后，再撤回郢城固守不迟。

孙武自清发水二度大获全胜之后，并不敢有一丝一毫的松懈，而是对楚军紧紧追杀。

然而正像蓬延估计的那样，吴军这次出征虽经充分准备，士兵也都士气昂扬，但毕竟已在楚国境内转战千里，一个硬仗接着一个硬仗，按理确实该休整一下以利再战。但孙武认为我军疲劳，则敌军更疲劳，我军凭着连胜之势是可以克服疲劳而连续作战的。而敌军处在败逃之中所遇到的困难会比吴军更大，而且士气低落。因此，孙武率领吴军始终紧紧咬住敌军，不肯给敌人一点喘息的机会。同时，追击时常常与楚军保持一定距离，让楚军总觉得还有一线生还的希望，从而放弃回头决战，只是一味地想着逃命。当追到雍澨地区以后，孙武注意到敌军一方面因为长时间败逃疲惫得很，想停下来休息，另一方面由于已经接近楚都，楚军将士产生了松懈麻痹思想。孙武决定这时向敌军再发动一次突然袭击。吴军中有的将领想立刻发动进攻，深谋远虑的孙武总是摇头说："再等一等，看看敌人的情况，听我的命令行事。"

楚军开始安顿下来埋锅造饭。几个月来，楚军从来没有平平静静地吃上过一顿好饭，这回眼看快到郢都了，应该可以吃一顿安稳饭了。不久火生了起来，满山遍野升腾起炊烟，远远望去好像浓雾一样。吴军将士急切地对孙武说："快出击吧，现在敌军视线正好被炊烟遮挡住了，看不见我军，我们可以慢慢地接近，打他一个措手不及。"孙武传令：利用烟雾秘密接近楚军，但不许进攻，静候我的命令。等到吴军逐渐接近楚营时，炊烟已渐渐散去，估计饭快要做熟了，吴军将士又请战说："趁着烟雾散尽能看清敌军的时候，马上进攻再合适不过了。"孙武仍沉着地说："再等等看。"又过了半个小时，饭已经熟了，孙武才向全军下令："准备战斗！听到楚军开饭的号角声，就是我军发动进攻的信号。"

楚军将士闻到饭的香味，都沉浸在久违了的欢乐之中。这时进攻似乎太残忍了，但也没有办法。楚军开饭的号角终于吹响了，楚军一窝蜂般地拥过去吃饭。突然一声震天动地的"杀"声，吓得楚军晕头转向，不知所措，之后吴军像潮水一般杀过来。楚军哪还顾得上吃饭，他们如鸟兽般惊散。薳延见楚军满山遍野抱头鼠窜，知道败势已不可挽回，只带上家兵家将逃往脾泄去了。

吴军将士在雍澨地区将囊瓦残部彻底击溃之后，都美美地吃了顿楚军留下的好饭好菜。一顿饱餐之后，吴军将士士气大涨，决心一鼓作气，攻下楚都郢城。

雍澨地区紧挨着汉水，渡过汉水，往前五十里就是郢城。

这时的郢城孤立无援，城内就只靠少数战斗力很弱的王廷警卫部队守护。这对于已经辗转千里，并且攻无不克，屡战屡胜的吴军来说，攻下郢都真可算是易如反掌，唾手可得。

然而，就在这时，战局出现了急转直下的情况：左司马沈尹戌的援兵也自方城南下，赶到了雍澨地区。原来，沈尹戌从方城调出楚军主力之后，就依先前制定的作战计划率军直扑淮汭。然而，当他赶到息邑的时候，就得到了囊瓦率军贸然渡过汉水的消息。沈尹戌足智多谋，精通兵法，他知道囊瓦高傲自大，肯定凶多吉少，便临时放弃了前往淮汭焚毁吴军战船的作战计划，置囊瓦残部安危于不顾，率大军紧急掉头南下，要抢在吴军进攻之前守备郢城。

但是沈尹戌毕竟还是晚了一步，孙武带领吴军已先期到达雍澨地区，并如上面提到的彻底击溃了囊瓦的残部兵力，切断了沈尹戌部回守郢城的道路，迫使他的将士不得不在郢城之外进行最后决战。

这场会战对吴楚双方来说都是极其重要的。楚军连战连败，被吴军一直追击并覆灭在郢城附近，如果此战获胜，楚军还有起死回生的希望；如果战败，将遭受国破军败的灭顶之灾。而吴军虽然连战连胜，但如果此战失利，也将前功尽弃，陷于绝境。因为破楚入郢是战略决战和攻楚的最终目的。吴军是倾全国之兵而来，国内此时十分空虚，如果这一战役打败了，楚军将会联合越军大举反攻，甚至打入吴都。再就当时情形来说，吴军已陷入了"绝境"。吴军兴师千里，深入楚国腹地，打了几次硬仗，付出的伤亡代价也不小，而且人马劳顿，后方补给短缺，现在几乎是中断。从地理环境上看，雍澨地区三面环水，西临汉水，东背清发水，南濒江、汉，北面则是沈尹戌的援军，处在这一地区中心的吴军，只有战败楚军这唯一一条路可以选择。既然是一条路，也就无从选择，吴军只有血战到底，否则将会全军覆灭。

面对如此危险的决战环境，既便是孙武带领下的吴军内部也产生了分歧，一部分将士对未来的命运感到担忧，议论纷纷，最后有五位将军出面向吴王阖闾进谏。他们一齐说道："我们这次千里兴师，浴血奋战，现在已深入楚国腹地，我们不知大王如此劳师兴兵究竟是为什么？是为了伍子胥等人报仇吧！为了一个人的仇，而弄到今天这种危险局面，值得吗？我们愿大王仔细思考，接受我们的建议，尽早班师回国为好。"阖闾对于当前所处的境况和这次出师的目的是非常清楚的，他并没有后悔，因此拒绝采纳这五位将军的建议。五位将军见没有达到目的，就伏身斧钺之下，准备要"锁头"自绝来提醒吴王。吴王阖闾大怒，大声训斥五将军，说他们在大战时刻不知事理，胆敢扰乱军心，若再说那一套将严惩不贷。五位将军最后绝望了，就一齐在吴王阖闾马前自刎而死。

五位将军的自杀大大出乎吴王阖闾所料，他大惊失色，担心这会引起军心大乱，后果不堪设想。阖闾紧急召集孙武和伍子胥商议对策。孙武和伍子胥镇定自若地对吴王说："他们五个是害怕了！在两国你死我活的残酷战场厮杀之中往往会出现这样的懦夫。他们越是打了胜仗，反而会越来越变得胆小。五位将军之死十分可惜，但不足为忧，只要大王您善于激励手下的士兵，就会消除悲观失望和胆怯的情绪。还是多研究分析一下该怎么跟楚军做最后的较量吧。"吴王这才放下了心，接着吴王阖闾向全军将士做了战前动员。吴王的话语慷慨激昂，很有说服力和鼓动性，很快使吴军中悲观失望的情绪消失殆尽了，全军将士都信心百倍地准备投入下一次战斗。

吴、楚两军这次在雍澨地区的战役，可以想象是非常惨烈的。两军相逢勇者胜！楚国唯一善战的将军左司马沈尹戌率楚军向吴军发动了空前猛烈的进攻，并取得了首战的初胜，他自己也负了伤。但是吴军马上组织起了有效地反攻，无论是士卒还是将军身陷死地，无不挥戈挺戟，浴血奋战。

因为吴楚双方彼此都知道这次战斗是最后一搏，成败与否，在此一举。双方都竭尽全力拼杀着，没有后退，没有胆怯。

应该指出，这是一场奴隶社会末期统治阶级为争夺霸权而展开的一场血腥的战争，战争的双方无所谓谁对谁错，都是为了自己的利益而战。我们不能因为孙武身处吴国，又是战争主要的指挥者就向着吴国说话。其实贵族阶级之间的战争，其最终的受害者当然都是老百姓。

楚将左司马沈尹戌勇猛地冲在最前面，楚军士兵见主将身先士卒冲在前面，便个个奋勇争先，向吴军凶狠地扑了过来。这时的战场上剑对剑，枪对枪，我砍你一个，你杀我一个，双方士兵混在一起已分不清楚敌我的阵线，盔甲、短剑、戟戈与人的血肉一起横飞。楚军士兵发出了歇斯底里的号叫，一个个都杀红了眼，这个时候，即使是孙武的战略也不会起到任何作用，因为冷兵器时代战争的最终形式就是短兵相接，这个时候战术是没有用的。

　　冲在前面的左司马沈尹戌这时已身着数处创伤，鲜血止不住地向外流淌，但他仍然大声吼叫着往前冲杀进敌阵。楚军士兵见主将负伤仍然拼命往前冲，就一齐向前围拢过来。这时，吴国士兵已渐渐支持不住开始后撤。楚军信心大增，进攻得更猛烈了。吴军最后支持不住，败下阵来。但是楚军也尽了全力，无法继续扩大战果，结果也就此罢休，没再发动更猛烈更大的攻势。伍子胥和孙武马上利用这难得的喘息机会，重新调整布署，弥补漏洞，鼓舞士气又发动反攻……双方就这样彼此你来我往，前前后后连续打了三次仗。这三次仗使双方的力量大损，三次苦斗，左司马沈尹戌三次受伤，血快流尽了。沈尹戌自知自己再也起不来了，由于他从前曾在吴王阖闾手下任过职，后来投奔到楚国，这次疆场搏杀，他担心自己被吴王阖闾活捉过去会遭受耻辱，就对自己的部下大声叫道："哪一位勇士能使我的头不让阖闾得去，快勇敢地站出来。"话音刚落，沈尹戌手下有个叫吴句卑的人高声回答说："下臣职贱位卑，不知能否担当重任？"已失血过多的沈尹戌这时断断续续，有气无力地说道："你是真正的勇士，不但杀敌勇猛还为人忠诚。像你这样忠勇的人，我当初竟然没能发现你、提拔你，这是我的过错。现在我不能战斗了，也活不成了，就把此事交给你了，你一定要完成它。"说完闭上了双眼，等着吴句卑下手。吴句卑眼含热泪，把自己的上衣脱了下来铺在了地上，然后一闭眼，一狠心，举剑猛力向沈尹戌脖子上砍去，沈尹戌的头被砍了下来。随后，吴句卑把沈尹戌的尸体隐藏好，自己用上衣包好沈尹戌的头，逃离了这血雨腥风的战场。沈尹戌一死，楚军群龙无首，再也不能组织有效地进攻。吴军此时抓住机会竭尽全力，最终战胜了楚军，取得了最后决战的胜利。

　　吴国雍澨败援之战，是破楚入郢整体战略中极重要的一次战役，也是最惨烈的一次。这一仗好就好在歼灭了沈尹戌援军和打败了囊瓦军。可以设想，如果这两支主力楚军能较完整地退到郢城中，那么吴军将面临出师千里，最后屯兵坚城之下的极被动局面，这是孙武最为担心的。孙武认为"带甲十万，千里馈粮"，利于速战速决，绝不能毫无原则地硬攻城，"攻城则力屈"，在这种情况下如果敌方"乘其弊而起，虽有智者，不能善其后"。如果是那样，则对千里兴师的吴军来说就极为不利了。所以孙武主张不攻城，把敌军主力在野战中加以消灭，最后敌人的坚固城邑将较易攻取。这次重要战役的发起正是遵循了这一原则，吴国克服了重重困难，想尽了一切办法迫使楚军在郢城之外进行最后决战，从而避开了"攻城"将要遇到的难以逾越的困难。

这时龟缩在郢城中的楚昭王看到吴军在灭掉两股主力楚军后，以神速直向郢城扑来，急切盼望能有楚国军队率军回来守城。但是他大失所望，没有一个楚国士兵来。吴军这时所向披靡，已没有任何阻力了。

第七章 霸业初兴

一、图霸一时

1. 攻陷郢都

楚昭王这时大惊失色，召来子西和子期商议对策。最后想弃城西走，子西这时对楚昭王说："郢都是王宫所在地，大王若弃之西去，恐怕再也回不来了。"昭王说："吴军已破了江汉的天险，我们难道要束手就擒？"子期说："城中还有很多男人，可以固守；我们再去请诸侯国帮助，就可打败吴军。"子西又说："我们全力抗敌，实在不行了再走也不迟。"昭王哭着说："国家存亡，全靠你们两人了，你们看着办吧。"子西、子期果然很勇敢，他们让手下大将分别守住麦城、纪南城和鲁洑江等重要战略要地，自己则严令郢都全部誓死抵抗。

这时的吴王阖闾召集诸将，问何日能攻破郢城，伍子胥说："郢都很坚固，还有其他三座城池与它联络。我们现在应该兵分三路，分别进攻麦城、纪南城和郢都。"孙武认为伍子胥的办法很好，就让他与公子山带兵一万，蔡侯的部队帮助他们一起去攻麦城；孙武同夫概带兵一万，唐侯以本国军队相助去攻纪南城；吴王与伯嚭领大军进攻郢都。

伍子胥的这支部队行进了几天，有人报告："前方就是麦城，楚大将斗巢在此驻守。"伍子胥马上让军队扎营。自己则换上便装，与两个随从来到营外观察地形，他们来到一个村边，见村民还在以驴磨麦。伍子胥这时突然说："我知道破麦城的方法了"。回营后他当下传令，明日用石料、土、草筑两个简易的城垒，一个在东，一个在西，分别命名为"驴城"和"磨城"，蔡侯笑着说："东驴西磨，何患麦城不破？"驻守麦城的楚将斗巢得知吴军去筑城，便引兵来攻，但这简易的城垒十分坚固，不易攻破。这时蔡侯的儿子姬乾迎战，他和斗巢打了二十几个回合，楚军突然来报说："现在有吴军正在攻打麦城"。斗巢一听，赶紧撤兵回去守麦城。

斗巢回到麦城下，正好遇见伍子胥在指挥人马包围麦城。斗巢在马上向伍子胥拱手打礼说道："子胥别来无恙？你父兄的冤仇，是由费无忌引起的，现在他已经被诛杀，你的仇也报了。而楚国对你们家三代都有恩，你可不要忘了。"伍子胥轻蔑地说："我家先辈对楚国有大功，楚王却冤杀了我的父兄，还要追杀我的性命，幸得老天保佑，我才没死，这个冤仇我已经等了十九年了。"伍子胥又说道："今天你若让开逃往他乡，我们便相安无事。"斗巢这时大骂道："你这背叛的贼子，让你不算好汉。"说完挺戟来战伍子胥，伍子胥也拿起武器相迎。他们打了几个回合，伍子胥说："今天你已经累了，我放你回城，咱们明天再战。"斗巢说："明天决个你死我活。"说完双方各自收兵。

然而到了半夜，麦城上忽然传来了喊叫声，说："吴兵已入城了。"原来，在伍子胥的军中有不少楚国的降兵，昨天是故意放斗巢回城，以便让化妆成楚军模样的吴兵混杂在楚军的队伍里一起回城。半夜里，他们从城上放下绳索接应吴军，等到楚军发现了这一情况，城墙上已有了好几百名吴军，他们齐声呐喊，城外的吴军也大叫呼应。这时守城的楚军乱作一团，没有了势气，斗巢的命令也不管用了，只得自己领着部分兵马逃出城去。伍子胥也不追赶，他就这样拿下了麦城，并派人把消息飞报给吴王和孙武。

这一边孙武登高观察地形，结果发现，水势很大的漳江在北，纪南城在其下游地势低洼，西面还有一个湖，湖水通入纪南城内和郢都城下。孙武马上知道了攻纪南城的办法，他命令部队驻扎在高坡上，又命令士兵开凿一道深沟，把漳江水引到赤湖里，为加大水势，又筑起长堤，堵住江水，结果江水大量灌入纪南城中，纪南城守将宋木发现大水袭来，就让城中百姓去郢都躲避。这时水势越来越大，连郢都城下都是一片汪洋了。

这时，孙武又命士卒制造竹筏，他们乘着竹筏攻进纪南城，又来到了楚都郢城下。

这时的楚昭王见外围的两座城池已被攻破，知道大事不好，但他仍打起精神令军队坚守郢都，他让子西守东门，斗巢守南门，申包胥守西门。王孙由守北门，自己亲自巡视各处，使楚军的将士气势大振。这时从纪南城逃难的百姓与洪水一起奔来，淹死者无数，哭号声震天。不久，吴兵赶到，楚昭王让将军子篾和因带兵出击，但他们两个不是对手，很快就退回了城中。吴兵这时便把郢都团团围住，日夜攻打不停。而守城的楚军仗着城防坚固，拼死抵抗；吴军损失不小，却毫无办法。几天之后，吴王阖闾担心了起来，他对孙武说："如果楚都久攻不下，万一他们的救兵来了，元帅看可怎么办呀？"

孙武一听也非常着急，他下令伍子胥、夫概、专毅、姬乾分别攻东西南北四个城门，令士卒只许前进，不许后退，登城破楚者将立大功、受大奖，加官进爵。又过数天攻城才有了起色。

攻南门的主将专毅胆量过人，他见郢城久攻不下，便身披重铠，带领数十人执着铁盾，叫喊着前去攻城，但仍被城上投下的砖石利器所伤。专毅耐着伤痛杀了几个后退的士兵，令全军一齐攻城，终于攻上城墙，打退了守城的楚军，楚将王孙由见状弃城而逃。不久其他几个守城的楚将听说南门已破，便没了斗志，各自逃跑了。

这时楚昭王听到城已被破的消息，慌忙奔入后宫对母亲伯嬴说："吴军已入城，请母亲随我突杀出去吧！"伯嬴大义凛然地说："我是楚国的万民之母，怎么会抛弃先王的宗庙社稷而不管呢？你不要管我了，快与群臣逃往国外！将来再起兵恢复家邦吧！"楚王哭着与文武大臣从西门杀出，慌乱间已不辨方向，只顾一路狂奔。

2. 夜处楚宫

就这样，孙武攻破了楚国的都城。进城后，他便命人掘开漳江上的水

坝，让水归到大江里，这样郢城周围和纪南城的水患就慢慢退去了。

吴王阖闾这时踌躇满志，他在楚王的宫中升殿。孙武、伍子胥、伯嚭等人向他祝贺，唐、蔡两国的君王也向他道喜，吴王非常高兴，大家随后共饮庆功酒。

到了晚上，吴王就睡在楚王的后宫里。他想让楚王的夫人服侍自己，以辱楚王，但是伍子胥坚决不同意。然而荒淫的吴王还是淫掠了楚王的很多妃子。第二天，有人对吴王说："楚昭王的母亲伯嬴，当年是秦国的著名美女，本来许配给了太子建，但是楚平王因为她美丽而夺娶了他。所以才引出了伍子胥父兄被害的事。她现在年龄并不算老，而且仍然很有姿色。"吴王阖闾一听果然动了心，叫人把伯嬴叫来，伯嬴不来；吴王很生气，对左右说："把她给我带来。"这时伯嬴关上门，用剑敲着门说："我听说一国之君首先要遵守礼教。现在君王您要破坏这个规矩吗？想让天下人都知道您的淫乱行为吗？现在我就是伏剑而死，也不会听你的命令"。吴王听后感到很惭愧，就说："我很敬慕夫人，只是想见见您的仙容，没有别的意思。现在请您放心吧！"随后吴王让伯嬴从前的侍者服侍她，并命令别人不得入内。

唐侯、蔡侯同公子山抄了囊瓦的家，得到了大量宝物，有的献给了吴王，有的被自己占有。

伍子胥这时想让吴王拆毁楚王的家族宗庙。孙武马上说："仁义之师，才能常胜，当年楚平王听信谗言，陷害忠良，才得此下场，现在楚国已破，我们应该立太子建的儿子芈胜为楚君，楚国人知道太子无辜，必定拥护他。而且会认为吴国有德，这对吴国十分有利。"

然而吴王不听，他贪心无度，烧毁了楚国的宗庙，想永远灭亡楚国。之后，吴王阖闾再次大宴群臣，场面十分热闹。

3. 掘墓鞭尸

吴国君臣都十分欢喜，只有伍子胥好像还有些不愉快，最后他对吴王说："我仇已报，但还有些不解恨，请大王允许我挖开楚平王的坟墓，开棺斩首。"吴王阖闾同意了伍子胥的请求。

伍子胥就这样带着兵马踏遍了附近的山岗，却怎么也找不到楚平王的坟墓。他下令，若谁报告了楚平王的坟墓，就会重重有赏。

过了很长时间，才有一个老头来见伍子胥，他问伍为何要找平王之墓。伍子胥向他细说了原委，老人家才说："平王将死之时，非常害怕您在以后会借吴国士兵来替父兄报仇，所以吩咐在他死后要将棺木沉于城东的蓼台湖底，以免日后被人发现；你只要在那湖中搜索，便可找到棺木！"

伍子胥随即带兵来到蓼台湖，见湖水茫茫，不知道该从何下手。最后他命数百人下湖去找，终于找到了。士兵们费了很大的力气才把棺木搬起来，然后移放到岸边。伍子胥令人打开棺材，发现里面并无尸体，仅有一个用衣服包着的铜铁假人，便问老人这是怎么回事。老人家说："这棺木有上下两层，上层是为了迷惑人的，下层才藏有平王的尸体。"伍子胥令人搜查下层，果然发现一具尸骸，把它弄出来一看，果真是平王的尸体。伍子胥一看到这就怒气冲天，他左脚踏在尸体的身上，右手挖出了平王的双眼，又用鞭子抽它，最后伍子胥毁了平王的尸体和棺木，把它们胡乱地丢在荒野上。伍子胥雪恨后问老人如何知晓得这样详细。老人感叹地说："我就是平王手下的工匠啊，他当时让我们五十人为他制造假坟，等完工之后，将我们都杀了，只有我一人得以逃脱，今天大人你也为我报了仇啊！"伍子胥听完十分感慨，给了老人很多金钱让他离去了。

再说楚昭王逃出城后乘船西涉江河，后又转入长江，来到了一个叫"云中"的地方，结果遇到了几百个强盗抢劫昭王。当时王孙由大喝道："这是楚王，你们好大胆子！"这伙强盗却说："我们只知道有钱财，不知道有大王！士大夫尚且贪财，何况我们是贱民？"说完就来抢船中的宝物，昭王赶紧弃船上岸，并让钟建背着自己的妹妹季米，他们一帮人走了一夜。第二天早晨，子期、宋木、斗辛、斗巢陆续赶来，昭王这才放下心来。斗辛说："我们老家离此不足四十里，大王先到那儿，我们再作打算。"这时斗巢拿出干粮让大家一起吃，箴尹固拿瓢打水让大家喝。这时斗辛看见有一艘船从东驶来，仔细一看原来是大夫蓝尹亹，斗辛大喊，但是船上的人像没听见一样径直离楚昭王而去了。

昭王一行没有办法，只得继续前行。但他们最后的目标是随国，因为随国原是楚的属国，人民比较爱戴楚王。这次来到随城，随国国君亲自欢迎，而且愿意为保护楚王而出兵。

再说子西在鲁洑江把守，听说楚国郢都已被吴军所破，昭王出逃了。子西是个很有胆略的人，他害怕国人遣散，就穿了楚王的衣服，坐着楚王的车子，自称是楚王，以安定人心，楚国的百姓便团结到了他的周围。不久，子西听说昭王在随国，便告知百姓昭王的下落，然后自己也去随国与昭王相见去了。

4. 追杀楚王

伍子胥认为昭王跑了对吴国很不利，就对吴王阖闾说："没有诛杀掉楚王，相当于没有灭掉楚国，我愿意带一支人马西进，找到并杀掉那个昏君。"吴王同意了，伍子胥便一路追寻楚王。终于听说楚王在随国，便给随国国君写了一封信，要随国交出楚王。

这封信写得软硬兼施，随国君臣看了以后左右为难，就进行了占卜。而占卜的结果是不应交出楚王，否则"不吉利"。这时楚国的大臣子期知道了这件事，就对随君说："我与楚昭王面貌很为相似，干脆让我化装成楚王跟他们走算了。"大家都未应允。最后随国派出了一个使臣对伍子胥说："我们国小，本是楚国的附属国，楚王若真是来了，我们不敢不纳。但是现在他已经前往他乡了，不信将军您可以亲自去检查。"

随国这样骗过了吴军。楚昭王这时总算没有了危险，他割破了子期的胸脯，用他的血与随国订立了盟约，发誓要以随国为基地，图谋复国的大业。

这时的伍子胥怀疑楚昭王藏在郑国，因为楚国的令尹囊瓦在郑国，而且郑国杀了太子建，此仇亦未报。他就马上移师郑国。此时郑国的一位贤臣游吉刚死；郑定公非常担心伍子胥攻城，就逼迫囊瓦自杀了。郑定公把囊瓦的尸体交给了伍子胥，以证明楚昭王确实没在郑国。

但是伍子胥还是不想退兵，他要灭郑国为太子建报仇。这下郑国没了办法，最终士大夫要背水一战。这时，郑君说："现在吴连楚国都灭了，郑国还能有什么办法呢？"

最后郑国对外发布公告：谁若是能击退吴军，郑君就把国家分一半给他。结果说来也巧，鄂渚那个地方的渔丈人之子这时为逃避战争而留在郑国。他知道吴军的将军是伍子胥，就要求见郑国君，说有退敌之法，郑定公问他退敌需要什么东西，渔丈人之子说他不用一兵一卒、一铜一铁，只需要一支桡，就可退兵。郑君自然不信，却又一时无策，就命左右给了他一支桡。渔丈人之子就这样出了城，直奔吴军，一边击打桡一边唱到："芦中人！芦中人！腰间宝剑七星文，不记渡江时，麦饭鲍鱼羹？"吴军士卒立即抓住了他，并把他带到了伍子胥面前。伍问他是什么人，来者举起手中的桡对伍子胥说："你没看见我手中拿的东西吗？我乃是鄂渚渔丈人的儿子。"伍子胥一听叹道："你的父亲当年为救我而死，我总想报恩却找不到人，今天我见了你，你需要什么吗？"渔丈人之子不慌不忙地说："我只要将军退兵，郑君就会厚待我。"

伍子胥这时仰天长叹说道："如果没有渔丈人也就没有我今天，如今是天意的安排，我也只能照办了。"

伍子胥下令马上解除对郑国的包围，即刻起兵回郢都。渔丈人之子这才回到郑国君处，郑定公又惊又喜，真的封给了渔丈人之子百余里土地，国人以后也称之为"渔大夫"。时至今日，在那一地方还有一个村叫"丈人村"，据说就是这么来的。

伍子胥领兵回到楚国国都内，派遣使者四处招降楚国的残余势力，以求完全灭掉楚国，同时四处打听楚昭王的下落。

二、吴王之危

1. 说秦救楚

楚国的都城郢被吴军一举攻破之后，楚国大臣申包胥便逃到夷陵的石鼻山中。不久他听说伍子胥挖出平王的尸骸进行侮辱，又要追杀楚昭王，就派人给伍子胥送了封信，信的大概内容是：你从前是平王的臣子，现在却鞭打侮辱其尸，虽然是为了报仇，但也有点过分了。物极必反，你还是早点回国吧！不然我就要实现我的"复楚"誓言了。

原来申包胥和伍子胥早年就是好朋友，当年伍家遭难，伍子胥逃离楚国时曾发誓要颠覆楚国，申包胥马上就说："你能颠覆楚国，我就能复兴楚国。"所以这时伍子胥看着申包胥的来信想了半天，最后对送信人说："我军务繁忙，就不写信了，你代我谢谢申君：忠孝不能两全，我活不了多长时间了，所以'倒行逆施'了！"送信人把这话回报给了申包胥，申包胥说："伍子胥灭楚的决心已定，我不能坐视不管了。"

他想起了楚平王的夫人、楚昭王的母亲伯嬴乃是秦哀公的女儿，要想解楚国之难，唯有求秦。所以申包胥夜以继日地赶往秦国，连脚都走裂了。最后他到了秦国国都，见到秦哀公说："如今吴国贪婪如猪，狠毒如蛇，早就有吞并各国的念头。第一个要灭的就是楚国，现在楚王逃在草莽之间，命我前来相求，希望你念在你们甥舅之情上，代为出兵救楚。"秦哀公说："我们秦国地处西方边陲，兵微将寡，自顾不暇，怎么能救人呢？"申包胥说："楚秦相连，吴若灭楚，下一个就将是秦国，你若帮助楚国，等于安定了自己。"秦哀公还是拿不定主意，就说："请先生先去馆驿休息吧！"申包胥说："我君栖于草莽，臣子怎敢居馆驿。"于是他终日立于秦国的庭院之中，哭号不止，连续七天七夜，水也不喝一口。秦哀公这时感叹说："楚国有这样的贤臣，吴国还敢欺凌它；我国没有这样的人，以后吴国也要欺凌我们了。"

于是秦哀公同意出兵救楚。申包胥给秦哀公叩了九个头以表感激。

秦国出了五百辆战车，由大将子蒲、子虎帅领，跟着申包胥去救楚国。申包胥对他们说："我应当先去告诉楚王，你们从商谷向东，五日便可到襄阳，再转向南，就到了荆门；我会带着楚军的余众，从石梁山南来，用不了两个月，即可相会，那时即可大败吴军。"子蒲说："我不认识路，要以楚军为先导，您可不要来迟呀！"

此后申包胥星夜赶路，见到昭王后说明了一切，楚昭王非常高兴。这时蓮延、宋木都在收编楚国的余兵，限随昭王和子西、子期一起进军。秦国的军队驻扎在襄阳，正等着楚军，包胥便带领子西、子期与秦将军相见。

之后楚军在前，秦军在后，在沂水与夫概的军队相遇，他们便打了起来。夫概很勇猛，包胥根本不是对手，这时子蒲、子虎驱兵而上，夫概见旗号上有"秦"字，大惊失色道："秦军怎么到这里来了？"便赶忙收兵，奔回到了郢都，见到吴王说了所见。吴王听了有些担心，这时孙武说："我们不能老打仗，现在楚人心里还没有服吴，我认为大王应该立芈胜为王以安抚楚国。我们还应该和秦国通好，再让楚国把东边的土地割给我们，大王也不算吃亏。"

伍子胥知道不可能抓到楚王了，也同意孙武的办法，吴王也是一样。

这时伯嚭说："我们一路上破楚十分顺利，为何一遇见秦军就要走呢？我愿领兵出战。"孙武和伍子胥都不赞同，但是吴王却同意了，并鼓励了伯嚭一番。

伯嚭来到阵前，正好与子西相遇，便大骂道："你们已经灯枯油尽，还想死灰复燃吗？"子西也骂道："你这叛国贼，有什么脸在我面前说话。"伯嚭大怒，两人战在一起，不久子西诈败而走，伯嚭紧追不舍，结果楚将沈诸梁，蓮延和秦将子蒲、子虎将吴军分为三截，混战中吴军大败，一万人马所剩仅二千人。伯嚭是伍子胥出兵后才被救回的。

伯嚭自知有罪，等候吴王发落。但大战在即，吴王听伍子胥的劝告赦免了他。

面对秦、楚两国的大举反攻，吴王命令夫概与公子山守郢城，自己帅大军守纪南城，伍子胥、伯嚭分守磨城和驴城，以犄角之势与秦兵对峙，他们又派人去唐国和蔡国征兵。子西这时对子蒲说："如果唐、蔡两国再来人，我们可就不好办了，不如分兵先灭了唐国，蔡国就不敢出战了。"结果子蒲和子期一起去攻唐国。唐国很小，不久唐成公被杀，唐国也被灭了。果然蔡哀公见状不敢出兵救吴了。

2. 夫概篡权

这时又出了一件大事。夫概自恃在破楚中有首功，却因沂水一战，吴王就让他守郢城了，心中很不高兴。现在他看到吴王与秦一时难分胜负，他忽然想到："按照吴国的礼法国王应该是'兄终弟及'，所以嗣位的应该是我，而现在吴王阖闾却立了其子太子波，没有我的份了。如今吴国大兵出征楚国，国内空虚，我若私自归国，称王夺位，不是很好吗？"想到这，夫概便指挥自己的人马偷偷地出了郢都的东门，悄然回国了。

到了国内，夫概谎称阖闾兵败于秦兵手下，不知去向了，便自立为吴王。同时他还让他的儿子扶臧率众居于淮水，以遏制吴王回国。这时吴公子波听说了夫概的事，便守住了吴城，不让夫概进城。大怒中的夫概便派人到越国去游说越国进攻吴国，事成之后割给越国五座城池。

再说这时的吴王阖闾听说秦兵灭了唐国，正要与诸将讨论对策，忽然公子山进来报告说："夫概不知什么原因，引兵回国了。"伍子胥马上说："夫概这是要自立为王啊！"吴王忙说："那可如何是好？"伍子胥说："夫概倒没什么害怕的，我担心的是越国会趁机进攻吴国，大王您应该马上回国。"吴王于是留下孙武、伍子胥守郢城，自己与伯嚭帅部顺流而下。渡汉水时，吴王接到太子波的来信说："夫概造反称王，又勾结越国入侵，吴都危在旦夕。"阖闾说："果不出子胥所料。"吴王马上派人让孙武和伍子胥也带兵回来。

扶臧这时奔回谷阳，夫概没办法，只身带着自己的部队出战。吴王问夫概："我以手足之情对你，你为何要反叛？"夫概说："你刺了吴王僚，不是反叛吗？"吴王大怒，叫伯嚭擒之，夫概战不过吴王的军队，与扶臧一起逃到宋国去了。

阖闾回到吴都安抚居民，太子波出城迎接，他们一起研究抗越的办法。

3. 吴军班师

孙武和伍子胥接到吴王的诏书，也很着急，正在商议对策。这时楚军中有人送来申包胥的一封信，这封信的大概内容是：

　　你们吴国君臣侵占郢都已有三年之久，仍不能安定楚国，可见是天不亡楚。当年你伍子胥说要"颠覆"楚国，而我现在就要"恢复"楚国了。我们当年是要好的朋友，如果你们能全军而退，我也不会穷追猛打。

　　伍子胥看完信长叹道："当年我们吴国以数万之众，长驱直入，终于灭了楚国的宗庙，我也终于报了大仇，心里很痛快了。现在秦军气势很盛，我们的损失也不太大，《兵法》上说：'知难而退。'现在楚国还不知道我们吴国的内患，不如趁早退兵吧！"孙武完全同意伍子胥的看法。

　　但是在吴军撤退的时候，两国还是发生了战斗。

　　当吴军撤到一个山谷之时，楚秦联军追了上来，而吴军也早有准备，孙武在山上指挥士卒从四面杀出。伍子胥打败了勇猛的秦将姬辇，最后楚军败走。

　　楚秦军队只好再次与吴军求和，他们派了沈诸梁来与吴军谈判，他一见面就对伍子胥说："自春秋称霸以来，各国之间的战争没有旨在完全消灭一个国家的，齐桓公'存邢立卫'、秦穆公'三立晋君'，都是因为有仁义，现在楚平王只是听信了费无忌的谗言才犯了错。而你伍子胥也报了仇，也就该起兵回国了。而且我们可以订立盟约，每年向你们纳贡，你看如何？"伍子胥与孙武一商量，觉得此法可行，就与他们立了盟约，准备退兵。

　　沈诸梁与子西把这件事通报给了楚昭王，楚昭王说："只要先安定国家，每年贡纳些钱财也没有关系，以后我们强大了，再跟他们争高下不迟。"

　　就这样在攻入楚都的三年之后，孙武和伍子胥带着大军返回了吴国。为争取时间，伍子胥让孙武乘水路先行，自己从陆路回返。他在经过历阳山的时候，想拜见一下隐居在此的东皋公，但是发现他的住舍已不在，便又在四处的山洞等处寻找，还是没有踪影。伍子胥叹道："这真是世外高人啊！"就拜了拜继续往前走。到了昭关，见这里早已无人把守，伍子胥就令人毁了这个关口，以防日后对吴国不利。不久他们来到了溧阳濑水河，这时伍子胥突然想起一件事：他当年从郑国逃出路过这里时饥困交

加，曾向一女子要些饭吃，这个女子就把篮子里的水和饭给了他。后知道伍子胥是亡命之人，怕事情泄露出去，这女子就投濑水自尽了，当时伍子胥很感动，就发誓要报恩，并在一块石头上题了字。现在他又找到了那块石头，字迹尚在，就感叹地把一块金子投入了濑水。

伍子胥的军队又走了不到一里路，看见一个老妇人正在哭泣，就问是怎么回事，老妇人说："我有一个女儿三十岁了也没有出嫁，有一年她在濑水边洗衣服，遇到了一位逃亡的君子，就帮助了他，自己却死了。我听说那君子就是吴国的伍子胥。我想起这事，就十分悲伤。"伍子胥一听原来恩人之母就在这里，就命人取回金子送予了老人。

现在这条小河仍名为投金濑。

就这样，伍子胥和孙武的大军回到离别了三年的吴境。这时越国的国君允常知道了，他知道孙武善于用兵，自己很难取胜，就悄悄地带兵回国了。这样吴国的危机也解了。

鉴于这次破楚的大功，吴王阖闾拜伍子胥做了国相，他学习齐桓公当年称管仲的办法，称呼伍子胥为"子胥"，以示亲切与爱戴；又认命伯嚭为太宰，共同与伍子胥治国。孙武则成了大元帅，统领吴国的三军。

为纪念这次破楚业绩，吴王把闾门更名为破楚门，又在南方邻近越国的地方筑城守卫，名字叫做石门关。

这时的越国也害怕吴国的入侵，大夫范蠡在浙江口筑城，名叫国陵，是用以防犯吴国的。

4. 楚王复国

在楚国这边，子西与子期重返郢都安抚人民。他们重新修建了楚王的宗庙社稷，收葬了被伍子胥破坏的平王骨骸，同时让申包胥去随国迎接昭王回国。临行前楚昭王与随国君订立了盟约，发誓以后永不侵扰。随国君亲自送昭王上船，昭王也表达了对随君的谢意。

在归途中楚昭王非常高兴，当船行至云梦泽的时候，昭王说："这是我当年遇到强盗的地方，一定要记住。"昭王上了岸，命斗辛等人在此建一座小城，以供人投宿。现在云梦县有一处地名叫楚王城，就是当年的故址。

　　子西、子期等出城五十里来迎昭王，他们互敬问候。等到了郢城，昭王看见白骨如麻，宫室也大多被毁，不觉凄然泪下。等到了宫中见到了母亲伯嬴，母子则相视大哭，昭王说："国家遭此不幸，这个恨怎么报啊！"伯嬴则说："今日复国，应该赏罚分明，然后抚恤百姓，以后强大了，自然可以报仇。"

　　之后，昭王宿于斋宫，他身体力行，祭告了祖先，安抚了百姓。然后他升殿，文武百官都来祝贺，昭王说："是我任用了坏人，使国家几乎灭亡，若不是臣等相助，我不可能重见天日，我是罪人，你们才是功臣。"众大夫在下都说"不敢"。昭王先厚犒秦国的部队，使之回国；然后对他的臣子们论功行赏。

　　楚昭王对复国有大功的人给予了特别奖励，比如王孙由、申包胥、子西等人皆被封为"公爵"。

　　这时申包胥却说："这一切是为了楚国，而不是为了自己，现在我已完成了使命，不需要恩赐。"

　　楚王出于好心，强迫申包胥接受。申包胥便带着妻子逃走了，他妻子对他说："你有大功，为何要跑？"申包胥说："我因为和伍子胥之间的朋友情义，没有向楚王泄漏伍子胥的一些阴谋，使他攻破了楚国，这是我的罪过。以罪顶功，是可耻的。"之后他便跑到了深山里，终生不出。

　　楚昭王还对其他人进行了表彰。如沈诸梁、钟建、宋木、斗辛、斗巢、蘧延等都被加官进爵，封赐给了采邑。这时昔日的蓝尹亹来了，要见昭王，昭王一听非常生气，要把他杀了。这时蓝尹亹说："我当时乘的是一个独木舟，郢都之大都没有救得了您大王，我的一条小船怎么能够呢？大王您若反省了失国之罪，就不该怪我不载之罪。"这时的昭王很仁慈，就恢复了他大夫的职位。

　　这时昭王的妹妹季米到了出嫁的年龄，昭王想给他找个好丈夫。季米这时却说："做女人的道德，是不近男人，而我们逃亡时钟建背了我那么长时间，他就是我的丈夫了，我不能再嫁给他人。"季米的这段话说明她

受当时礼教的影响是多么深。

昭王果然同意了妹妹的请求，把她嫁给了钟建，并封钟建为司乐大夫。

楚复国之初，国库空虚，力量单薄，因此昭王也克勤克俭，减低租税以安抚百姓，这样使得人民安心，团结一致，楚国的国力很快就恢复了。

三、称霸东南

1. 与齐和亲

吴国伐楚的战争就这样结束了。吴国并不认为郢城的得而复失是一次完全的失败，吴军不可能在楚国长驻，毕竟还是要回国的。因此，阖闾对由孙武、伍子胥率领的吴三军凯旋而归，也大加庆祝。据《吴越春秋》记载，阖闾听说吴国的军队即将回到姑苏，亲自派人做了全鱼宴犒赏三军。结果归师稍稍迟了些，鱼肉都臭了，吴王便令马上重做，犒劳三军。阖闾在这次战争之后还将三军归国和出发的必经之闾门改为"破楚门"，以纪念远征破楚的极大功迹。北宋棋圣刘仲甫在《棋诀提要》中评价说："孙武能帅师入郢，而不能禁楚人之复郢，则百战亦不必百胜。然十三篇之说，兵家终奉为圭桌也。"这么句话说得非常中肯，令人叹服。

吴国的破楚战争威振天下，诸侯不再敢轻视从前弱小的吴国。这时孙武对吴王阖闾说："大王现在应该不自傲，而且要抓住时机，现在诸侯中我们算是强大的了，可以夺得天下盟主，如果此时征伐，必定十分有利。"

吴王说："说得有理，现在越国是我们的心腹大患，我们应该先攻打它，然后才是其他各国。"孙武说："不然，越国虽与我们接壤，但是王孙骆屯兵在龙门山，可断其来路，所以对越国不要着急。着急的是齐国，他们的军队很强大，而且总是在边境骚扰我们，我们应该先攻击齐国。"吴王说："好吧，就给你们一些兵马，孙武做元帅，专毅为先锋，去征齐国吧！"

齐国和鲁国都是中华大地上的文明古国。当年齐鲁交兵，齐景公以晏婴之谋，穰苴之勇侵占了鲁国的汶阳，这时鲁定公启用季桓子推荐的孔丘作为司寇，对国家的事物进行管理，百姓安居乐业。齐景公对大臣们说："孔丘是个圣人，鲁任用了他，对齐国必定不利，你们看怎么办才好？"晏婴说："孔子是讲德的仁义之人，只要与他们合理地订立盟约，我们两国会没事的。"这样齐国就给鲁定公写了一封信，大意是：

> 大镇鲁公阁下，伏惟吾齐与鲁，实皆周之功臣子孙，故其地境相连，邦为唇齿。近因小忿，致违尊颜，今思先君吕尚与周公姬旦，尚德比义，其辅周家，不忍自相攻击，上辱先人。兹欲寻盟定议，以通两国之好，敬于齐鲁界上，夹谷山前，设坛立会，至期幸屈大驾一临本地，少叙旧好，荷德不没。

鲁定公看完说："齐国要与我见面订立盟约，不去恐怕会被人看不起。"这时孔丘站出来说："自古君王出国相会都必须有准备，我愿保驾前往夹谷。"

齐景公听说了就对左右说："孔丘来了，恐怕不好办。"大夫犁钮说："在宴会上，我让莱夷之兵舞剑助乐，到了鲁定公面前就可以杀了他们。然后我们就可以灭鲁国了。"晏婴反对，但齐景公坚决要这么做。

到了夹谷，齐鲁两国国君在宴会上交谈，表面上还好，这时犁钮说："何不让人舞剑助兴？"于是十几个莱夷身穿兽皮，头戴面具，拿着刀枪，上台开始跳舞。这时鲁国的大夫看出了问题想先下手对敌，孔子说："不行，应当以礼使他们退却。"便起身对齐景公说："我们两国开会结盟，这些野蛮的人怎么敢这样？少数民族的人不敢扰乱我们华夏子民，我想这不是您的本意，而是有人在破坏。"景公无奈，只得让这些人下去。

两位君主又对饮起来，这时犁鉏又生了一计，他让一个侏儒在坛上演奏靡靡之音，不久他又登台演些不三不四的东西。孔子又说："这匹夫惑盅君王，论罪该杀！"鲁国的将军兹无旋马上用剑杀了这个人。齐国人这时大惊失色，没有办法，两国定立了盟誓，齐国的部分写到："以后齐国要用兵，鲁国应该相助，否则神明诛之。"而孔子也针锋相对地写到，齐若不还我国的汶阳，神明诛之。这时齐景公默默地说道："我们以霸道对鲁，而鲁以君子之道对我，使我丢尽颜面。"随后他把汶阳归还给了鲁国。两国君互谢而去了。

这次盟会齐景公自讨没趣，很不高兴，刚走到城外，有人来报说："吴国元帅孙武率兵来攻我国。"这时晏婴吃惊地说："孙武是军事奇才，楚国都让他们攻破了，这次来伐我国，是想争霸主地位，现在鲁国又不和我们一条心，我们应该避免打仗，应该与吴国求和。"就这样，晏婴带着礼物来到了吴国的兵营，他与伍子胥、孙武见面后说明了来意后，伍子胥说："求和这等大事我们做不了主，我们还是去见吴王吧！"晏婴果然与伍子胥他们一起来到了吴国，献上礼物，吴王知道晏婴来意后问群臣该怎么办，伯嚭说："我国本是周天子的亲国，长期以来不能与中原各国礼尚往来，是因为我们没有与他们结亲，现在大王您提出要和齐国结亲，他若不肯，我们再出兵不迟。"吴王听了很高兴，就让伯嚭与晏婴一起回齐国，去向齐王求亲。齐王知晓这件事后心中不快，最后勉强同意了。伯嚭走后，齐国的大臣说："吴是南方蛮夷之国，怎么可以把千金之身的公主远嫁？"景公叹道："吴国大兵压境，鲁国又帮不了忙，也只能如此了。"

齐景公的女儿名叫少姜，年纪还小，不愿去吴国。齐景公对送行的大夫鲍牧说："你一定要告诉吴王，这是我的爱女，一定要好好对她。"

就这样，伯嚭带着齐国公主少姜来到吴国。吴王大喜，马上让太子波与之成婚，同时又令孙武、伍子胥撤兵。

然而太子波与少姜成婚之后，少姜因想念父母，总是日夜哭闹，太子波怎么抚慰也无济于事。时间一长，少姜病倒了，她在专为她修建的高台"望齐门"上眺望齐国，却什么也看不到，病就更严重了，死前她对太子波说：“我听说虞山之上可见东海，把我葬在上面，我的灵魂就可以看见齐国了。”公子波满足了她的心愿。今天常熟虞山有“齐女墓”，又有“望海亭”，都出自这里。

他们夫妻情深，不久太子波也病倒了，不久也死了。阖闾悲痛之余问大家谁可以立为太子。

吴王有一子叫夫差，已经二十六岁了，长得一表人才，知道了这件事，就拜见伍子胥说：“没人比我更合适了。”伍子胥看夫差人很不错就答应了。果然，吴王问伍子胥此事怎么办。伍子胥向他推荐了夫差，吴王一听说：“夫差不能克己复礼。”子胥说：“夫差对人仁爱，又懂礼义，很是合适。”吴王一听，也就听从了伍子胥的意见，并说：“今后你要好好辅佐他呀！”吴王立了夫差之后，夫差当然到伍子胥家里对他千恩万谢了。

2. 迫楚迁都

公元前 504 年，即吴王阖闾十一年四月，阖闾派伍子胥、孙武率陆军、太子终累率水师再次出兵征讨楚国，并在繁扬打败了楚国司马子期所率领的陆师，又俘虏了楚国水军统帅潘子臣及大夫七人。楚国上下十分害怕，他们想着各种办法，其中包括迁都。令尹子西认为郢都残破，而且吴兵曾经在这里待了很久，熟悉城形。为此楚昭王下令另建一座城市，迁都后称之为“新郢”。

这时楚国复国后比较安定，昭王也少了斗志。一次他大宴群臣，喝到高兴的时候，乐师扈子突然拿着琴对楚王说：“臣有一曲，愿意为大王演奏。”楚王说：“可以。”扈子就抚琴凄声唱到：

王耶王耶何乖劣？不顾宗庙听谗孽。任用无忌多所杀，诛夷忠孝大纲绝。二子东奔适吴越，吴王哀痛助忉恒。垂涕举兵将西伐，子胥、伯嚭、孙武决。五战破郢王奔发，留兵纵骑虏荆阙。先王骸骨遭发掘，鞭辱腐尸耻难雪。几危宗庙社稷灭，君王逃死多跋涉。卿士凄怆民泣血，吴军虽去怖不歇。愿王更事抚忠节，勿为谗口能谤衰！

曲罢昭王哭泣不止，他明白扈子的意思是想让自己自强不息，勿忘国耻。

果然昭王从此勤于国政，致力于生产，训练士卒，修复关隘，严守国门。

这时昭王封归来的芈胜为白公胜。而叛国的夫概看到楚王不念旧怨，也从宋国奔来。昭王知道他作战勇敢，以后可能利用得上，就收留了他。

这样楚国慢慢又强大起来，它不时又灭掉几个小国，或赶走一些王公，使自己的地盘逐渐恢复如初了。

第八章 南服越国

一、槜李之战

自吴王阖闾十一年（公元前504年）吴迫楚迁都之后，吴、楚、越三国保持了一段时间的和平，在整整八年里没有发生任何战争。老百姓的生活也安定多了。

至此，吴国经过80余年的连绵战争，到阖闾时期已相当强大了。就疆界来说，吴国北面与齐、鲁、宋国接壤，西面将楚国的势力压缩到大别山以西地区，东面濒海，南面则与越国接壤。

这时，吴国以"齐楚降服"而威震中原，吴王阖闾不免踌躇满志，洋洋自得起来。尤其是到了晚年，他渐渐不图进取，而滋长了贪求安逸享乐的思想。他"治宫室，立射台"，造"长乐"宫，建"华池"，并"于城外治姑苏之台"以供自己"宴卧游乐"。阖闾为了游玩姑苏台，观赏太湖美景，还在胥门外修筑了"九曲路"；在城外"置美人离城"；又建造"冰室"，用以贮藏珍馐佳肴，以供他游乐时随时随地享用。据记载："阖闾出入游卧，秋冬治于城中，春夏治于城外……旦食鲲山，昼游苏台，射于鸥陂，驰于游台。兴乐石城，走犬长洲"，这种生活真是极尽声色犬马之乐。这与他初登王位及后来吴楚争战时"食不二味，眠不重席"，"舟车不饰"，"择不取费"的那个阖闾相比，简直是判若两人！

我们再看看越国。

吴王阖闾十九年（公元前496年），越王允常去世，越国内部不够安定，新继位的勾践也年轻稚弱，更没有战争经验。吴王阖闾便贸然出兵伐越，企图一举歼灭越国。

吴越国的军事地理特点是水系发达，其间江河密布，因此，吴越地利之争可以认为是江湖河泽之争。两国皆濒临东海，共据长江下游水网之中。吴国占据太湖，南面与越国交界之处有笠泽作为分界线。越国北面与吴国的交界处在槜李、武原等地。纵深处有浙江，也就是今天的富春江。它与钱塘江、浦阳江三江环绕的越都会稽，水路出入攻守都很便利。吴越两国都以擅长水战而闻名，舟师战斗力都颇强；但吴军的陆军显然更胜一筹。因此，吴国的军队总是希望在陆地上与越军大范围作战。

此时，对吴王来说正是伐越的大好时机。面对吴王阖闾的蠢蠢欲动，伍子胥说："当年越国偷袭我们，是有罪，但是他们现在正在为国君办丧事，这时出兵不吉祥，可以等一等。"阖闾不听。这时的吴王高傲自大，他让伍子胥和夫差留在国内守候，自己则带领伯嚭、王孙骆、专毅等人精选了三万精兵杀向了越国。越王勾践得知后，亲自率兵抵抗，他们在槜李相遇，两边安下营后很快就打了起来，而且不分胜负。吴王见状大怒，他命令军队在"五台山"上列成阵，不得妄动。等待越军松懈了再攻进。这时勾践看到吴军阵列十分整齐，刀枪闪亮，就对诸稽郢说："敌人强大，我们不可轻敌，必须想办法使敌混乱。"

这时越军冲上前去，但吴阵坚如铁壁，他们冲了几次都没有效果，只得返回。

勾践这时意识到吴军训练有素，战阵十分严整，不易突破，便采用了心理战术。他派出一支敢死队，冲击吴军的战阵，希望能够"各个击破"。没想到，吴军的战阵有"正""奇"之分，"正"兵为主战阵，兵容严整，使越军完全无隙可乘，而"奇"兵则是依战场情况随时机动的部队。结果，越军的敢死队全被"奇"兵击败。勾践想不出别的办法，只得派出第二支敢死队，结果遭到同样的命运。勾践见两支敢死队都没取得战果，吴军战阵严整如初，毫不忪懈，就想出了一个狠毒的办法。勾践命在军中犯了军法的"罪人"出战，让他们排成三行，一行行手执兵器来到吴军阵前。把剑放在自己的脖子上，他们对吴军呼喊着，然后一个个自刎于阵前，顿时这些人鲜血崩流，惨叫声不绝于耳，这一招果然奏效，震惊了吴军上下，他们从未见如此举动，甚是奇怪，看着这样的场面，互相交谈着，琢磨着这是怎么回事。这时越军突然冲杀过来，畴无余、胥犴带领两队敢死队员狂叫着杀了过来。吴军这时队伍乱了起来，越军终于冲破了吴阵。这时勾践命令大军挺进，几员大将带头向前冲，吴军一下子溃败了下去。吴王阖闾慌不择路，被越大将灵姑浮追上，他举刀便砍，吴王一闪，刀砍中了他的脚，吴王坠于车下，幸亏这时专毅赶到，救了吴王。吴军这时马上开始收兵，他们死了不少人，败回营去。听说吴王受了重伤，勾践大悦。

这时的吴王脚伤非常严重，他已年过六旬，体力不支，回到营中没有多久，大叫一声便死了。吴军内部很惊慌，但表面上还看不出来，他们慢慢退兵，返回吴境。

这时吴国得到了阖闾的死讯，举国哀悼，并举行了隆重的葬礼，之后把阖闾葬在了"破楚门"外的海涌山，墓穴是凿山而成的，十分坚固而隐蔽。殉葬品中有"鱼肠剑、盔甲六千副，金银珠宝无数，而且杀了许多工人殉葬。"三日后，有人看见葬处有一只白虎出现，所以该山又叫虎丘山。后来秦始皇为取宝剑而命人凿山，但是一无所得，那个凿过的地方就成了"虎丘剑池"。专毅也在那次战斗中负伤而死，并也葬在了附近。

夫差安葬完了先王，便立长子友为太子。夫差还是很尊敬先王阖闾的，他命令十个侍者轮流站在庭院里，自己每次经过，这些侍者就大声说："夫差，你忘了越王杀你父亲了吗？"夫差就会哭着说："不敢忘。"

伍子胥也为槜李之战吴军的失败而深深自责，以至于他三年不亲妻、子，也不吃饱饭，不穿足衣服，就为了向越国报仇。

夫差重用了伯嚭，任命他为太宰。他还命伍子胥和伯嚭在太湖练习水军，又设训练射箭的场地。他想等三年丧毕，再向越国报仇。

再说越王勾践这边初次与强大的吴国作战就获大胜，他心中非常高

兴。这也的确令中原诸侯刮目相看，越国的声望猛然提高。但是，勾践为胜利冲昏了头，他和当年的阖闾一样，骄傲起来，认为阖闾已死，"吴不足惧"，便也打猎游玩，荡舟驱车，及时行乐，终日不问国政。勾践这种"未盛而骄"的行为，给他埋下了几乎亡国的隐患。

二、夫差伐越

1. 夫椒之战

阖闾死后，夫差在伍子胥、伯嚭和华登的辅佐下，经过三年的休养，使吴国百姓归心，府库充实，国力大增。然后由在吴国人民心中威信极高的伍子胥出面，"发令告民"，为的是出兵伐越，百姓们则"归如父母"，"唯恐为后"，"师从同心"，就这样吴国作好了伐越的准备。

吴国积极准备伐越的消息传到越国，"勾践闻吴王夫差日夜勤兵，且以报越"，十分害怕，想采取"先发制人"的办法，以为能战胜吴国。

吴王夫差二年（公元前494年），勾践率水军攻吴。为证明这次攻吴行动是正确的，勾践战前特意用国家的宝物"大朋之龟"的龟壳来占卜凶吉，龟壳的图案显示"吉"。这对勾践是极大的心理安慰。勾践以为有鬼神相助，便轻视武备，不问天时，预示了勾践越军的败亡。

夫差也有攻越的意思，现在听说越军来犯，即刻"悉发精兵十万"抵御。两军在吴国境内夫椒相遇，"又战于太湖"。战斗非常激烈，两军都非常努力顽强，他们从白天杀到夜晚，还没有决出胜负。这时伍子胥运用"诈兵"计谋，挑选了两队水军，高举火把，从两翼向勾践发动了进攻。越军发现吴军两翼水军"夜火相应"，杀声震天，全军"大恐"，以为敌不过吴军，斗志全消。吴军乘势发动总攻，勾践见自己的水军抵挡不住，只得收拾残军向南仓惶退去。夫差指挥吴军紧追不舍，直入越国境内。

勾践带兵退至浙江，这里已是越国腹地，便把军队停了下来以备战。

他不顾越军有经验的长者进谏，派将军石买指挥防御。石买是一个"贪而好利"、"无长策"的平庸将军，他来到防御前沿，怕士卒不服他的权威，就肆意"斩杀无罪，欲威服军中，独专其权"。这使越军上下将士十分恐惧，都怕遭受石买的重罚，哪里还谈得上什么打仗的士气。

此时，夫差率吴军追至越国境内的浙江。伍子胥见越军内部矛盾很大，有"可夺之机"，便设下"奇谋"，一方面白天在越军阵前列下固定的战阵；另一方面，兵分南北二支，趁夜"举火击鼓"，突袭越军防线。越军没有防备，大乱，纷纷后逃。石买这时竭力组织反击，但由于平时带兵苛刻，将士不愿卖命，致使关键时刻"政令不行，离心离德"，因此越军全线溃败。

勾践深知大势不可挽回，便率军退回会稽都城。吴军又追到会稽。勾践怕城破后遭受君亡国灭的厄运，便带着5000名最后的士兵逃出会稽城，跑到会稽山上一座小城中驻下并坚守，希望能像鸟一样栖息在山林之中，避免灭亡。

吴军乘胜攻占了越都会稽，又挥兵出城，把会稽山团团围住。伍子胥派兵在会稽城东10里的北城驻守，以防止越军东向突围。夫差还命人毁坏会稽山上越人的坟墓，其目的是激越军出战。然而勾践率5000士卒固守小城就是不出。时间长了，越军粮食吃完了，只得靠吃山草、喝臭水维持，形势万分危急。

勾践决定最后一拼，对三军说："凡我越国臣民，谁能在此危难之时想办法退了吴兵，我愿拜他为上卿而共同管理越国。"大夫文种这时对勾践说："吴国伍子胥和华登手下的军队，从未失败过，将帅士卒个个善谋勇武，所以我们难以取胜。君王不如一方面加强守备，一方面用谦卑的态度去求和，这样会使夫差骄傲起来。用这个方法来试试天意：若上天保佑越国，吴国就会与我们谈判。一旦议和，我们就会有休养的机会，而吴国的野心将使其不顾百姓的困苦而穷兵黩武，若再遇上天灾，使吴国粮食无收，天意就将最终使越国灭亡吴国！"

勾践又找范蠡商议，范蠡说："作卑贱之辞，赠其厚礼，送其玩好美女，力争和解。若吴王还不罢兵，只有君王俯首称臣，去作吴王的奴仆以图保存越国这一条路了。"越国这时真是到了山穷水尽的境地了。

2. 勾践请和

勾践无奈派大夫诸稽郢去与夫差讲和，夫差准备答应勾践的意见。伍子胥这时强烈反对："天以越赐吴，勿许也！"夫差听后又犹豫起来，从而使谈判没能成功。

勾践听说夫差不想议和，震怒不已，"欲杀妻、子，毁宝器"，要率"余兵五千人"与吴决一死战。这时文种劝谏道："吴太宰伯嚭，是个很贪婪的人，我们偷偷派人贿赂他，可能还会成功。"

于是勾践连夜让夫人从宫中选出八个美女，盛装打扮了一番，又拿了些金银珠宝，连夜赶到了伯嚭的营地来见他。伯嚭起初不想见，后来听说越使文种带了很多礼物和美女，就让文种进来了。文种跪下对伯嚭说："勾践年幼无知，得罪了吴国，现在他已经痛恨不已，愿意向吴国俯首称臣，现在我带了些礼物，希望您能够收下。"伯嚭起初还有些犹豫，说："你们马上就要灭国了，这些珍宝迟早都是我们的，这点礼物算得了什么？"文种说："我们越军虽败，但是尚有会稽小城，有五千精兵可以与你们殊死一战，实在打不过了，我们会毁掉所有珍宝，然后逃往它国，再像楚国那样东山再起，吴国还是会有麻烦。而这些珍宝一旦被吴王得到，大人您可能只会分到极少一部分。现在您要是帮了我们越国的忙，我们年年都会为您献礼。"这一席话果然说动了伯嚭。他对文种说："看来您是一片真心，你明早随我一起去见吴王吧！"之后他收了下全部礼物，把文种留在营中，以礼相待。

第二天早晨，伯嚭领着文种来见夫差，他先进去与夫差说明了文种的来意。夫差大怒地说道："越国与我们有不共戴天之仇，怎么能够答应他的条件？！"伯嚭这时说："大王可记得孙武的名言：'兵乃凶器，可暂用而不可久也。'现在越国已完全臣服于我们，其君可以为奴，其妻可以为吴妾，而且越国的珍宝可以全归吴王您。所以接受他们的投降，是很划算的，而免越王一死，会给我们留下好名声，名利双收。不久，吴国就可以称霸诸侯了。如果我们穷追猛打，越王勾践将毁了宗庙，杀妻灭子，把珍宝沉于江中，用剩下的五千人与我们死拼，我们又能得到什么好处呢？"这时吴王夫差想了想，说："越国的文种呢？"伯嚭说："就在门外。"夫差叫他进来，文种便跪着用膝走过来。夫差问："你的建议还不错，但我问你，你说越王愿做我的奴仆，他能随我到吴国去吗？"文种叩头后马上说："既为奴仆，生死在君，怎么敢不跟随在您的左右？伯嚭也说："勾践夫妇愿意来吴国，表面上看我们是赦免了越国，其实这相当于得到了它，大王还有什么不满意的呢？"夫差听到这就答应了文种的建议。

文种这时刚刚放下心，突然伍子胥赶了进来。原来他听报告说有了这回事，就急忙赶来，他看到文种与伯嚭一起站在吴王夫差身边，非常生气，问道："大王已应允了越国的建议？"夫差说；"是的。"伍子胥连声大叫："不可，不可。"文种吓得退了好几步，子胥继续说："越与吴是邻国，现在势不两立，吴不灭越，将来必被越灭。越国如果远在他乡，我们可能不会占它，现在越国与我们紧密相连，我们完全可以占有它，这对吴国是大好事，何况先王的大仇未报，大王您在庭院中是怎么发誓的了？"夫差一时无言以对。这时伯嚭说："相国您的话太过分了。中原内陆诸国土地相连，为什么没有并成一国呢？诸国均受之于周室，还是不灭的为好。至于先王的大仇，确实应该报，但是相国您对楚国不一样有仇吗，为什么不灭了楚国呢？现在您是在尽忠臣之道，但是我王却要背刻薄之名。"

夫差一听高兴地说："太宰言之有理，相国您不必担心，暂且退下，等越国贡献出倾国珍宝的时候，我会厚赠与您的。"

伍子胥听到这里，气得面无血色，愤愤地说："我后悔当初没杀了你，现在竟然同你这佞臣同事大王。"说罢转身而去。出来后伍子胥对王孙雄说："越国用十年恢复，再用十年图强，不过二十年，吴国将会灭亡啊！"

这时夫差主意已定，他说："我前面还有讨伐齐国的大业，现在越国完全臣服于我，对吴国是很有利的。"就这样吴越两国终于停止了战争。吴国可以说取得了全胜。

本来吴越两国应该举行一个歃血为盟的仪式来表明越王的臣服，但勾践派诸稽郢对夫差说:"大王已完全慑服我国,又何必注重这些鬼神仪式呢?"夫差一想也对,就草草行事,取消了立盟仪式。他问文种越王夫妻什么时候可以到吴国,文种说:"如果大王允许,越王将回国收拾一下,准备好珍宝,然后再去吴国。我们如果毁约,难道能逃得了大王的诛杀吗?"夫差答应后说定两个月后越王夫妇入吴。之后吴王夫差便启程回国了。

这时吴军由王孙雄押着文种回越国都城,伯嚭则带一万兵马在吴山守候,如果过期越王不来,他将再次侵入并灭掉越国。相当长的一段时间里,越国成了吴国的附属国,一切事务听从吴国的按排,勾践还在吴国宫廷内服了三年苦役。

不论怎样,我们看到,从吴王阖闾三年(公元前512年)孙武当吴国的将军,到吴王夫差二年(公元前494年),经过二十多个春秋的辛苦经营,孙武和伍子胥终于使吴国南方的世仇越国屈服,那时孙武只有四十多岁,正值年富力强。孙武与伍子胥作为知己,在击败越人的战役中,互相配合,对吴国完成强国霸业,立下了不可抹煞的卓著功劳。

3. 三年苦役

就这样,越王勾践与文种和王孙雄回到都城,他看到街道建筑如故,只是一片萧条,便泪流满面,又十分惭愧。他让王孙雄在馆驿住下,自己回宫收拾宝物,又在城中选了三百三十名女子,其中三百人要送给夫差,另三十人送给伯嚭。最后勾践在临行前对群臣说:"我和先人一样,本是兢兢业业,克勤克俭,想让越国富强,不想夫椒一战,竟然国破家亡,而且成了吴国的囚犯,今天我远走了,恐怕再也回不来了。"群臣听罢都挥泪不止。文种劝勾践说:"从前商汤被夏桀囚禁,周文王被殷纣王囚禁,最后他们都成了大业,您也不必太灰心,只要天意让越复兴,我们最终会报仇的。"

勾践祭祀了宗庙之后,便与夫人同王孙雄一起往吴国进发了。群臣都送到了浙江之上,这时大夫范蠡乘船在江上迎接越王。君臣告别时都十分伤感,文种还说了一大段勉励的话:"皇天祐助,前沉后扬,祸为德根,忧为福堂。威人者灭，服从者昌，王虽淹滞，其后无殃。君臣生离，感动上皇，众夫哀悲，莫不感伤！臣请荐脯，行酒二觞。"

勾践听罢仰天长叹，举杯垂泪，一时说不出话来。范蠡这时说："常言道：'居不幽者志不广，形不愁者思不远。'古之圣贤，都遭受过厄运，您不要太伤感了。"勾践这时说："我将去吴国受辱，可我怎么放得下越国的臣民呢？"

范蠡马上对诸大臣说："主忧臣辱，主辱臣死，现在主公去吴国受辱，难道没有一个能为主公分忧吗？"各大臣这时齐声说："我们愿为主公分忧。"越王勾践又说："诸大夫不嫌弃我，那么有什么办法可以强国呢？"文种这时说："在国内百姓之事，范蠡不如我清楚；在外与人周旋，随机应变，我不如范蠡。"范蠡马上接着说："文种可以守国，而我愿随主公去吴国受辱。"

于是越国的大臣们逐一向勾践述说了自己为治理国家、振兴越国所能做的事。他们说得很详细，从军事、农业、外交、礼仪、手工业，百姓日常生活等很多方面都按自己的特长进行了任务分配。越王勾践这才放了心，他说："我虽远去吴国受辱，但听到你们这些贤臣各显所长为我分忧，我也就很高兴了。"

说完勾践与范蠡登船而去，群臣泪流不止。勾践这时仰天长叹："死，人人都害怕；但我要听到死讯，绝不会有半点犹豫。"这时众大臣在河岸上哭拜不止。越王夫人也在船舷边哭泣，她看到江边有很多水鸟在悠然觅食，飞来飞去，自由自在。心中十分伤感与悲痛，就唱道：

> 仰飞鸟兮乌鸢，凌玄虚兮翩翩；集洲渚兮优姿，
> 奋健翮兮云间；啄素虾兮饮水，任厥性兮往还。
> 妾无罪兮负地，有何辜兮谴天？风飘飘兮西往，
> 知再返兮何年？心辍辍兮若割，泪泫泫兮双悬！

勾践听罢内心痛苦，却又强作笑容对夫人说："我有翅膀，高飞有日，

你不要太忧伤了。"

越王一行不久到了吴国境内，先让范蠡去见伯嚭，并把金银珠宝和美女送给了他。伯嚭问："文种大夫为何没来？"范蠡也直言相告："他为我主守国，让我来陪侍越王。"之后，伯嚭随范蠡见到了勾践，勾践深深地感谢他的庇护之恩。伯嚭答应一定努力让勾践回国，勾践才感到安慰了些。随后伯嚭让人押着勾践来见吴王夫差，勾践袒露上衣跪在下面，他的夫人也跟随着他。范蠡将所献宝物美女的清单呈与夫差，这时勾践叩头说道："东海役臣勾践，不自量力，得罪边境，大王赦其深辜，使执箕帚，诚蒙厚恩，得保须臾之命，不胜感戴！勾践谨叩首顿首。"

夫差说："我若念先王之仇，你本活不到现在。"勾践再叩头说："我罪该万死，乃是大王可怜我。"

这时伍子胥站在一旁，双眼冒火，声如雷霆，对夫差说："飞鸟在青云之上，还要把它射下来，何况它在庭院中，勾践为人诡诈，现在他是釜中之鱼，所以低三下四，以免被杀；一旦他日后得志，就如同放虎归山，鲸鱼归海，再也抓不到他了。"夫差说："常言，诛杀降服之人，会祸及三代，我不是放纵勾践，我只是怕上天怪罪。"伯嚭也说："子胥相国擅于统兵布阵，精于一时之计，却不知安国之道。我王的所作所为实在是仁义贤明，安抚天下的善举啊！"

伍子胥见夫差听信伯嚭的佞言，也没有办法，愤然而退。

夫差接受了越王送来的礼物和美女，命令王孙雄在先王阖闾的墓旁建一座石屋，让勾践夫妇住进去。时间长了，勾践夫妇两便蓬头垢面，破衣烂衫，他们还要负责养马，伯嚭暗中给他们夫妇食物，才不至于使他们挨饿，保住了身体。有时吴王夫差驾车出游，勾践便牵着马的缰绳，拿着马鞭在车前步行，这时候大街上的老百姓就会指指点点，说："这就是越王。"勾践这时低头而行，其忍辱负重的精神，堪称史无前例。

就这样勾践在石室中住了两个月，范蠡则日夜在旁侍候，寸步不离。有一天，夫差召见了勾践，勾践跪在地上，夫差却对站在后面的范蠡说："我听说你很有才能，现在勾践为奴，国也几乎灭亡，你再跟着他不是很愚蠢吗？我现在可以赦免你的罪，你若跟了我，我必会重用你，你看如何？"范蠡则对夫差说："我在越国不忠不信，没能很好地辅佐勾践，致使他得罪了大王，犯了错，现在您不杀我，我已经很感激了，怎么还敢贪图富贵呢？"夫差说："你既然矢志不移，我也就不勉强了，你们就回石室去吧。"说完，夫差就走了。

越王勾践夫妇、范蠡三人每日就这样在石室过艰苦的日子，越王勾践一身农人打扮，每天割草养马，他夫人穿拾来的破衣服，每日打水、除马粪、打扫卫生，范蠡则拾柴草做饭，时间不长，他们三人便面容憔悴，毫无精神。夫差让人偷偷地观察他们，结果发现他们君臣每天只是努力干活，并无半点怨恨不满的情绪，甚至也不长嘘短叹，就认为他们心已死，无斗志，不思乡了。

这样过了很长时间，一天，夫差登上姑苏台，远远地看见越王和他夫人坐在马粪旁，范蠡拿着鞭子在一边站立，君臣之礼尚存。夫差就对一边的伯嚭说："勾践不过是一个小国之君，而范蠡不过是一个小小的臣子，现在穷困到这般地步还能不失君臣之礼，我的心里很尊敬他们呀！"

伯嚭马上说："不只是可敬，也很可怜呀！"夫差说："诚如你所言，我目不忍见了，你说如果他们悔过自新，我可以放了他们吗？"伯嚭说："古人云'无德不会使人返还'，如今大王以仁爱之心，怜悯孤苦之人，对越国施以恩惠，越国怎么能不报答呢？"夫差点头称是，说："命人选个吉日，赦越王回国。"伯嚭偷偷派人去告诉越王这个好消息，勾践果然大喜，但这时范蠡对这事占卜了一下，发现是"凶"兆，君臣二人也只有等待。

这时伍子胥听说了夫差要放勾践回国，便急忙见夫差说："昔日夏朝的桀囚禁了商汤而不杀，纣王囚禁了文王而不杀，结果使天道返回，最终被他们二人所灭呀！"夫差一听也感觉有理，便又动了杀越王的念头，便叫人把勾践叫来。勾践得知后大惊，范蠡说："大王你不要害怕，你去吴已三年了，三年不杀，这一日也不一定能杀，大王照去无妨。"

勾践感激地说："我这几年忍辱不死，全靠你的帮助啊！"随后来见夫差，结果等了三天，夫差并不见他。后来伯嚭来告诉勾践，说让他回石室去。勾践问这是怎么回事。伯嚭偷偷说："大王听了伍子胥的话，还想杀你，结果大王得了病，我进去对大王说：'人身体有病时应多做好事。如今勾践在门外跪了三天，苦怨悲惨之气上了天庭，还是先放他回石室去吧。'大王听从了我的意见，才放你走的。"勾践听完感激不已。

就这样又过了三个月，吴王夫差的病还没有好。范蠡就又占卜了一次，若有所思地说："夫差的病就要好了，大王您现在去看望夫差，找机会尝一下他的粪便，然后就向他祝贺说病将愈，以示关心，他好后，自然会放了我们。"勾践这时垂泪道："我虽然无能，但也曾是君王，竟然要受辱尝人粪便？"范蠡说："当年纣王囚禁西伯的时候，把他的儿子伯邑考杀了，然后蒸了来吃，西伯忍痛吃了儿子的肉。所以欲成大事者，必须要忍耐。夫差有妇人之仁，却没有大丈夫的决断，本来要放您，伍子胥一说，他又改变主意了，现在只有这个办法可以让他可怜我们，最终让我们走。"勾践听完，只得咬牙同意，立即来找伯嚭，说明了来意，就随他一起去见了夫差。

当时夫差正躺在床上，勉强睁开眼睛看了一眼，说："勾践也来看望寡人啦。"勾践立即下跪说："我听说您身体欠安……"他话还未说完，夫差突然腹涨想大便，立即让大家出去，勾践这时说："我曾在东海学习过医术，观察人的大便，可以知道病情如何。"然后大家出门等候，夫差大便完后，仆人拿着便桶出来，这时勾践上前打开桶盖，看了看，用手取了一些粪便用嘴尝了尝，旁边的人都捂着鼻子，勾践漱了口跪下来说："恭贺大王，您的病就要好了。"夫差忙问："你如何知道？"勾践说："我听医生说'大便者，乃是五谷所化而成，顺时气则生，逆时气则死。'我刚才尝得大王粪味苦且酸，正是发生之时的味道，所以知道您将好转了。"夫差这时感慨地说："勾践真是善良的仁者啊！臣子服侍君王，谁能够亲尝粪而知其病？你能吗？"伯嚭在旁回答说："我虽然甚爱大王，但此事不能。"夫差说："不但你不能，就是我的儿子也不能。"随即夫差命令让勾践离开石室，在旁边找个房子住，并说："等我病好了，马上让你回国。"

勾践千恩万谢地退出了。

不久夫差的病果然好了，病情变化与勾践说得一模一样。夫差感谢勾践的忠诚，要在文台上设酒宴。勾践装作不知，仍穿着破旧衣服前往，夫差见状，马上令人给勾践洗澡更衣，之后他让勾践入席，并对群臣说："越王乃仁德之人，不可久辱，否则天不佑我。所以我要赦免其罪，放他归国。"说完他让大家一起饮酒，只有伍子胥心中不快，拂袖而走。伯嚭这时说："今天，我王以仁者之心，赦仁者之过，是一件大快人心的事。今天在坐的，都是仁者，而不仁者走了，相国子胥是刚勇之夫，他不留下来，大概是有点惭愧吧？"众大夫都说太宰说得对。酒过三巡，越王与范蠡一起向夫差祝寿，气氛十分融洽，大家尽情说笑。之后，夫差命勾践住在客馆，三日之后，送他回了国。

第二天一大早，伍子胥即来见夫差。他说："勾践内怀虎狼之心，却外饰温存之貌，大王弃忠言而听谗言，溺小仁而养大仇，今后必有后患啊！"夫差这时生气地说："我卧床三月不起，你一句慰问的话没有；而越王勾践呢，放弃国家，千里来归寡人，尽献宝物，身为奴仆，毫无怨言，而且我有病，他能亲尝粪便，为我诊断，这样的仁义忠良，我若听你之言杀了他，老天爷也不会保佑寡人啊。"伍子胥说："虎要出击，先要蹲下来；狐狸要捕猎，先要缩起身子；勾践要逃回越国，所以他现在卑躬屈膝。大王您要是中了他的奸计，以后可要后悔呀！"夫差说："我意已决，你不要再说了。"伍子胥知道再劝谏也没有用，就郁郁而退了。

到了第三天，夫差又命在蛇门设宴，送越王出城，这时群臣都来饯行，只有伍子胥不到。夫差对勾践说："我赦你回国，你当记住我的恩情，不要记着对吴国的怨恨。"越王稽首说到："大王仁慈，放我回国，我当生生世世，竭力报效大王，苍天在上，可以作证，如果我负大王，皇天诛我。"夫差说："君子一言为定。"勾践再次跪下叩首，泪流满面，有依依不舍的样子。夫差亲自扶勾践上车，场面相当感人。

就这样，越王勾践结束了三年在吴国的奴仆生活，最终返回祖国。

三、勾践兴国

1. 卧薪尝胆

勾践回到祖国，看见山川秀美，天地一色，叹息道："我当年走时，以为会再也回不到祖国故园了，没想到竟然今天回来了。"说完，与妻子大哭起来，旁边的人也感动地哭了起来。文种大夫早知道勾践要回来，就与守国群臣，城中百姓一起在浙江水面上迎接越王勾践，场面十分欢快。这时勾践命范蠡占卜一下到国之日的吉凶，范蠡算罢说："好奇怪，好像是选择过了一样，明天最吉，应该尽快赶到都城。"于是他们星夜赶路，第二天到了都城后，勾践祭祀了祖先，统领朝政。他决心大干一番，使越国富强，因此竭尽全力。

勾践首先把都城迁往会稽，以示警惕亡国之耻。他让范蠡观天文、察地理、规划新城，他们把会稽山也包入城中。四面建了坚固的城墙。据说后来不知从何处飞来一山，落于城中，它形状象乌龟，上面草木繁胜。范蠡说："这是上天赐给我们的好兆头。"于是在它的最高处建了灵台，有三层，勾践亲自住了进去，以俯视越国、发奋图强。他对范蠡说："孤实无德，以致国家衰亡，我身为奴隶，如果不是你和诸大臣相助，我哪会有今日。"范蠡说："只要您不忘石室之苦，越国兴旺，此仇就可报了。"果然勾践以文种治国政，范蠡治军旅，尊贤礼士，敬老扶贫，越国呈现一片蒸蒸日上的景象。

勾践唯恐眼前的安逸消磨了自己的意志，就在吃饭的地方挂了一个猪苦胆，每当吃饭的时候，他就先尝一尝苦胆的滋味，对自己说："你忘了在吴国的耻辱吗？"以警示自己，他还把被褥撤去，睡在柴草上。这些就是后人所说的"卧薪尝胆"。他还亲自耕种，叫自己的夫人织布，用来鼓励生产。因为越国遭到了亡国的灾难，人口大大减少，所以越王勾践制订了奖励生育的制度。比如他命令"壮者不娶老妻，老者不娶少妇。女子十七不嫁，男子二十不娶，其父母有罪。孕妇生孩子，要告诉官员，以派医生守候，生男生女国家都有奖励，生三个孩子，国家管养二个，生二个，国家管一个。勾践每次出游，都在车后带上饭菜，遇到小孩，就让他们吃。

越王改变了税收政策：七年没有任何赋税，老百姓很是高兴，人民渐渐地富裕起来了。

勾践还投吴王所好，让人进山采葛，做成上等的布帛，献与吴王。吴王大悦，竟然赠给了越王大量土地，勾践便又送了十万匹葛布，一百坛蜂蜜，五双狐皮给吴王夫差；夫差又把一个精美的羽毛饰物作为礼物赠给了勾践。伍子胥看到这里，非常生气，他假称有病，不去早朝了。

这样越国在勾践的苦心经营下，渐渐有了起色。

2. 文种献计

夫差见越王勾践已臣服不贰，便更加相信伯嚭之言，有一天，他问伯嚭："今日四境无事，寡人欲建宫室以自娱，什么地方比较合适。伯嚭对他说："吴国境内，胜景当数姑苏台，但是先王所建的姑苏台不够高，也不够大，大王您不如重建一个更好的，其高应可望百里，大小可容千人，到那时如果让人在上面唱歌跳舞，就可称得上是人间仙境了。"夫差说好，马上命人去寻找或购买建筑所用的巨型木材。

这边越国知道了，文种就对越王说："我们要报仇，先要投其所好，"勾践说："怎样才能投其所好？"文种说："我们有七种方法：一曰捐货币，以悦其君臣；二曰贵籴粟槁，以虚其积聚；三曰遗美女，以惑其心志；四曰遗之巧工良材，使作宫室，以罄其财；五曰遗之谀臣，以乱其谋；六曰疆其谏臣使自杀，以弱其辅；七曰积财练兵，以承其弊。"勾践听后说："真是好办法，我们先用哪个？"文种说："吴王夫差在建姑苏台，我们可以进山找些'巨木'献给他。"越王就这样派人去山中寻找"巨木"，然而天生巨大优良的树木并不好找，一千多人在群山之中找了很长时间才最终找到两棵巨树。工人们认真地把它们砍伐好，费了很大的力气才运出山，最后用河水浮着把它们运到了吴国。勾践给夫差写信说："贱臣勾践，偶得巨木，不敢自用，敬献给大王。"夫差从未看见过如此巨大的木材，十分高兴，这时又是伍子胥说："桀筑灵台，纣建鹿台，劳民伤财，最后灭亡；勾践要害您，才献此木。"夫差说："这等巨木，天下难得，不用岂不可惜；勾践不自用，把他献给我是好意。"

这个劳民伤财、巨大无比的姑苏台用了五年时间才建成。站在台上可望百里，确实很壮观，但它的建设使无数吴国百姓和能工巧匠丧失了性命。

这姑苏台建成之后，越王勾践对文种说："吴国大兴土木，耗费钱财，我们已经达到目的，但在那高台之上，必选美女作歌舞，可是我们没有美女，如何能移吴王的心志呢？"文种说："山中既有神木，何患无美女，我们广搜民间，但不要惊动百姓，只要找到两个绝色美女献给吴王即可。"

勾践采纳了文种的建议，在全国范围内搜集美女，他们让人偷偷走遍全国，看见好看的姑娘就记下来最后遂一筛选，定下了二十人，勾践又重新派人复选，最后定下两人，她们是西施和郑旦。

西施是苎萝山下以采药为生的一位老人的女儿。那座山中有东西两个村子，大多数人姓施，西施在西村，故以西施命名以区别她人。郑旦也住在西村，与西施是邻居，她们临江而居，每天都在江中浣洗衣物。这两个人都是花容月貌，身材较好，又是农村姑娘，活泼健康。她们每日出行，不啻是并蒂的莲花，交相辉映，在群山中独放光彩。勾践知道这一情况后命范蠡"以百金聘之"，之后，让这两位姑娘穿上漂亮的衣服，坐着车往国都会稽走，结果一路上人们争相目睹两位绝色美女的风采。最后到了会稽郊外，道路也给堵塞了。范蠡让西施与郑旦先住在驿馆休息，向大众说："有想见美人者，先交一文钱。"结果所设钱柜，顷刻暴满。面对楼下的人山人海，两姐妹在二楼出现了，她们凭栏而立，从下面看，简直就像两位从云中降下的仙女。人群起初鸦雀无声，马上又嘘唏赞叹不止。她们两人在郊外留了三天，结果收得了大量金钱。之后勾践亲送两位美人去学习歌舞、步态以及各种礼仪、言辞。

　　就这样三年转眼过去了，西施与郑旦已学习完毕，这样她们打扮化妆一番后，就准备乘车去吴国了。勾践和范蠡看到她们俩美丽的样子，心中觉得不免可惜，但也没说什么。她们的车辆所过街衢，"香风闻于远近，眼波流于四方"，最终还是到了吴国。

　　范蠡先进见吴王夫差，他跪下叩首后说："东海贱臣勾践，感谢大王之恩，不能亲自服侍左右，遍搜境内，得善歌舞者二人，使陪臣纳之王宫，以供洒扫之役。"夫差起初没太注意，现在他突然看见两位美人，一下子惊呆了，他以为是两位神仙下了凡，随后他"魂魄俱醉"，不能自已。伍子胥看到两位女子也很吃惊，他心想：我一大把年纪，走遍了诸侯各国，还从未看到过这样的绝色。但他马上清醒过来，对夫差说："夏朝因为妹喜而亡；殷朝因为妲己而亡；周朝因为褒姒而亡。这两个美女，有过之而无不及，乃亡国之物，大王您不能接受。"夫差这时哪还能听得进劝谏，说道："喜爱美色，人心相通。勾践得此美女不自用，而献给寡人，可见他忠心本王，相国勿疑。"之后，夫差就把西施和郑旦留在了宫里，而且非常宠爱她们，而妖艳善媚，西施则更强一些。于是西施"独夺歌舞之魁"，她进出宫殿，所受身份几乎和妃后一样。郑旦则居于吴宫，比较受冷落，不久便死了。

　　夫差为宠幸西施，又在灵岩上建了馆娃宫，这里极为奢华，是夫差享乐的地方。这里的山上还有玩花池，又有吴王井，西施经常在泉边打扮自己，而夫差就在一边为她梳头。吴王还为西施建了"响屧廊"，琴台等处供他们游乐，后来这些地方都成为了名胜古迹。

　　西施的传说在中国是家喻户晓的故事。历朝历代都有大批文人墨客对西施及其事迹进行歌咏抒怀，这就更加增添了故事的情趣。其实某些夸张的传说与事实往往相差很远。

　　夫差和西施还喜欢出游，他们到处打猎、钓鱼、赏花、泛舟，好不快乐，而且所到之处都有大批宫人相随，歌舞升平。

　　这时的夫差确实在贪图享乐，而且不思进取了，但还没有到穷奢极侈的地步，他只是喜欢与这天下第一美女长相厮守。对国家的政事过问的少

了，这时他只让太宰伯嚭和王孙雄待在自己的左右，至于那个"讨厌"的伍子胥他往往避而不见。

时间长了，越王听说夫差宠幸西施而荒于国政，心里很高兴，就想继续实施他的"误吴"计划。勾践问文种怎么办，文种说："常言：'国以民为本，民以食为天。'今年我国谷物欠收，米价会上涨，您可以向吴国借粮，用于解救饥民，如果运气好，夫差是会借给我们的。"勾践同意了。他命文种重金贿赂伯嚭以让他带着文种见吴王，果然成功。夫差在姑苏台的宫中召见了文种，文种说："越国今年遭了旱灾，谷物严重不足，人民饥荒。我们想向大王您借些粮谷，以解灾民，等明年谷物丰收，我们马上就奉还。"夫差说："越王臣服于我，越国的灾难就是我们的灾难，我们怎么能让粮食积在仓里，而不救济灾民呢？"伍子胥这时说："我看越国不是真缺粮，而是想让我国的粮食空虚，再说一点粮食，给了不会'加亲'，不给也不会'成仇'，大王不如不给。"夫差对伍子胥说："越王对我感恩戴德，每年为我们纳贡不绝，我们岂有不给之理？"伍子胥又说："勾践现在礼贤下士，正在招兵买马，意在对付我们，我们再给他粮食，恐怕凶多吉少！"夫差说："他已向我称臣，臣怎么敢伐君？"伍子胥说："商汤伐夏桀，武王伐纣王，难道不是臣伐君吗？"这时伯嚭在一旁叱斥伍子胥说："相国出言太甚，怎么能拿我王与桀纣相比？"他接着又说，"借给越国粮食是有德之事，而无损于吴国。"

夫差最后对文种说："你看到了，我现在逆相国之议，借你们粮食，你们明年一定要归还，不可失信！"文种打礼说："大王仁慈，我们不敢失信。"就这样，文种带着一万石粮食回到了越国。勾践大喜，马上用粮食赈济了国中的灾民，百姓们自然十分欢喜。

到了第二年，越国粮食丰收，勾践对文种说："我若不还吴国粮食，就失了信，若还了，那对吴国没有什么损失，怎么办呢？"文种想了想说："这样，我们把要还的稻谷稍微蒸煮一下，吴国很喜欢我们的稻谷，明年必定要用它们做种子，那样，他们可就没有收成了。"于是他们把稻谷用开水烫了一下，晾干后如数归还了吴国。夫差这时说："你们看看，越王没有失信吧！"他又看见这些稻谷颗粒很大，很饱满，就说："越国土地肥沃，这些稻谷品质优良，应该让农民明年做种子。"

于是第二年吴国人都用越国送来的稻谷做种子，结果颗粒无收，人民遭了灾。可这时夫差还认为是吴越两国土地不同造成的。

文种想出的这个办法可害苦了吴国。

3. 越王治兵

越王听说了吴国的灾荒，马上就想兴兵伐吴，文种说："现在不行，吴国现在还很强大。"范蠡说："我们现在应该让士兵练习搏击，以使军队强大起来，只有武器和战车是不够的。"他接着又说："要想精于武术，非得有名师指点，我听说在南方的丛林中有一个叫'处女'的神秘女子，她精于各种剑法和武术；还有一个叫陈音的人善于射箭，大王应该用重金聘请他们出山。"

这个叫"处女"的人没有姓，生于山林之中，在无人的环境中长大，无师自通，擅于击剑等武术，越王的使者来到林边请她，"处女"也不推辞，接受了越王的邀请，她一身白衣上了车往山外走，突然来了一个白胡子老头，他来到车前问："你就是隐居于南林的'处女'吗？听说你懂得剑术，我想请教请教。"处女说："小女不敢，请您指教。"老翁随即像折败草一样折了一根竹子，向处女刺来，竹剑刚到处女的眼前，她反手折竹，快如闪电，随即又向老翁刺去，老翁忽然飞身上树，隐没于林中，使者这时惊叹不已。处女见到越王，越王很客气地问她搏击之术，处女这时说道："武术的实质是一种内在的精神。外表要很安详，要像妇女一样安静，而动作起来要像猛虎，要讲究神形兼备，要讲'势'，要灵活，充分发挥身体的力量与协调性，不能用蛮力，要留有余地。运用了我的这些道理，即可以以一当十，以十当百，大王若不信，可以试一下。"

越王果然让众武士用戟刺处女，处女夺戟而一一击败了他们。越王十分佩服，便请她教军士习武，取得了很好的成果。到了年底，处女回到了森林中，之后越王再请，已找不到她了。有人这时感叹地说："这是天助亡吴，派了神女来授剑术啊！"

　　还有一个叫陈音的人，他在楚国杀了人而跑到了越国，范蠡见他箭法高超，就聘他为箭师。越王见他用弩，就向陈音请教弓弩的来历，陈音讲述了一番，他说："据我所知，弩生于弓、弓生于弹，而弹是由古代的孝子发明的。上古时期人们朴实，过着茹毛饮血的生活，人死了裹上茅席丢于旷野。这时有个孝子，不忍看见其父母为禽兽所食，就用'弹'守候在父母的尸体旁，弹是用弓和石子组成的。到了神农氏时期，人们又做出了矢，也就是箭，弓箭配合，威力无穷。这种方法为后羿掌握，发挥到了极至。后来到了琴氏，他认为弓矢还不够厉害，就把弓横了过来，加上了一些机枢，这就成了弩。琴在楚国使这种技术发扬光大，受到了楚国的重视，后来就传到了我。弩威力强大，而且准确，打飞鸟，射野兽十分方便，大王可以试试。"

　　越王一听很是高兴，他认识到弩的威力后，就大量制造了这种武器，并让陈音教士兵使用，他教的"三矢连续"法几乎让敌人跑不掉。然而三个月后，陈音就病死了。越王厚葬了陈音，后来所葬之地就成了陈音山。

　　就这样，越国逐渐变得兵强马壮，虽然暂时还不敢发兵攻取吴国，但已为事后的征伐做好了准备，一旦有了机会，越军将挥戈北上，报当年亡国之仇。

第九章　图霸中原

一、大志于齐

1. 十年图谋

从历史的角度看，夫差当政后也是比较有作为的。他已经使南方的越国"屈服"，他认为越国没有实力与自己争霸，而且它是"蛮夷之地"，自己应该把争霸的重点放在中原。因此，夫差把吞并齐国当作自己的首要目标，他自己也曾说过"孤将有大志于齐"。前面已经提到过齐国是春秋时期称霸较早且一直拥有相当实力的中原大国，在地理位置上齐国与鲁国相交，同属于对中原文化影响最大的齐鲁文化圈，政治影响也很大，有很强的号召力。若能攻破齐国，吴国就能为称霸中原开个好头。

在那几年里，诸国均一蹶不振。齐景公死了，他的小儿子继位；同一年，楚昭王也死了，国内一片混乱；晋国也是如此，政治衰微；齐国的名相晏婴死了，鲁国的孔子弃官而去。各国的实力均很低靡。只有吴国，这时政治兴旺，民富国强，甲于天下。服越、破齐、威晋是夫差的战略总原则。服越，他已经做到了。

下一个目标就是齐国。夫差非常清楚，齐国是一个国力强盛不易攻破的对手，自己只有在战略态势上处于绝对优势的地位后，才可对它进行进攻。因此，夫椒之战击败越国之后，夫差并没有马上对齐国发动进攻，而是为下一次战争准备了整整 10 年。纵观夫差的战略谋划，在吴齐艾陵大

战之前，他集中解决了三个难题：争取在伐齐过程中争取沿途各国的支持，特别是要先征服齐的邻国鲁国；防止来自侧背敌对势力的骚扰，尤其是兵败后的楚国是否还将对吴构成威胁；开通自长江北达淮水的水军专用通道。

夫差进攻齐国，要从内陆水道北上，最近一条路需经泗水道转沂水，因而沂水东岸的郯国是齐国防御的第一道门户。若勉强迂回从泗水直上，就先抵达了鲁国，从这里由洙水北上攻齐。郯国是一个弱小的国家，夫差很快就征服了它。而鲁国不但是中原大国，而且背齐面吴，具有相当的军事实力。尤其鲁国是以重礼著称于当时的文明古国，得罪了鲁国将会在中原冒政治上不利的风险。然而夫差还是以强大的实力为后盾，迫使鲁国屈服了。

吴王夫差八年（公元前488年）鲁哀公和夫差在鲁国的鄫邑会晤。夫差以中原霸主的蛮横态度要鲁国每年奉献给吴国"百牢"作为贡礼，鲁哀公以不合周礼为由拒绝了。夫差很生气，就派使者对鲁国说："小小的宋国如今也向吴国贡献百牢，鲁国绝不能比宋国更少了。"鲁哀公最终因为怕得罪吴国，答应了吴国的过分要求，暗地里却诅咒吴国"弃天背本"。

鲁哀公回国后，于同年秋天发兵进攻弱小的邾国，并攻破了邾国国都，俘虏了邾国国君。夫差这时决定借此机会发兵救邾，其目的是征服鲁国。

吴王夫差九年（公元前487年）三月，夫差出兵救邾，先攻占东阳，两天之后又在附近的夷地击败鲁军，并挺进泗上，直取鲁都曲阜。鲁哀公迫于吴军的攻势，无奈与吴军订立了盟约，从而使齐国陷入了孤立。夫差这一次达到了目的。

夫差另一个担心，是来自吴国侧背楚国方向的侵扰。破楚入郢之战虽然使楚国元气大伤，但楚国也决没有忘记伺机报复吴国。夫椒之战以后，夫差做的第一件事就是着手处理吴楚战争中遗留下来的陈国问题，便于当年秋八月率师侵袭陈国。

早在吴国入郢时，阖闾曾经派人召陈怀公入郢向吴国称臣，而陈怀公以"楚未可弃，吴未可从"的强硬态度拒绝了召见，这是吴陈两国之间的旧怨。从地理位置来看，陈国处在楚国北进中原的咽喉地带，控制陈国即封闭楚国北进中原的大门，从而保证吴伐齐大军不会受到侧翼的威胁，这才是夫差讨伐陈国的真正企图。

吴军侵占陈国，楚国上下极为震惊，"大夫皆惧"，不敢对吴国的行动有任何强硬的反应，这使夫差感觉到了楚国对吴国的实力还是很害怕的。鲁哀公六年（公元前489年），因为陈国再次朝楚叛吴，夫差再次出兵伐陈。楚昭王认为："我先王与陈国有盟约，不可不救。"便硬着头皮发兵救援陈国。战前，楚昭王命人占卜，裂形的龟板显示是：退亦不吉，战亦不吉。楚昭王又惊又气："要真是这样，我岂不没了后路？再败是死，背弃陈国不救也是死，不如与吴国仇敌决一死战！"当时昭王有病，他命令尹子西和司马子期出征，两人竟都推脱不敢！昭王强命公子启指挥。行军途中，昭王竟病死了。楚军只得偷偷摸摸而返。陈国见大势已去，便降服于吴国。

其次，夫差为了开通吴军水军进军的通道，在他即位后不久就征发大量的劳工北渡长江，到江淮流域下游开凿人工运河邗沟。这条邗沟自朱方所在的长江以北始，经邗邑蜿蜒北上，总共迂回300里，达于淮夷地区，并最终与淮水接通。有了这条邗沟，吴水军就可从长江出发，一路北上抵达淮水，然后或从东人海向北攻齐、或西转泗水北上攻齐，可以最大限度地发挥战船的威力。

吴王夫差十年（公元前486年），邗沟最终竣工。夫差在邗邑修筑邗城，屯兵驻守，作为进攻齐国的根据地。然后移兵邗城，就这样吴国已使进攻齐国的战争准备基本完成。夫差跃跃欲试，决意要同齐国决一死战，以使自己成为不可一世的一代霸主。

2. 齐王招祸

正当夫差紧锣密鼓地积极准备进攻战争的时候，齐国不但没有任何准备，反而在齐景公死后的六七年间内乱攻杀不已。这场争权内乱，为吴国带来了绝好的机会。

　　原来齐景公的长子早夭，他还有六个孩子，阳生最大，荼最小。齐景公因为宠其母而及子，想立荼为后嗣，不想他一病不起，而荼只有几岁，他让国夏、高张辅佐荼为王。而大夫陈乞素与阳生相好，这时他让阳生出逃，阳生便与一家人跑到了鲁国。景公死后，荼即位，这时其他大臣集体叛乱，杀了高张，国夏逃往莒国。

　　荼不能自立，陈乞想立阳生，便偷偷把他从鲁国带了回来。经过一番可怕的阴谋，陈乞立阳生为王，这就是齐悼公。荼被杀，齐悼公十分狠毒，杀了不少不服他的国臣，国内怨言四起。

　　齐悼公有个妹妹，嫁给了邾国作夫人，这个邾国国君很傲慢无礼，与鲁国素有不和，鲁国的重臣季孙让鲁哀公出兵伐邾国，抓住了邾国君子益。齐悼公大怒，说："鲁国抓了邾君，是看不起我！"他派使节去吴国找夫差，想让夫差同齐国一齐打鲁国。夫差十分高兴，说："我正要打鲁国，正愁无名呢。"鲁哀公一听十分害怕，就放了邾国国君子益，这样齐悼公又派人对夫差说："鲁国已服罪，您就不要出兵了。"夫差一听更生气了："吴国的军队，难道要听你们齐国指挥，我要到齐国去问一问，为什么一会儿要打，一会儿又要不打？"鲁哀公一听吴王夫差因为这事怨恨齐国，心里很高兴，就派使节去了吴国，带了不少礼物，反而约定好与吴国一起攻打齐国。就这样，夫差终于有了攻齐的理由。

　　吴王夫差十一年（公元前485年），夫差经过十年准备，会鲁、邾、郯国一起讨伐齐国。第一路，由吴国大夫徐承率领水军，顺淮水而下，东入黄海，准备从海上攻齐。第二路由夫差亲自统领，自沂水而上，然后转陆地攻入齐国南部边界，一度占领了大片土地。

　　这一多国联合行动使齐国上下大为惶恐，大臣百姓都认为是齐悼公没事找事，把敌人引上了家门。这时陈乞已经死了，他儿子陈恒与别的大臣想把悼公杀了，就密谋用毒酒杀了齐悼公。这时齐国的大臣马上跑到家门外的吴军面前谢罪说："我君无道，上天已代大王杀了悼公，请您怜悯，不要灭了齐国，我们愿年年服侍吴国。"

　　这时吴军本已大军压境，但夫差很迷信，他认为从前吴国趁别国国君丧葬时进攻该国都失败了，就没有采取行动，而放了齐国一马。当时的通讯联系不上，所以海上的那支吴军正乘风破浪直奔齐国。这次行动可能是中国历史上最早的海战。然而登陆时却遭到齐军顽强抵抗，他们又败了回来。夫差得知后也带着大军撤回了吴国。

大难不死的齐国赶紧立悼公的儿子壬为国君，他就是简公。齐国上下都议论，说齐国的灾难都源自于齐景公。

3. 子贡雄谋

因为是陈恒立了简公，所以他大权在握，这时他对齐简公说："鲁国是我们的邻国，却与吴国一起征伐我们，此仇不可不报。"简公当然同意。他们就倾全国之兵，选了有名的将军，派出千辆战车出战，大军驻扎在汶水边，他们发誓要灭掉鲁国。

这时的孔子正在鲁国修订《诗》、《书》两本著作。一天，他的徒弟子张从齐国跑了回来，孔子忙问他一些事。子张说了齐军大兵压境的事。孔子马上说："鲁乃是我的祖国，如今危难，不可不救。"他问众弟子谁可以去出使齐军说服他们退兵。子张、子石都说愿意去，但孔子不许。这时子贡说自己也可以去，孔子才说："可以。"子贡当天就辞行孔子走了。他不久来到汶上要见陈恒，陈恒知道子贡是孔子的高徒，此来肯定是游说齐军不要出兵，就严肃地等在那儿。子贡旁若无人地走了进来，坐下后，陈恒先开了口："你是来作鲁国的说客的吧！"子贡说："不是，我是为了齐国而非鲁国而来。鲁国很难打，相国为什么要伐鲁国呢？"陈恒平静地说："鲁国有什么难伐？"子贡说："因为鲁国城小，池浅、国君弱，臣无能，士兵不善打仗，所以难伐。我为相国着想，不如伐吴国，吴国城高池深，兵精将勇，因而易伐。"陈恒勃然大怒说："你说话颠倒不清，是什么意思？"子贡说："常言道：'忧在外者攻其弱，忧在内者攻其强'，我知道相国与众大臣之间有矛盾，现在打弱小的鲁国功劳会记在他们身上，这对您不利。如果攻打强大的吴国，众大臣就会困于强敌，而你在国内治国，岂不是排挤他们的好办法？"这时陈恒才说："先生说得有道理，但现在我军已在汶上，若再去攻打吴国，大家会起疑心。"子贡说："你先按兵不动，我就去见吴王夫差，让他救鲁而伐齐，这时再与他动手，就有理由了。"
陈恒非常高兴，就命令驻军不动。说吴兵可能要来，要伐鲁，要先打败吴
军。之后陈恒把兵权交给了国书，自己回齐国了。

这时子贡马上动身前往吴国，见到夫差后，他说："你们和鲁国一起
伐齐，齐对你们已恨之入骨，现在齐国在攻鲁国，之后就将是吴国，大王
何不伐齐国以救鲁国，齐国败了，鲁国也将附属吴国，那时您的霸业就成
了。"夫差说："我也早想打齐国，但现有越国在我后方勤政训武，我有些
担心，我想先打越国，然后再攻伐齐国。"子贡说："这不好，越国弱小，
齐国强大，不打齐国将是大患，我愿去越国说服勾践不图吴国怎么样？"
夫差说："那当然好。"

子贡就这样又来到了越国，勾践对子贡很客气，说："越国偏远，贤
人您来此何故？"子贡说："特来吊丧。"勾践吃了一惊，问是怎么回事，
子贡说："我从吴王那来，我让他伐齐救鲁，他却因为你们要反叛于他而
要先打你们。"勾践立即下跪说："先生救我。"子贡说："你们先给吴王送
厚礼，说些好话，之后再派一支军队与之一起伐齐。如果吴国败了，就会
挫败他们的军力，若是胜了，他们会大举伐晋，这样吴国内空虚，你就有
机可乘了。"勾践对子贡的计谋千恩万谢，要给子贡重金，子贡也不要。

子贡又回到吴国，不久，越国大臣文种果然来了。带着精心准备的礼
品，还有兵器、甲胄，并说如果吴王要攻打齐国，越王要派一支 3000 人
的部队。夫差极为高兴，说："越王勾践真是仁义之君。"

之后，他们便一起出征攻伐齐国去了。

这之后子贡还不闲着，他又跑到了北方的晋国。见到了晋定公，说：
"人无远虑，必有近忧，现在吴国正在和齐国打仗，如果胜了，夫差必然
与晋国一争高下，所以君王您要充分做好打大仗的准备呀！"晋定公感谢
子贡的提醒。

经过这一番长途跋涉之后，子贡回鲁国去见孔子。这时齐国在与鲁国
先打了一小仗之后又被吴国的大兵所败。

二、出兵伐齐

1. 子胥进谏

吴王夫差十二年（公元前 484 年）春，齐国为报复前一年吴、鲁联军共攻齐国，派高无平、国书领兵伐鲁，爆发了齐鲁稷曲之战。鲁军以老弱的士兵固守曲阜，主力部队则部署在城外防御。与齐军短兵相接之后，鲁军士兵个个拼死奋战，挫败了齐军的进攻，杀死齐军将士八十余人，获得了稷曲之战的小胜。

夫差见齐国内部动乱而与鲁国的战役又屡屡受挫，认为与齐国决战的时机已经到来，便决定全面出击！

越王勾践听到这个消息后十分高兴，在相国文种的谋划下"率众以朝吴"，带去大量财宝"厚献太宰嚭"，还带去了一小支军队怂恿伯嚭促成吴国伐齐的战争。

果然，太宰伯嚭接受了越国的贿赂，"日夜为言于吴王"，劝夫差不失时机，攻打齐国。伍子胥见勾践积极鼓动促吴北征，十分恐慌，对夫差说："越是我心腹大患，今大王若偏信浮华之辞，贪利伐齐，很不理智，愿大王释齐而先伐越国。"夫差愤怒地说："老贼总是出语不祥，阻我大计。"说完就想杀伍子胥，伯嚭忙说："伍子胥是前王老臣，不能杀，我们可以用齐人之手除掉他。"夫差果然命伍子胥出使齐国，让他上齐国去下战书并历数齐国的罪过。伍子胥知道自己活不长了，吴国也将灭亡，就偷偷把自己的儿子伍封带了出来。

到了齐国，伍子胥转达了夫差的意思，齐简公大怒，要杀伍子胥。这时鲍息说："伍子胥是吴国的忠臣，现在被夫差排挤，他们已是水火不相容，这次一定是夫差让他来送死，所以我们不能杀他，只能送他回去，以使他们君臣相斗。"

他们定好大战的日期，伍子胥要走，鲍息拦住了他，原来鲍息的父亲与伍子胥是老朋友。鲍息问伍子胥在吴国的情况，伍子胥垂泪不语，他把儿子伍封叫过来，让他拜鲍息为兄，并让他留在齐国鲍氏的身边，以后只叫王孙封，不要提姓伍。鲍息叹息着说："伍子胥将死，所以要把儿子留在齐国。"

2. 艾陵挫齐

夫差率大军自江水转邗沟到达了淮水，再溯淮西上，然后转泗水北进，到鲁国与鲁军会合。两国的军队进行了汇演，夫差在检阅鲁军时召鲁国将军叔孙州仇问道："将军的职责是什么？"叔孙州仇回答："在下一切听从吴军统帅的指挥。"夫差很高兴，赐给叔孙州仇一副精良的铠甲和佩剑，说："将军应好好对待贵国君王，绝对听从贵国君王的指挥。"叔孙州仇一时不知该说什么。子贡这时便说："将军叔孙州仇将披挂大王所赐铠甲，服从君命奋勇作战。"吴鲁联军就这样看上去很融洽，便挥师北上。

不久，吴鲁联军先后攻占了齐国的博邑和嬴邑，然后经长勺抵达淄水上游的艾陵。

齐军这时听说吴鲁联军大军已到，便在一起商议迎敌，这时陈恒的弟弟陈逆来到。陈逆说："吴鲁联军长驱直入，已攻占了我们几个地方，现在国家危难，相国派我来督战，现在的形势是有进无退，有生无死，我们必须竭尽全力。"齐军众将这时都说："吾等誓决一死战！"

等到了艾陵前线，两军对垒，公孙挥指挥齐军，胥门巢指挥吴军开始了拼死的搏杀，齐军的国书也帮助齐军一拥而上。吴军暂时不敌齐军，败了下来，吴王夫差见状大怒，要杀胥门巢，被众人拦住。

次日，两军在艾陵排下了庞大的战阵。吴鲁联军方面的部署是：中军随吴王夫差行动，展如将右军，"胥门巢将上军，王子姑曹将下军"共四军。

齐军方面的部署是："国书将中军，高无平将上军，宗楼将下军，"共三军。

　　吴鲁联军斗志高昂，人众兵强。齐军上下也抱着决一死战的信念，大夫公孙夏在战前让士卒们唱送葬歌；大夫陈子行命令部下准备好死后含在嘴里的玉；大夫公孙挥命令部下准备好捆扎吴军头颅的绳索。

　　五月中的这一天终于到来了，双方在艾陵短兵相接，展开了激战。双方斗志昂扬，鼓声震天，杀声遍野。

　　战斗一开始，夫差使胥门巢率越兵三千，往来诱敌，命叔孙州仇打第一阵，展如打第二阵，王子姑曹打第三阵，他自己与伯嚭引大军驻扎在高坡上，找机会救援，留越将诸稽郢于身旁观战。

　　这是一场前所未有的恶战。两军对阵后，吴将胥门巢先来挑战，公孙挥应战，胥门巢佯败走，叔孙州仇接住公孙挥厮杀，这时胥门巢又回来了，齐将公孙夏又出战，胥门巢又走，吴将展如接住了公孙夏，胥门巢又引兵帮战，这一样一去一回使齐将十分懊恼。高无平、宗楼一起出阵，王子姑曹独战二将，全无惧色。这时总的来看，两军力量相抵，难分上下。齐国的国书亲自擂鼓助战，吴王夫差在高处看得真切，他怕吴军吃亏，便命伯嚭带兵一万前去接应，国书见吴兵从山上来了。正想分兵去迎战，突然吴王夫差又领三万兵马来到，他把齐军分成三份，这时吴军一看吴王亲自来战，勇气倍增，杀得齐军无还手之力了。之后，公孙夏被擒，公孙挥被杀，夫差亲射宗楼。国书知道败局已定，无颜回家，就冲进敌阵，被乱军所杀。

　　二十几万军队，几千辆战车齐聚在平原上，两国将士拼死厮杀，这就是古代战争的残酷。战斗结束，吴鲁联军大获全胜。齐将只有高无平和陈逆逃跑，联军缴获了800辆战车，3000副铠甲。

　　越将诸稽郢也为吴国将士的勇猛而吃惊，夫差这时让他回国报喜去了。

　　再说齐简公听到齐军战败，简直不敢相信，他马上与陈恒商议，最后还是拿着大量礼物贡品，找吴王请和谢罪去了。而夫差与鲁国从此言归于好，以前的不愉快再也不提了。这样，齐、鲁两国都承认吴国是新的盟主。

战后，夫差为沽名钓誉，把战争缴获的全部战利品献给了鲁哀公，以表示他敬重周礼的仁德之心。

三、千里争霸

1. 子胥之死

夫差回到吴国，他先到了梧宫见西施，西施向夫差祝贺胜利。他们一起登台饮酒，非常高兴。这个时候正值初秋，梧桐茂盛，凉风席席，风景如画。有一天夜里，夫差突然听到一群小孩在唱歌，他仔细一听，小孩唱道："桐叶冷，吴王醒未醒？梧叶秋，吴王愁更愁！"夫差非常生气，马上让人把这群小孩抓来。问道："这歌是谁教你们唱的？"这群小孩说："是一个穿红衣服的小孩，他教完我们就不见了。"夫差说："我乃天之所生，神之所使，有什么忧愁的？"说完就想杀了这几个小孩，好心的西施急忙阻拦，夫差总算饶了他们。在梧宫住了三天后，夫差和西施回到了吴国国都。

这时众臣都来向夫差祝贺伐齐胜利，只有伍子胥一言不发。在艾陵之战中，伍子胥把儿子交给鲍息的事被伯嚭探知到了并告诉了夫差。夫差也因为伍子胥"装病"不参加伐齐远征而怀疑伍子胥心存阴谋。于是，夫差责问伍子胥说："大夫曾辅佐先王阖闾开辟疆土，破楚建功。今大夫老而不肯安享福寿，却对吴国心存恶念，友待敌国，扰乱法度，战前就妄作妖言，阻挠我图霸大业。今上天佑我打败了齐国，寡人不敢自专其力，欲祭先王的钟鼓，特告大夫。"

伍子胥这时仍执意劝谏，他说："天之将亡人国，先逢其小喜，而后授之以大忧。胜齐不过小喜也，臣恐大忧之即至也。"夫差一听，马上愤怒地回应："久不见相国，耳边颇觉清净，现在你又在说些恶言。"说完他就用手掩住耳朵，闭上眼睛，突然他又睁开了眼睛，说："怪事！吾见四人相背而倚，须臾四分而走。又见殿下两人相对，北向人杀南向人，诸卿曾见之否？"大臣们都说："没看见。"这时伍子胥又说："四人相背而走，四方离散之象也。北向人杀南向人，为下贼上，臣弑君。大王您不知警醒，必有身弑国亡之祸。"夫差愤怒地说："你的话太不吉祥，我不想听。"伯嚭又说："四方离散，奔走吴庭，吴国霸业，将有代周之事，此亦下贼其上，臣犯其君也。"夫差这才高兴地说："太宰之言，足启心胸，相国你老了，说得不对。"

又过了几天，越王勾践带着群臣来祝贺吴王的胜利，伯嚭说："你们看，这就是'奔走吴庭'的象征。"夫差大宴群臣，他说："君不忘有功之臣，现在太宰伯嚭为我败齐立下了汗马功劳，我将拜他为上卿；越王孝事寡人始终如一，我也要封他土地，用来感谢他帮助我伐齐之功，众大夫认为怎么样？"群臣这时都说大王论功行赏做得对。

这时只有伍子胥哭泣着说："呜呼哀哉！忠臣掩口，谗夫在侧，邪说谀辞，以曲为直。养乱畜奸，将灭吴国，庙社为墟，殿生荆棘。"夫差一听，大怒着对伍子胥说："老贼多诈，为吴妖孽，乃欲专权擅威，倾覆吾国，寡人以前王之故，不忍加诛，今退自谋，无劳再见！"伍子胥这时伤心地说："老臣若不忠不信，不得为前王之臣。譬如龙逢逢桀，比干逢纣，臣虽见诛，君亦随灭，臣与王永辞，不复见矣。"说完，伍子胥就慢慢地离开了王宫，而夫差还是余怒未消。伯嚭这时对夫差说："伍子胥把儿子送到了齐国，说明他有叛国之心，我们应该先下手。"之后夫差想了很久，终于下了决心。他让人赐给伍子胥一把叫"属镂"的剑。伍子胥在自己家的庭院里接过宝剑，摇着头说："大王要让我自尽啊！"说完，他光着脚走下台阶，站在庭院里，仰天长啸："天乎，天乎！昔先王不欲立汝，赖吾力争，汝得嗣位。吾为汝破楚败越，威加诸侯，今汝不用吾言，反赐我死！我今日死，明日越兵至，掘汝社稷矣。"之后他又对家人说："吾死后，可抉吾之目，悬于东门，以观越兵之入吴也！"说完，伍子胥自刎咽喉而死，使者拿着带血的剑向夫差报告，并向夫差说了伍子胥的临终嘱托。夫差来了兴致，亲自去看伍子胥的尸

体。他指着伍子胥的尸体说："哎，你已经死了，怎么会知道以后的事呢？"之后，夫差命人把伍子胥的尸体装进"鸱夷之器"中，投入钱塘江。夫差自言自语说："日月炙汝骨，鱼鳖食汝肉，汝骨变形灰，复何所见！"不久，钱塘江大潮不断，当地的一些土人非常害怕，就偷偷地捞取了伍子胥的尸骨，把它埋在了吴山，后来又改名叫"胥山"，现在又有了子胥庙。

伍子胥之死，是吴越战争期间吴国的一件大事。如果就事论事，伍子胥在大战之前将儿子秘密托付于敌国齐国，又装病不随夫差远征，是犯下通敌的死罪而该诛杀的。但实质上却是夫差在战略谋划上听不进别人的意见，一意孤行，在用人上疑忠信谗的必然结果。伍子胥身为两朝老臣，立下过赫赫战功，在吴国威望极高。他死后，吴国的大臣们怵然自危，众口皆缄，夫差再也不能听到反对意见，而变得日益骄横。同时吴国军民也为伍子胥的死所震动，他们在"江北岸立坛，杀白马祭子胥"，并且立了祠堂，自发地缅怀这位功臣的功绩。

然而，毕竟夫差可以完全按照自己的意愿，随心所欲地实施他的战略计划和追求他的政治野心了。

2. 吴王图晋

夫差的下一个战争对象是晋国。100多年间，晋国作为春秋时期的政治军事大国，一直就是吴国的盟国和战略支持者。春秋末期，一方面是吴国在破楚、服越、败齐的战争中不断取胜，而使自己日益强大；另一方面是晋国晋昭公死后，晋国大政旁落在士大夫的手中，之后几十年内乱不已，"六卿相攻"，使晋国国力不断下降，这就使吴晋两国实力的天平开始向吴国倾斜。晋国拥挟周天子，对中原各国指手划脚的霸主身份受到了吴国的挑战。夫差有了一个信念：在这战火纷飞的时代，谁强大谁就应当成为霸主。因此，晋吴两国争夺伯仲的态势已不可避免。

如今夫差杀了伍子胥，就把伯嚭升为相国，他又要给勾践封地，但是勾践拒绝了。他回到越国后，仍然是加紧备战。夫差却全都不知道，而且日益骄横，目空一切。

这时历史又为我们记载了一则小故事。说吴王的骄横就连他的儿子太子友也看不下去了，就想了一个办法劝父王夫差。一天早晨太子友拿着弹弓从后园出来，衣服和鞋都湿了，夫差见了很奇怪，就问是怎么回事。公子友这时说："我刚才在后园游玩，看见一只秋蝉鸣叫得正欢，这时一只螳螂却在其身后要扑杀它，这时一只黄雀又要啄食螳螂，但它却不知我正要用弹弓射杀它，而我一心只想打黄雀，结果失足掉进了水坑里。"夫差笑着说道："贪图眼前的利益，而不顾后患，这是最大的愚蠢。"这时太子友马上说："天下有比这更愚蠢的事。鲁国有礼有教，齐国无故伐之，没想到被后方的我国打败，而我们不知此时越国在后，有可能随时进攻灭吴。"吴王夫差一听大怒，对儿子说："这是伍子胥的歪理，我早已听说，你不要阻挠我的大计。再多说话，你就不是我的儿子。"太子友赶紧跪下赔罪，不再敢多说什么了。

吴王夫差十四年（公元前482年）夏，夫差亲率吴军主力，自江水出发，浩浩荡荡沿邗沟、淮水、泗水、济水，一路西进北上近2000里，来到卫、宋、晋、郑四国交界处的黄池与周王室的单平公、鲁哀公、晋定公会盟。夫差决意要在此次会盟中以国家和军队的实力为后盾与晋国争夺中原霸主地位，所以只留下太子友及少数吴军驻守吴都姑苏城。

这样，一个千载难逢的机会就留给了越王勾践。

3. 勾践破吴

这一年的六月，越王勾践见吴军在夫差的亲率下倾巢而出，远上黄池，而只留下了一批老弱残兵驻守在姑苏城，就与范蠡商议破吴计划。

最终他们倾全国之兵伐吴，以报当年亡国之仇。勾践一共调集善于水战的部队"习流"2000人，训练有素的部队"俊士"40000人，平时为勾践宠爱的特种部队"君子"6000人，加上将帅士官1000人，共约50000人，对吴国发动了进攻，他们兵分两路：一路由范蠡率领，水军沿海北上，逆流入淮水，阻击可能自黄池返回救援的吴军主力；一路由勾践亲自率领，陆军直攻吴都姑苏。

不久，越军先锋讴阳和畴无馀率先攻至吴都附近。吴将军弥庸痛恨越军，坚请出战，这时固守的太子友却不同意："战不能胜，必将亡国，不可轻动。"弥庸的父亲当年曾被越军俘虏，这次越军又拿出他父亲的军旗侮辱弥庸，弥庸忍无可忍，率军击败了越军的先锋，并俘虏了越将讴阳和畴无馀。

第二天，勾践的大军赶到，太子友坚守不出，这时刚打完一个胜仗的弥庸说："越人的心里还是怕我们的，如果再胜，他们就将败走。不胜，我们再守城也不迟。"太子友听从了他的意见。结果，第二天一开战就被越军杀得大败，越军的弓弩十分厉害，而吴国方面都是些老弱残兵，最后弥庸被杀，太子友身中数箭，不忍被越人抓去受辱，而自刎身亡。王子地这时赶紧把城门关闭，派人拼死抵抗，一面派人去夫差那里告急。

4. 黄池威晋

这一边，夫差正与鲁、卫、晋等国争论谁做盟主的事。晋国认为周天子在晋国，盟主应由晋国做，吴说祖上太伯比晋辈数高，应由吴国做，一连几日没有结果。这时有人来报吴王说："越军侵入我国，太子被杀，形势十分危急。"

夫差在黄池听说老巢被端，吴都告急，十分恐惧又后悔不已。为防止消息泄露，他把赶来报信的七个吴兵都杀了，然后召集大夫商量说："越人背弃同盟，不讲信用，吴都遭袭我又离国太远，要么立刻回国而不会盟；要么忍让晋国继续任盟主，那一个更好？"

大夫王孙骆说："两种办法都不好。若不会盟转身就走，越国攻占吴都的消息就会传开，士卒就会没有了士气，恐怕没等回国，就将被沿途诸侯国联合击败。若示弱让晋国先歃血，晋国就会继续在我之上拥挟周天子。我们见不到周天子，又不忍放弃机会返国，时间久了，越军攻占吴都的消息必将传开，军中就会生乱，我们就没有出路了。因此，只有强迫晋国屈服一条路！"

王孙骆又对诸位大夫说："晋吴两国士卒都贪生怕死，但是晋国离这里近，士卒易于逃离，我国远在千里，士卒只能拼死前进，所以对我们有利。今晚定要向晋国挑战！若大王以赏罚律令使我军将士拼死相争，晋国必将因恐惧而屈服于我。我即成盟主，可减免作为诸侯的贡赋，使他们高兴。事成之后，大王便可率军返吴，一日疾走一日休息，从容不迫以定军心，才能将吴军顺利带回吴国。"夫差接受了王孙骆的建议。

夫差为了威慑晋定公，决定让军队示以强大的方阵。当晚，吴军饱餐一顿，同时把马喂好。半夜，夫差命令熄灭灶火，全军穿戴铠甲，拿起兵器，集合向晋军驻地偷偷行进。吴军将士执"扁诸之剑"和"文犀长盾"，组成了三个方阵。中军方阵将士一律身穿白衣，披素色铠甲，装饰白色羽毛，树白色旌旗，"望之如荼"，十分威风，夫差亲掌钺枚，车载白旗，立在方阵当中；左军方阵将士都身穿赤衣，披红色铠甲，装饰红色羽毛，树红色旌旗，"望之如火"；右军方阵将士都身穿黑衣，披黑色铠甲，装饰黑色羽毛，树玄色旌旗，"望之如墨"。三军共三万人，他们整齐地于鸡鸣时分来到晋军驻地前一里的地方，列好战阵。天一亮，夫差就亲自擂动战鼓，一时间，吴军中钟鼓铮铎纷纷响应。吴军方阵中的士卒随着鼓声进退呐喊，声动天地。晋师大骇，在一片慌乱之中治军防守，不敢怠慢，但已显得很狼狈。

晋定公听到情况，忙派大夫董褐前去质问夫差："为何不按约以礼相待，在中午盟约？"夫差亲对曰："周王有旨，命寡人主盟，以补姬姓之缺，现在晋王逆命与我争夺，拖的时间太长了，到底同不同意，今天就见分晓！"董褐把消息告诉了晋王，又对正卿赵鞅说："我细察吴王神色，发现他十分忧烦，小事可能是嫡子或爱妾死了，大事一定是越国进攻了吴国。他现在心烦意乱，打起仗来会进退轻死，孤注一掷，哀兵必胜，不可与他硬拼。"

赵鞅赞同董褐的看法，对晋定公说："吴国的创建者吴太伯是姬姓诸侯国中周室的前辈，现在形势所逼，不妨让吴国为伯长。"晋定公无奈，只得应允，让出了位子。

那一年秋七月，晋定公和夫差、鲁哀公在黄池举行了会盟仪式，夫差

以他强大的军事实力在晋定公前率先歃血，实现了他争夺中原霸主的夙愿。

随即，夫差又派大夫王孙苟向周敬王呈报霸业之功，周敬王褒奖说："我很赞赏吴王的功绩，吴王若能辅佐我周室，康泰就可同享永福。"周敬王还赐给吴国一批精制的弓弩和其他礼物，并增赐封号，使夫差的霸主地位名正言顺，并公告天下。

黄池会盟之后，夫差的心情喜忧参半，率军在返国途中，因三军军粮不足，又对宋国烧杀抢掠一番，二千里路行走了几个月，才于冬天赶回了吴国。夫差见自己的军队疲惫不堪，便派伯嚭携大量礼物见勾践要与越国议和。这时灰心丧气的夫差对伯嚭说："你总是说越国不会反叛，我听了你的话，今天你去勾践那儿办这件事吧。伍子胥的那把'属镂'剑还在那儿，你看着办吧！"

伯嚭诚惶诚恐地来见越王，求他赦免吴王的罪，并说以后对越国的贡献之礼，会向当年越国对吴国时的一样。范蠡说："吴还没有灭国，姑且把都城还给他们，以感谢太宰伯嚭当年的恩情，从现在开始，吴国已经一蹶不振了，不用担心。"勾践这才班师回国。越军还国之后，夫差总算松了口气，觉得虽然吃了亏，但也算大功告成，一厢情愿地以为可以休养一下国力民力了，便"息民散兵"，"罢师而不戒"并对越国放松了警惕，从而加速了吴国的灭亡。

就这样，经过一番连年苦战，吴国从兴盛开始走向了衰亡。从这时开始，史书上对孙武的记载就突然消失了。具体地说，是从吴军从楚国撤军之后，就很少有提及孙武之处。从史料记载的情况看，孙武没有参加和指挥吴国对齐国和晋国的战争或军事行动。

我们之所以认为孙武可能没有参加此期的战争，其实并没有确凿的史料证明，只是我们在结合春秋战争史研究孙武的时候所得到的一个强烈的印象。

首先，此期吴军的战争指导思想和方法，往往与孙武的军事思想背道而驰。孙武所推崇并已经在吴楚战争中努力实践的重虚实、重迂回的战争指导原则，在吴军的战争实践中没有得到任何发挥。比如：阖闾晚年把曾经给他带来重大战争成果的虚实迂回之法完全抛弃，鲁莽地与勾践接刃于携李，结果兵败身亡！夫差则一直对来自越国的威胁视而不见，穷兵黩武，倾国远征，伐齐威晋，强成"霸业"，完全背离了孙武"自保而全胜"的基本谋略思想。而与之相反的是，勾践臣服吴国，用的正是孙武"利而诱之"、"卑而骄之"的计谋；而笠泽之战越军的大胜，也是因为采用了孙武最擅长的所谓"示形"的战术。吴军在吴越战争中几次重要战役，其战略战术，几乎完全与孙武的兵法思想背道而驰。

其次，这一时期战争的战争样式，与孙武指挥过的战争有重大的区别。战争是人指挥的，战争指导得不同，将导致战争样式的不同。孙武在吴楚战争中所指挥的克养之战、豫章之战，以及破楚入郢之战，都表现出了战争艺术中颇为先进的早期运动战的显著特征。而后期战争中的历次大战，如携李之战、夫椒之战、艾陵之战和笠泽之战，呈现的却是古时那种交战双方于一时、一地，倾举国之力于一战就决定胜负的早期阵地战的特征。早期运动战的指挥当然要比早期阵地战的指挥复杂得多。这种战争样式的倒退，间接地证明：战争的指导者似乎已经更换。换句话说，我们很难想像，作为兵圣的孙武竟指挥出如此拙劣的战争。另外，史籍在吴楚战争的历史中提到了孙武，而对孙武是否参加了其后的吴越战争，均一字未提。如在用人问题上，各史只提及吴王夫差任用太宰伯嚭、老臣伍子胥和宋国大夫华登，既使是勾践的谋臣文种和范蠡在谋划吴事的时候，也只是屡屡提及伍子胥和伯嚭，而从没有谈到孙武。可见此时孙武确实已经离开了吴国的军事指挥层。

这只是一个可能性极大的推论，它是一个未经确凿史料所证实的推测。或许可以这样设想：孙武凭借他的智慧与敏感，已经料到，吴国在吴楚战后的战略目标，必然要指向齐国，而且这一倾向已不可挽回。对于生养自身的故乡，孙武当然不能领兵攻伐。而背吴不忠，攻齐不义，孙武只好退隐了事。或许还有一种可能，大智大慧的孙武看到了战争的残酷性，便不愿再参与其中了，而是为了追求更高的智慧而归隐山

林了。

即使这样，孙武在短暂的军事生涯中辅佐吴王成就了破楚入郢的大业，使吴国威震中原诸侯，且使得夫差在此基础上才取得了夫椒败越、艾陵破齐、黄池威晋的短暂成功，登上了霸主的宝座。司马迁正是在这个意义上来评价孙武的功绩的："阖闾知孙子能用兵，卒以为将。西破强楚，入郢；北威齐、晋，显名诸侯；孙子与有力焉。"

在那个生产力低下，人类思想进步水平也相对落后的时代，能出现一个旷世奇才孙武，已经是历史的厚赠了。我们不能指望孙武能多大程度地改变历史面貌，但他所给我们的精神财富已经足够彰显他的光辉不朽了。

四、亡国之恨

1. 笠泽会战

司马迁在《史记》中所说的"西破强楚，入郢；北威齐、晋，显名诸侯；孙子与有力焉！"指的就是上述自公元前512年孙武拜将至公元前482年黄池之会，孙武这一历史阶段为吴国所立下的功劳。虽然这之后的吴越战争，已能肯定孙武没有参与，但是为了让读者对这一段历史上的争霸战争有一个完整印象，我们姑且把吴越战争的结局简要地介绍一下。

黄池会盟是吴王夫差霸业的顶峰，也是吴国由极盛转衰的转折点。这时的笠泽之战则是吴越两国争夺胜势的关键之战。

黄池会盟后的第二年，也就是吴国被越所败后的第二年，楚国见吴国连年征战，人民困苦，士兵疲惫，就派令尹子西率水军进攻吴国，并且一度攻占了桐汭。又过了一年，夫差率军回攻楚国，竟被楚军打败，这是夫差始料未及的。这一年，恰逢吴国大旱，全国闹了饥荒，吴国真是内外交困。

　　吴王夫差十八年（公元前478年），越王勾践探听到夫差沉溺于酒色，不理朝政，而且天灾人怨不断，将士群臣不合，就又想兵伐吴国。他召集大臣商量伐吴大策，文种大夫说："伐吴的人事条件和天时已经具备，如果我们这时立刻发兵攻吴，可轻易夺得优势。"范蠡也说："追踪天时好比救火和追逃犯，拼命奔跑尚且惟恐不及！我们一定不能失去时机。"

　　出行前为了鼓舞士气，勾践对百姓宣告说："吴国虽有数万人马，却天数已尽，寡人要替天灭吴。我不提倡匹夫之勇，莽撞行事，但是每个将士都要与大军共进退。进者大赏，退者重刑！"越国百姓很受鼓舞，"父勉其子，兄勉其弟，妇勉其夫"，同仇敌忾，都愿意随勾践与吴军决一死战。这时勾践又说："父子都在军中的，父亲可以回去；兄弟都在军中的，兄可以回去；是独生子的也可以回去；有病而不能上前线的，说出来，我们给治疗。"老百姓一听越王仁慈，欢声雷动，士卒杀敌的热情就更高了。

　　勾践检阅了军队，并当众斩杀了犯下贿赂乱军的人以警示全军。勾践命范蠡为大将军，誓败吴国。到了三月，五万越军进驻太湖以东吴松江的笠泽地区。

　　夫差一听越军又来进犯，便也带兵迎敌，吴越两国的军队便在吴松江两岸对峙起来。

　　这时勾践和范蠡真正采取了孙武"示形诱敌，中路突破"的战术方法，将军队分为左中右三军，每军万余人。左、右军因与中军形成勾连的阵势，所以又称之为"左、右勾卒"，勾践率精锐禁卫军"私卒君子"，六千人处中军。越军决定以"水战"为主。

　　在战斗前一天的黄昏，勾践命令"左勾卒""人皆衔枚"，以不出声，秘密溯吴松江上行五里等待命令；又命令"右勾卒"也"人皆衔枚"，顺吴松江下行五里等待命令。到了午夜，勾践命令"左、右勾卒"，向吴军发动佯攻。这两支"勾卒"一起"涉江鸣鼓"，却又行至江中一半驻足不

前，一边呐喊，鸣鼓，以引诱吴军。

夫差听说越军已分为二路，"将从河的上下游夹攻我师"，一时慌了手脚，没有多加思考便仓促应战，也将吴军一分为二，分别抵御上下十里两路的越军，这样夫差中了勾践与范蠡的计谋。

勾践这时也命令中军将士"人人衔枚"，从中路正面毫无声息地过江，不呐喊，不鸣鼓，直到接近了吴中军大本营时，才突然喊起杀声，同时鼓声大作，杀声震天，以迅猛的攻势袭击了吴中军大本营。吴军顿时大乱，左右两军听说后又急向中军靠拢，又被越军"左、右勾卒"拦截缠住不放。黑夜之中一场血战之后，吴军不是越军的对手，全线溃逃。勾践率三军紧紧追赶，到了笠泽，双方整顿一番后再战，吴军还是大败。

这之后，夫差的三军残兵又被追来的越军两度杀败。名将王子姑曹、胥门巢等全都战死，夫差连夜逃回吴都，闭门自守，再不敢出。

笠泽之战在战术上虽没有惊人之处，但却使吴国遭受了前所未有的惨重打击，从此吴国一蹶不振。勾践大胜回国以后，为纪念这场战争特地铸钟传给儿子，并铸铭文勉励其子，要他发扬光大父王的战绩，帮助父王完成灭吴争霸的大业。

2. 姑苏陷落

吴王夫差十九年（公元前 475 年），也就是笠泽之战三年后，越王勾践再次大举伐吴，结果是一路连胜，杀得吴军"大败军散，死者不可胜计"。可怜的夫差只得退缩都城固守不出。勾践将姑苏城重重包围起来，切断了粮道，采取了长攻久困的困守之策。

夫差自知江山不保，为寻求转机，派小股吴军不断出城挑战，引得勾践大怒，他想强攻，被范蠡劝止。夫差又派人去晋国寻求救兵。晋国这时对黄池之会夫差的强横耿耿于怀，心里根本不想帮吴国，便派使臣楚隆伐交吴越，一方面以晋国正在为相国赵鞅服丧，不便出兵为由拒绝了夫差，一方面支持越国伐吴，从而使夫差陷入了绝境。

勾践又开始了更大的外交战。第二年，他首次派使者去鲁国，争取中原诸侯的舆论支持并获得了成功。这样，夫差便失去了最后一线希望。

吴王夫差二十三年（公元前 473 年），勾践困夫差已有三年，吴都城内军心涣散。到了冬天十一月份左右，越军终于发动了总攻。

这时夫差让王孙骆去求勾践放他一马，勾践想起从前夫差饶过自己，放自己回国的事，就想也放一条生路给夫差，结果文种和范蠡坚决不同意。王孙骆出使了几次，都被文种、范蠡挡了回去。

最后勾践终于突破东门，入了姑苏城。

3. 吴王自刎

伯嚭首先向越军投了降，走投无路的夫差带着王孙骆杀出城去，直奔阳山。这时的夫差想起从前的事懊恼不已，但已毫无办法。越王派三千兵马紧追夫差不放，最后将阳山团团围住。夫差给文种和范蠡写了一封信，系在箭上，从山上射入越军营中，文种、范蠡一看，上写："敌国灭而谋臣亡，两位大夫何不放我一马？"文种也写了封信射回了山上，信上说，吴有六大过：一、杀了忠臣伍子胥；二、任用伯嚭；三、齐、晋无罪而伐之；四、杀了直言的公孙圣；五、吴、越为同一祖先而伐之；六、越杀吴先王而不报仇。这六大过使吴必亡，当年天赐越于吴，吴不要，现在天赐吴于越，越不敢不从命。夫差看完信后说："我忘了先王之仇，是不孝，所以是天亡我呀！"王孙骆说："我再去求越王。"夫差说："我不想再复国了，能成为附庸也可以。"王孙骆来到越军中，这时勾践也赶来了。王孙骆向他说了夫差的意思。勾践颇有怜意，就说："我让夫差住在一个地方，给他五百口人，让他终老吧！"

这时夫差又改变了主意，他说："我已国灭，废了宗庙，五百口人又有什么用呢？我老了，我想死！"使者又去越营，说明了夫差的想法。勾践对范蠡和文种说："你们为何不上山杀了夫差？"文种和范蠡马上说："'臣不敢诛君'请大王自己去吧！"勾践就拿着"步光"剑给了吴王夫差的使者，并让他告诉夫差："世间的君王，总有一死，我们不想亲自动手！"

夫差在山上接过锋利的"步光"剑，叹息了数声，又四顾远眺了一下，说："我杀了忠臣伍子胥、公孙圣，现在该是我了。"又对左右说，"我死后无面颜见子胥、公孙圣于地下，你们把我的脸盖上。"说完，拔剑自刎。王孙骆解下衣服盖在了夫差的尸体上，自己也自杀了。勾践上山后命厚葬夫差和王孙骆，并让士兵每人挑一篮土覆盖在坟上。就这样，不可一世、骄横、也有些仁慈的夫差结束了生命。

4. 勾践称霸

这之后，越王勾践进入了姑苏城，在吴宫中与百官相聚，大臣们都向勾践祝贺，伯嚭也在其中，他从前为勾践周旋，说了很多好话而"面有得色"。这时勾践对他说："你是吴王的太宰，我怎么敢受你的朝拜，你的主公现在在阳山，你为什么不随他而去呀？"伯嚭惭愧地退了下去。然而勾践没有放过他，他让士卒杀了伯嚭，又灭了他的全家，并说："我这是为伍子胥报仇啊！"

勾践灭了吴国之后，就抚定吴民，施加自己的仁爱，以使越国更加昌盛繁荣。不久，他北上与齐、晋、宋、鲁等国相会，又让人去周天子面前贡献礼物。当时周敬王已经死了，太子仁继位，史称周元王，元王派人送给勾践的礼物也不少，有衮冕、圭璧、彤弓、弧矢等，并称之为"东方之伯"。诸侯各国的君主都向他表示祝贺。同时各国为了表达友好，也纷纷与越国盟约，互不侵犯。勾践把一些当年吴国吞并的土地归还了原属的国家，使这些国家很高兴，都尊越为霸主。

越王回国后在吴宫的文台上大宴群臣，论功行赏。范蠡的功劳特别大，受到大家的推崇，这使得勾践有点担心。范蠡是个聪明绝顶的人，他马上看出了勾践的心思，第二天一见越王，他就说："常言主辱臣死。当年大王在吴国受辱，我没死是因为我要帮大王建功立业，现在吴国已灭，我愿意辞职，退隐江湖。"越王一听很难过，哭着说："我因为有了你，才有了今日，我正想图报，你却要走了。我不让你走，不然我杀了你妻子。"范蠡说："生死由大王，我不在乎。"当天晚上，范蠡乘着一只小船离开了。他绕过三江，最终去了太湖。

第二天，勾践再找范蠡，发现他已经走了。勾践非常难过，想去追，文种说："范蠡智慧过人，找是找不到了。"

后来文种接到范蠡一封信，是他亲笔写的，内容很精彩，他写道：

子不记吴王之言乎？"狡兔死，走狗烹，敌国破，谋臣亡。"
越王为人，长颈鸟喙，忍辱妒功，可与共患难，不可与共安乐。
子今不去，祸必不免！

文种看罢，怏怏不乐，但并未完全相信，只是说："范蠡太过虑了！"

又过了几天，越王勾践班师回国，把西施也带走了。回到国内，勾践夫人嫉妒西施，就偷偷把她投入大江淹死了，还说："她是个亡国之物，不能留着她！"后人不知道这回事，而且还幻想是范蠡把西施带走了。

越王勾践还是比较怀念范蠡的。他给范蠡的家人以大量封地；又让人铸了一个范蠡的像放在身旁，这样就好像范蠡就在身边一样。

据说范蠡后来到了齐国，并隐居了起来，他很会做生意，发家致富后自称陶朱公，还写了一本《致富奇书》留给后人。

越国安定，时间长了，勾践慢慢显露出了本性，他与旧臣逐渐疏远，并且总是担心有人对他不忠，群臣大多也看出了勾践的心思，计倪装作颠狂辞职了，曳庸等人也多告老还乡，这时的文种想起了范蠡的话，也自称有病不上朝了。这时勾践身边的人开始说起了文种的坏话。勾践深知文种的才能，担心以后一旦因他国家发生了混乱，便会使自己丢了江山。这时的勾践想杀文种又没有理由，心里很烦。这时鲁哀公来到越国，他想向越国借兵以除掉本国的一些反对派。但是勾践担心国内局势，就是不发兵，结果鲁哀公客死在越国。勾践下了决心，想出了一个除掉文种的办法。有一天勾践去文种家看望他的病情，落坐后他把宝剑放在了一旁，先说了一些假惺惺的客套话，最后勾践说："您有七种才能，我用了三种就灭了吴国，您还有四种才能，打算怎么用呢？"文种说他不知道，勾践就说了这么一句："我愿那四种一起被带入地下。"说完勾践就走了，并"忘"带了

刚才那把佩剑。文种拿起剑一看，上面有"属镂"二字，知道这是伍子胥自刎时的用剑，长叹道："我不听范蠡的话，真是蠢啊！"之后他又笑了，说："今后的人们要把我和伍子胥放在一起谈论了，这是光荣啊！"便自刎而死。勾践假惺惺地把文种厚葬在卧龙山上。

春秋时期的部分历史和孙武的事迹我们就先介绍到这。

孙武以后的去向，及其军事理论的应用和发展，和它对后世的影响我们在下一章里会逐一论述。

第十章　寻踪孙武

一、飘然高隐

时光荏苒，弹指一挥间，孙武自齐国来到吴国，已经三十多年过去了，他本人也由一个英姿勃发的青年人，变成了一位饱经风霜的五十多岁的中老年人了。在医学不发达、生活困苦的上古时期，能活到五十多岁已算高寿了。吴国对他来说，几乎就是他的祖国，在这片土地上，孙武奉献了自己的青春，倾注了自己的人生激情，投入了自己的全部智慧。这中间既有功成名就的喜悦，指点江山的激昂，也不无失意寂寞的惆怅，痛苦和欢乐，失落和拥有，在这里形影不离地伴随着他的整个人生。

吴国是孙武一生事业的开端和终结之地。在这里，他完成了震烁千古的不朽之著《孙子兵法》，也实现了他的人生理想。吴王阖闾三年（公元前512年），吴王阖闾拜孙武为将以后，便开始集中全力与楚争雄。吴王曾多次与伍子胥、伯嚭、孙武等智能之士谋划破楚的战略方针，并制定相应的作战计划。

孙武出任吴将的当年，即随同吴王阖闾兴兵伐楚，攻克楚的属国舒。

第二年，孙武又一个人带领新编三军对楚国发起进攻，攻克养城，擒杀了盘踞在那里的掩余和烛庸两个原吴国的公子，初步扫清了淮水北岸楚国的势力，为日后大举伐楚奠定了军事战略上的基础。

吴王阖闾七年（公元前508年），孙武的"伐交"策略为阖闾所采纳，于是孙武策动桐国背叛楚国。然后又使舒鸠国引诱楚国出兵。楚国果真中计，派遣令尹囊瓦领兵东征，屯兵于豫章。孙武见楚军进入了自己设下的圈套，便采取"兵者诡道"、"攻其不备，出其不意"的策略，指挥吴军发起突然攻击，在豫章大破楚军，并乘机占领巢地，活捉楚守将大夫公子繁。此役使得楚军损兵失地，遭到惨败。

吴军的主动出击，掠地破兵，沉重打击了楚国军队的士气，很好地贯彻了孙武等人"积小胜为大胜"的战略思想，为日后破楚入楚之国都郢的顺利进行提供了前提条件。

轮番出师，疲楚、误楚、破楚，这是孙武等人为最终发动入郢之战、克楚战略决战时机的关键一招。阖闾执政后，曾向孙武、伍子胥等人请教破楚大计。伍子胥来自楚国，对楚国的情况很了解。他针对当时楚国军队庞大，但军令不一导致灵活机动性较差的实际情况，创造性地向阖闾提出"疲楚误楚"的策略思想。他说："楚昭王年纪尚幼，无力控制全局，楚国当政者多而意见不一，乖张不和，都为自身着想，没有一个人能够承担楚国的危机。如果将吴军编为三支部队轮番攻击骚扰楚国，只要出动一支部队就能将楚军全部吸引出来。当楚军一出动，我军就后撤；楚军若退回，我军再出动，这样就必然使楚军疲于奔命。这样不断地疲惫楚军，骚扰楚军，多方调动楚军，使敌人在判断和指挥上都发生错误，然后再出动吴国三军主力攻打，必定能够聚歼楚军，大获全胜！"可见它的核心思想是分吴军为三支，轮番出击，骚扰楚军，麻痹敌手，创造战机，最后大举进攻制敌于死地。

"疲楚误楚"之计出自另一位将才伍子胥之口，但是它显然是受孙武军事思想影响的产物，在它身上明显地打有孙武"迂直之计"、"先为不可胜，而待敌之可胜"等军事思想的烙印。所以我们可以推测到，伍子胥在提出这一高明策略之前，一定和孙武认真商议研究过此事，并大量吸收了孙武的英明意见。从这层意义上来说，"疲楚误楚"之计也是伍子胥和孙武两人共同的军事思想和杰作。

阖闾欣然采纳了"疲楚误楚"的策略，并在具体军事行动中加以坚决的贯彻落实。这样六年时间实行下来，吴军先后骚扰袭击了楚国的夷、潜、六以及弦、豫章等重地，这些军事行动害得楚军疲于奔命，如惊弓之鸟。他们情绪低落，斗志沮丧。同时，吴军这种不作决战、浅尝辄止的行为方式，也给楚军造成错觉，误以为吴军的行动仅仅是不敢正面作战的"骚扰"而已，而忽视了吴军这些"表面现象"背后所包藏的真正军事意图，放松了应有的警惕，到头来终于在决战中栽了大跟头。

孙武等人实施"剪楚羽翼"、"蚕食重创"、"疲楚误楚"等高明巧妙的策略方针，给了楚国以严重的打击，并初步控制了吴楚必争之战略要地江淮流域的豫章地区，使吴国基本完成了破楚入郢的设想和战略部署。

吴王阖闾攻破楚国郢都的战役，是我国古代一个典型的以少胜多、以弱克强的战例。楚国地域千里，兵车数千乘，士兵人数众多，周围附庸国有十余个，国力雄厚，人民富庶，战备充足。以前中原诸侯各国历次对楚国的战争，最多只能是击败其军，阻止其向外扩张而已，从未有一个国家能攻入楚国内地，作破都灭国的想法。吴王阖闾以新兴后进的东南小国，兵力不过三万人，而君臣上下团结一致，竟能破都灭楚国，实现预先制定的宏大战略蓝图，表现了吴国君臣和军队卓越的智慧与胆略。

以少胜多以弱敌强的战争，只可智取，不可以力征；不可以期望一举全歼敌人。必须运用长期有效的谋略，离间他的友国，分散他的斗志，消耗他的国力，然后等待成熟的时机，出其不意，最后一举摧垮敌人。

吴王阖闾刚继位不久，孙武在养邑打败楚军时，阖闾即欲乘机攻楚，而孙武进行了阻止，因为时机不成熟。豫章之役后，阖闾又欲全面伐楚，孙武又加阻止，还是认为时机未到。孙武提出的兵法精神就是用长期战略来改变敌我态势、改变敌我力量对比，创造良机。因为当时楚国还很强大，附属国尚多，楚强吴弱之形还很明显，不可轻率行事，冀侥幸以求胜是违反兵法精神的。于是吴国反复施用"疲楚误楚"的谋略，使楚国内外孤立，国力疲弊，上下离心，最终创造出了我国春秋史上空前的以少击破楚军之众、直取郢都的胜利。这虽然可以说是吴国君臣上下一心共同奋斗的结果，但孙武在其中起的作用是无法替代的，是他的大智大勇，是他无与伦比的卓越军事思想指导着吴军不断取得胜利。战国时期大军事家尉缭子在研究这段历史后曾赞叹道："有率三万之众而天下莫挡者谁？孙武也。"

在经过近20个春秋的辛苦经营南征北战之后，到吴王夫差二年（公元前494年），吴终于使南方的世仇越国屈服。那时，孙武不过四十多岁，正值年富力强。他与伍子胥是挚友。在击败越人的战役过程中，伍子胥固然应该是头功，但孙武也是献计出力，做了许多具体工作而功劳卓著的。

虽然"北威齐晋"的战略活动孙武并未直接参与，但他前期的奋斗经历，即谋划军事和训练军队，却为吴王夫差的"艾陵胜齐"和"黄池挫晋"奠定了基础。所以"北威齐晋"一事中也包含着孙武的一份功劳、几份智慧、几多心血。在年轻的时候，他尽其所能留下自己的智慧。人生如此，也就没有什么可遗憾的了。

可是孙武的理想肯定不仅仅是这些。如果条件允许，他一定会以更成熟的智慧，更大的热情，全身心投入吴国争霸的事业中。毕竟孙武只有五十多岁，精力未曾衰竭，才华依旧不减当年，而智慧更趋深沉。

遗憾的是，吴国当时的环境已不允许孙武追求更高的目标。由于战略思想上的分歧，更由于夫差的昏聩，孙武遭到了夫差的冷落和排斥，而孙武刚正不阿的性格，也无法让他改变个人的处事态度，以谄媚阿谀的方式去赢得君王的宠信。"古来圣贤皆寂寞"，这一历史现象此时此刻在孙武身上得到了明确无误的验证。

吴国一切都在走下坡路。

伍子胥的不幸惨死，最终使孙武的晚年生活发生了根本性的变化。

伍子胥之死实质上是夫差在战略谋划上一意孤行、刚愎自用、不容异说，在用人上疑忠信谗的必然结果。作为两朝员老、一代英才，伍子胥功勋卓著，在吴国享有极高的地位和威望。他的死，给吴国的臣吏们造成极大的震动，使得他们怵然自危，众口皆缄。这表明夫差已完全变成了一位暴君，也意味着吴国的前途从此将一片黑暗，不可能出现什么转机。

孙武敏感地看到了这一点。伍子胥的遭遇使他心寒，夫差的行径让他感到彻底失望。他了解自己的处境，也知晓吴国的将来，他不愿重蹈挚友伍子胥的覆辙，更不乐意为夫差这样的昏君殉葬。这时的孙武已不只是一个善于谋略的军事家，从几十年的人生经历和国臣生涯中，他已看透为君之道和天地的沧桑，他此时更像一位哲人，以他善于思索的心智领悟到：一切都是过眼云烟。这时对他来说，便只剩下了一种选择，这就是伺机而作，功成身退，飘然高隐，独善其身，找一个清静的地方，从事著述，思考人生以终余年。

我们完全可以推测，以孙武的明智，作出这样的选择是完全合情合理的，也是可以理解的。这对于中华文明的历史可能是一种损失，但对于孙武个人，又可能是一件好事。可是孙武飘然高隐，毕竟标志着他从此从历史舞台上告退，同伍子胥被夫差冤杀相似，这同样是一出沉重的历史悲剧！

孙武归隐后的去向，由于历史上没有明确记载，已成为一个永远难解之谜。一般人的推测有两种，其一是：他依旧留在吴国，隐居乡间修订其兵法著作，颐养天年直至默默去世，死后也葬于吴都郊外。《越绝书·记吴地传》里记载："巫门外大冢，吴王客，齐孙武冢也，去县十里。善为兵法。"这似乎可以引为一个证据，然而中国人善于演义历史，这终究是一种推测罢了。孙武的归宿或许是另外一种情况，即他因怀念家园故土而辗转并最终返回齐国隐居。从其后人孙膑后来"生于阿、鄄之间"等情况来看，这种可能性还是有的。

不仅如此，归隐后的孙武有可能活到眼见吴国灭亡的这一天，这是很让人痛心的。吴王夫差十四年（公元前482年），吴王夫差率领劲旅精兵，进抵黄池，与鲁、晋等诸侯国君会盟。在这次会盟上，夫差以强大的国力和军事力量为后盾，在各诸侯中争得霸主的地位。可惜好景不长，孙武、伍子胥等人所一直担忧的情况终于发生了：越国乘夫差和吴军主力北上，国内空虚之际，突袭吴国都，给吴国以致命的打击。从此之后，吴越战争的胜利总是倒向越国这一边，越军在勾践的带领下步步进逼，屡战屡胜。夫差见大势已去，便一蹶不振。到了吴王夫差二十三年（公元前473年），

越军占领吴国都城，夫差走投无路，自刎而死。一个曾经一度欣欣向荣的强国就此断送在夫差手里，最终彻底灭亡了。

一位千古卓绝的军事谋略家终生为之奋斗的吴国，在他离开国后不久就被越国所灭；孙武想要以吴国为基地，建立一个像殷、周那样的统一王朝的理想终成泡影，而且他自己晚年的结局可能也很不好。这不能说不是一个历史的悲剧。

如果归隐后的孙武较为长寿，而看到这样的局面发生，其心情必然是十分痛苦的，因为吴国毕竟是他曾经为之奋斗和施展自己才能的地方。这种打击，对一个垂暮的老人来说，必定相当沉重。很有可能的是，孙武痛惜吴国的灭亡，追恨自己壮志未酬，因而愁绪绵绵、心情郁闷，以至撒手人寰，赍志而殁时耿耿于怀。当然，孙武的心境也可能已超然世外，世间的一切已不能为之所动，这是最好的了。至于到底怎样，也只有让读者自己去猜测了。

最后，值得特别关注的一笔是，孙武在临终前的一段日子里，尽管思想苦恼，精神上备受煎熬，但依然没有放弃对军事战争规律的执着探索和理论总结，以求为后人们提供更为有益的启示。这在他的兵法著作中得到了明显的体现。《孙子兵法·作战篇》说："夫钝兵挫锐，屈力殚货，则诸侯乘其弊而起，虽有智者，不能善其后矣。"这显然是孙武对夫差放松对世仇越国的警惕，自己举兵北上，争当盟主，却导致越国乘虚而入，亡吴破军历史悲剧的深刻总结。

纵观孙武的一生可以看出：他善于思考，注重解决实际问题，这正是中国人的特点。孙武小小年纪就已经写出兵书，足可看出他的逻辑思维能力之强，辩证思想已在其心中形成。但从其一生看，孙武的政治智慧明显逊于伍子胥，这也是他们最终没有使吴国兴盛的一个原因。军事思想的基本准则是永恒的，这也是《孙子兵法》光耀宇宙的原因。

由孙武的一生可以看出，伟人的生命是有限的，伟人的精神却是不死的，它穿越时空永放光彩！

二、高山仰止

1. 兵家瑰宝

纵观兵圣孙武对人类文明的最大贡献，是他为后世留下了一部光辉不朽的兵学名著：《孙子兵法》。《孙子兵法》今存本约五千九百余字，共十三篇。它们分别是：计篇、作战篇、谋攻篇、形篇、势篇、虚实篇、军争篇、九变篇、行军篇、地形篇、九地篇、火攻篇、用间篇。

《孙子兵法》文义精粹，内容丰富，富于高超的智慧和哲理；是当时社会历史的产物，是对中国古代战争经验和理论的总结和升华。它对战争、战略和战术以及国家政治等问题，都有全面、系统、精辟的分析和论述。在战争与政治的问题上，孙子主张慎重对待战争，重视政治清明与否对战争胜负关系的影响，反对在战争问题上轻举妄动，穷兵黩武，提倡"安国全军之道"。要求国家应加强战备，做到有备无患。在战略上，孙子推崇"不战而屈人之兵"的全局战略。主张在战略谋划上做到胜敌一筹；在综合实力的对比上争取占有优势；在战争准备上做到周密细致，有备无患；在实行方式上重视"伐谋"与"伐交"的思想；在作战行动上强调速战速决，突然袭击。在具体作战指挥问题方面，孙子主张"任势"、"造势"、"知天知地"、"知彼知己"，要求做到"避实击虚"，奇正多变，出奇制胜，主动灵活地打击和消灭敌人，以最小的代价换取最大的胜利。在治军方面，孙子提倡"令之以文，齐之以武"的治军思想，主张审令明法，刑赏俱用，恩威并施，爱护将士，善待俘虏，重视培养军事官员。当然，由于时代和阶级的局限，《孙子兵法》也存在着某些糟粕和不足之处，但同其书丰富绝伦的精华相比，这不过是白璧微瑕而已，并不影响它的伟大价值。

研究分析的结果表明，《孙子兵法》十三篇是一个有机、完整的思想体系。它的每一篇既是一个独立的整体，篇与篇之间又相互保持相当密切的联系。前后十三篇，层层递进，逻辑严谨，首尾呼应，浑然成为一个整体。兵法中对战争的日常准备，战备计划的制定，战役程序的组织，战术手段的运用，以及行军、保障、各种地形、气候、季节条件下的作战方式及特殊战法都做了前后贯通、层次分明的阐述。其思想的整体性和思辩的深刻性在先秦时期思想家中是无人能比的。曾有学者这么评价："孙子兵法十三篇结构缜密，次序井然，因而不能增减一字，前后不能颠倒一篇"。在某种意义上说，这话不无道理。所以后世不少研究者曾根据《孙子兵法》的文义内涵，从思想逻辑上努力梳理过全书的思想脉络及其内在关系。如《孙子兵法史证》，其卷首《孙子篇目述义》就这样阐述十三篇的逻辑递进关系：

"第一篇是计篇，将之贤愚，敌之强弱，兵之众寡，地之远近，当先计及之，而后兵出境。故用兵之道，以计为首。第二篇是作战篇，计算已定，然后完车马，利器械，运粮草，约费用，以作战备，故次于'计'。第三篇是谋攻篇，计议战备已定，然后可以智谋攻，故次于'作战'……"

凡此种种，不一而足。应该说，这是正确理解《兵法》十三篇思想精髓及其价值的一条有效途径。

本书的前半部讲述了孙武平生的一些事迹。

而为了便于阐述孙武的军事思想及其地位，我们有必要在这里对他的《兵法》十三篇各篇的主要思想先进行一番简明扼要的介绍：

《孙子兵法》的首篇是《计篇》，在全书中具有统领全局的意义。它主要论述战争指挥者在战前如何筹划战争全局的问题。孙子从"兵者，国之大事"这一认识高度着眼，着重强调通过对敌我双方的"五事七计"。也就是客观条件的考察比较，以期对战争的结果趋势作出正确的预测，并据此制定我方的战略方针。同时，孙子主张在把握敌我双方政治、军事、经济以及天时、地利条件基础上，充分发挥战争指挥者的主观能动性和战争智慧。这就是在战争中遵循以"有利"为宗旨的"诡道十二法"原则，主张积极"造势"以确保己方在战争中立于优势地位。由此可见，第一篇在一定程度上可以视为孙子军事思想的原则和概述。

《作战篇》。本篇的主旨是讲如何结合实际情况进行战争的后勤准备工作。孙子认为，战争对人力、物力和财力有着巨大的依赖关系。这种依赖关系，在春秋时期生产力比较低下，战争方式比较原始的特定历史条件下，不可避免地决定了战争中"快速"的重要性和"久拖"的莫大危害。因此，孙子鲜明地主张：凡在战争准备的过程中，必须明确树立"兵贵胜，不贵久"的速战速决的指导方针。为了保证这一方针的实现，解决战争消耗与后勤补给的矛盾，孙子提出了"因粮于敌"的重要思想。同时孙子还主张通过厚赏士卒、善待敌俘等手段来发展壮大我方的实力，以达到"战胜敌人，自身日益强大"的目的。

《谋攻篇》。本篇主要论述如何运用谋略以夺取"全胜"的战略问题。"不战而屈人之兵"、"上兵伐谋"是孙子所孜孜以求的军事艺术的最高境界，也是兵法的中心思想。孙子认为用兵的最佳手段并非"百战百胜"，高明的战争指导者应该做到"屈人之兵而非战也"，从而实现战略上的最佳胜利。同时孙子也完全明白要做到这一点并不容易，因此他也立足于通过战场交锋来争取胜利。为此他提出了"五攻"、"十围"等一系列正确的战术运用方针。在本篇中，孙子还指出不懂军事的君王干预指挥军事活动的危害性，强调了"知胜"的五个基本条件，并在篇章的结尾揭示了"知彼知己，百战不殆"的著名军事思想。

《形篇》。本篇集中论述了如何依据敌我双方军事实力、物质条件的强弱，灵活采取攻守两种完全不同的战争形式，以达到在战争中消灭敌人、保全自己的目的。孙子主张在作战中努力确保自己立于不败之地，强调要寻求可乘之机，以绝对的优势，给敌人以致命的打击。为了在战争中确立自己的优势地位，孙子提出了一系列措施和方法：第一"修道而保法"，这是从政治上加以保证。第二，客观地对敌我双方的实力进行综合对比，

在此基础上预见战争的结果。第三，根据战场形势的具体内容，采取最佳的攻守策略。

《势篇》。本篇与前篇《形篇》互为呼应，可称为姐妹之篇。主要论述在强大的军事实力的基础上，发挥将帅的杰出指挥才能，积极创造和利用有利的作战态势，出奇不意地打击敌人。孙子认为所谓"势"就是兵势，就是根据一定的作战意图而部署运用军事力量所造成的一种客观作战态势。孙子认为，要造成有利的作战态势，关键在于指挥者能够根据战场具体情况的变化而灵活采取正确的战法。同时他还认为，在"任势"问题上，只有充分发挥人的创造力和智慧，"择人而任势"，才能收到最佳的效果。孙武强调"造势"、"任势"的主要方法是"示形"、"动敌"，即用谋略采取措施迷惑敌人，调动敌人，从而达到在用兵上出奇制胜的目的。

《虚实篇》。本篇集中论述了军事谋略中"虚"、"实"之间相互转化、相互对立这一具有对立统一性的问题。孙子强调要通过对"虚""实"关系的全面认识和把握，来取得军事的主动权，提出"致人而不致于人"。为此孙子总结出了"避实而击虚"这一著名的军事指导原则。具体地说，就是：一、"示形于敌"，欺骗和迷惑敌人，使其暴露弱点并错误地采取了行动，然后予以打击。二、以优势兵力果断消灭敌人，即所谓的"以十击一"，不要为了显示勇敢而与强敌硬拼。三、因敌变化而取胜，在作战过程中不呆板，不机械，根据敌情变化，随时调整己方部署，始终保持战略的优势与主动。四、了解战场天候，察知战场地理，并运用"策"、"作"、"角"、"形"等方法，全面掌控敌情。五、正确选择战略着眼点和主攻方向，做到触一发而动全身，"攻其所必救"，"出其所不趋"。

《军争篇》。本篇主要论述在一般的战争情况下夺取制胜条件的基本规律与方法。其主旨就是怎样趋利避害，力争掌握战场的优势主动权。孙子十分重视争取有利的作战地位，并从辩证思维的角度，论证了"军争"的有利面和不利面，主张要善于做到"以迂为直，以患为利"，充分利用自己的形势。孙子要求指挥者坚持运用"以诈立，以利动，以分合为变"的原则，以争取战争中的主动权，做到"悬权而动"。同时，孙子在本篇中还阐述了战争行为中统一号令的重要性，提出了"用兵八法"和"四治"原则等主张。

《九变篇》。本篇主要论述在战争中如何根据特殊的情况，灵活变换战术方法以赢得战争的胜利，此篇集中体现了孙子随机应变、灵活机动的战争军事思想。孙子认为战争指挥者应该根据五种不同的地理地势条件实施灵活的应变，并提出了以"五不"为内容的随机应变的指挥原则，要求指挥者必须做到辩证、全面地分析处理问题。从有利中看出危害，从危害中发现益处，从而避害趋利，防患于未然。孙子还深刻地指出有备无患的思想，并对将师队伍的培养给予高度的重视，提出了细致具体的要求。

《行军篇》。本篇主要论述军队在具体的地理条件下如何驻扎安营、行军作战以及怎样观察判断敌情等问题。孙子认为，作战指挥中的重要问题是"处军相敌"。在行军作战中，首先要将军队安顿处置好。而"处军"的重要思想，便是要善于利用有利的地形，避开不利的地势。为此，他列举了江河、山地、平原、沼泽等四种不同地形的处军方法。在"处军"的前提下，孙子在篇中强调"相敌"的重要性，即主张正确分析判断敌情，充分了解敌情。孙武从实战经验中概括出三十余种侦察判断敌情的方法。其特点是分析透彻，透过现象看本质，这体现了孙子军事思想的朴素辩证色彩。在本篇中，孙子还提出了"兵非益多"的大胆军事主张，并简要论述了"令之以文，齐之以武"的治军原则。

《地形篇》。本篇主要论述了利用地势的重要性以及军队在各种地势条件下进行作战的根本方法。这一部分作为我国最早的军事地形学的精辟论著，显得弥足珍贵。孙子分析了军队在作战中可能遇到的六种地形，并据此提出了因地制宜的用兵方法。他十分强调统师研究、利用地形的重要性，指出"料敌制胜，计险厄远近，上将之道也"的思想。篇中孙子还论述了由于将帅指挥失当而导致作战失败的六种情况，也就是"六败"，并细致剖析了"六败"的原因。他对将帅提出了严格的修为道德要求："进不求名，退不避罪，唯人是保。"阐述了官兵关系的准则，提倡在治军上做到"爱"与"严"、奖与罚相结合，这在古代的社会阶级条件下是十分

难能可贵的。

《九地篇》。本篇是论述军队在九种不同战略形势下进行作战的指导原则，特别强调切合实际的战略战术要根据在不同作战地区官兵所产生的不同心理状态来制定，以确保战争的完胜。孙子从战略态势上，概括了九种不同作战地区的特点，指出它们对官兵心理状态所产生的各种影响，进而提出灵活的应变措施，以充分提高军队的战斗力。孙子比较提倡深入敌国进行作战，认为这样做能使士兵听从指挥、无所畏惧、努力作战以及保证军粮供给等多种优点。最后，孙子在篇中进一步阐述了贯穿其整个军事思想体系中的一些作战原则，如避实击虚，争取主动，集中兵力，迅速行动等，并把它们同地理条件的特点结合起来进行了探讨。

《火攻篇》。本篇是有关上古至春秋这段历史时期火攻经验的总结性探讨。主要论述火攻的条件、种类、实施方法以及火燃后的应变措施等问题。孙子认为以火攻敌，是提高军队战斗效率，夺取战争胜利的重要作战形式。他把火攻归纳为五大类，认为火攻必须具备一定的物质条件和气象条件，并主张兵攻与火攻相结合，明确提出应利用火攻所引起的战场形势变化，及时指挥军队发起攻击，以扩大战果。本篇中又一个重要内容，是孙子提出了"慎战"思想。他认为战争的进行必须以于我的利益大小或有无为前提："合于利而动，不合于利而止"，认为这才是真正的"安国全军之道"和治国兴邦的策略。

《用间篇》。这最后一篇主要论述在战争中如何使用间谍，以及获取情报的重要性和间谍的特点、种类、使用的方式。孙子认为，战争指挥者必须做到"知彼知己"，认为要"知彼"，一个重要的手段就是使用间谍。孙子指出同战争的巨大消耗相比，用间谍实在是收效多而代价小的好办法，必须积极鼓励运用。孙子充分论证了使用间谍的方法和原则。他把间谍划分为因、内、反、死、生五大类，指出"五间"的不同功用和特点，主张"五间并用"而以"反间"为主，并提出了"三军之事，莫亲于间，赏莫厚于间，事莫密于间"的用间三原则。同时，孙子还指出了用间的客观条件，把它们看作是充分发挥"用间"威力的前提条件。

以上就是孙武《兵法》十三篇的主要内容。

然而除上述内容以外，孙武应该还有其他的著作问世。其中《汉书·艺文志·兵书略》"兵权谋家"类中，曾著录有《吴孙子兵法》八十二篇。其内容既包括《孙子兵法》十三篇，还收有孙子另外一些军事理论之作。可惜的是，孙武这些次要的著作，随着时光的流逝，大多已失传了。只有个别佚文章节散见于《通典》、《北堂书钞》、《太平御览》、《文选》注、《潜夫论》、《周礼》郑玄注、《孙子》何氏注等古代典籍之中。而且其中又有不少系后人根据孙子的基本军事思想演绎而成，如《通典》等书所载的孙子与吴王阖闾的问答之辞就属于这种情况。应该说，这是中国军事文化乃至世界军事文化史上一个不小的损失。

但是我们应该相信，《孙子兵法》十三篇已经概括了孙武军事学理论的精髓。

2. 兵法利世

《孙子兵法》对后世的深远影响，不仅体现在军事理论的领域内，而且也充分表现在众多历史战争实践中。中国古代历史上创造的众多以少胜多、以弱胜强的光辉战例，如齐魏桂陵之战、韩信背水阵破赵之战、马陵之战、吴蜀猇亭之战、努尔哈赤对明军的萨尔浒之战等等，都是人们活用或暗用《孙子兵法》的结果。唐代杜牧在其《注孙子序》中说："孙武所著十三篇，自武死后几千载，将兵者，有成者，有败者。勘其事迹，皆与武所著书一相抵当，犹印圈模刻，一无差跌。"这种说法虽不免有些绝对，但古往今来在中华大地上为将者都把孙武视为兵学鼻祖，其《孙子兵法》则被视为"兵经"，这的的确确是事实。战争无论胜负，我们大都可以从《孙子兵法》中找到胜败的原因。

孙武的兵学思想对后世影响颇深，现在我们就举几个中国古代战争史中的例子，来说明这一情况。

（一）兵者诡道——孙膑庞涓斗智

在孙武所在的春秋时代之后的战国时代里，华夏大地上依旧是诸侯争霸的局面，有的国家兴起了，有的国家衰落了，但斗争仍然激烈，战火依

旧在蔓延。这时，魏国逐渐兴旺。

它的国君魏惠王想学秦孝公的样，要找一个商鞅式的人才，替他来出谋划策，管理国家。他花了好些精力与金钱招徕天下豪杰。这时有个叫庞涓的魏国人来求见，向魏惠王讲了好些富国强兵的道理。魏惠王听了很满意，就拜庞涓为大将军，管理魏国的军队。

庞涓果然有些本领。他天天操练兵马，然后先从附近几个小国下手，一连打了几场胜仗，甚至后来连齐国这样的大国也被他打败了。打那时候起，魏惠王更加信任庞涓，给了他更多的军队。

庞涓自以为是了不起的能人。可是他心里知道，齐国人孙膑军事本领比他要强。历史上传说孙膑是吴国大将"兵圣"孙武的后代，他知道祖传的《孙子兵法》，领会深刻，已经成了一代将才。

这时魏惠王也听到孙膑的名声，就跟庞涓说起孙膑。庞涓不久就派人把孙膑请来，并跟他一起在魏国共事。哪知庞涓存心不良，对孙膑心怀嫉妒，背后在魏惠王面前诬陷孙膑私通齐国。魏惠王一听十分恼怒，把孙膑办了罪，在孙膑的脸上刺了字，还用刑剜掉了他的两块膝盖骨，使他成了残废之人。

幸好这时齐国有一个使臣到魏国访问，听了孙膑的事，就偷偷地把孙膑救了出来，带回齐国。

这之后，齐国大将田忌听说孙膑是个不可多得的人才，把他推荐给了齐威王。齐威王这时也正在改革图强，兴国强兵。他跟孙膑谈论政治兵法后，对其大为赏识，只恨没早点见面，马上待之为上宾。

齐威王三年（公元前354年），魏惠王派庞涓进攻赵国，带兵包围了赵国的国都邯郸，赵国陷于危难之中。第二年，赵国只得向齐威王求救。齐威王知道孙膑的才能，想拜他为大将，孙膑忙推辞说："这样不妥，我是个受过刑的残废人，当了大将，会被人笑话，对齐国也不好，大王还是请拜田忌为大将吧。"

齐威王就拜孙膑为军师，田忌为大将，发兵去救赵国。孙膑坐在一辆有篷帐的车子里，虽然不能行动，但却可以帮助田忌出主意。

在去赵国的路上，孙膑对田忌说："现在魏国把精锐的兵力都拿去攻赵国，国内大多是些老弱的残兵，十分空虚。咱们不如直接去攻魏国的大梁。庞涓得到了消息，一定会放弃邯郸，回头来救大梁，这时我们在中途等着，迎头痛击他一顿，准能把他打败，这样比直接去救赵国要好。"

田忌听从了孙膑的建议。庞涓的军队这时已经攻下邯郸，忽然听说齐国发兵打大梁去了，便立刻吩咐退兵。刚退到桂陵那个地方，正碰上田忌的齐国兵马，双方立即兵戈相见，最终庞涓大败而归。

齐国大军就这样得胜而归，邯郸之围也解除了。庞涓知道了田忌和孙膑的厉害，不敢妄动了。

十几年过去了，到了齐威王十六年（公元前341年），魏国又派兵攻打韩国，韩国这回也向齐国求救。当时，齐威王已经死了。他的儿子齐宣王再次派田忌、孙膑带兵救韩国。孙膑又使出他的老办法，不去救韩，而是直接去攻庞涓的老家魏国。

庞涓得到本国的告急后，只好退兵赶回去，然而这时齐国的兵马已经进入魏国了。

魏国派出大量兵力，抵抗齐军，由太子申率领。这时候，齐军却又撤退了。庞涓察看齐军扎过营的地方，发现齐军的营盘占了很大的面积。他叫人数了数齐军做饭的炉灶，发现足够十万人吃饭用的。庞涓被惊得说不出话来。

第二天，庞涓带领大军赶到第二回齐国军队扎营的地方，又数了数炉灶，结果发现只能够供五万人用的了。

第三天，他们追到第三回齐国军队扎营的地方，仔细数了数炉灶，只剩下两万人用的了。庞涓这才放了心，笑着说："我早知道齐军都是胆小鬼。十万大军到了魏国，刚满三天工夫，就逃走了一大半。"他吩咐魏军夜以继日地按着齐国军队"逃跑"的路线追上去。

最后一直追到马陵，这时正是天将傍晚的时候。马陵道很是狭窄，而且路旁边都是障碍物。庞涓此时只想尽快赶上齐国的军队，恨不得插上翅膀，就命令大军摸黑往前追去。忽然前面的兵士回来向庞涓报告说："前

面的路给木头堵住啦，无法通行！"

庞涓上前一看，果然见道旁的树全被砍倒了，只留下一棵最大的还傲然挺立，仔细一看，那棵树树干的一面还刮去了树皮，露出一块白色的内皮来，上面模模糊糊还写着几个大字，因为天色昏暗，庞涓看不清楚。

庞涓叫兵士取火把来。有几个兵士点起火把。用火光一照，那白色的树干上面写着："庞涓死于此地。"

庞涓大吃一惊，知道自己中了计，连忙命令将士撤退，但是已经晚了。四周不知道有多少箭矢，雨点似的向魏军射来，一时间，马陵道两旁杀声震天，到处是孙膑带领的齐国兵士。

原来这是孙膑设下的计策，他故意让军队天天减少炉灶的数目，引诱庞涓上当追上来。他算准庞涓带领的魏兵在这个时辰会到达马陵，预先就埋伏了一批弓箭手，盼咐他们只要看见树下有火光，就一齐放箭。庞涓走投无路，见大势已去，一想到当年对孙膑做的事，只得拔剑自杀了。

田忌带领的齐军乘胜大破魏军，把魏国的太子申也俘虏了。

打这以后，孙膑的名气传遍了各诸侯国。他写的《孙膑兵法》也与孙武的《兵法十三篇》一样一直流传到现在。这也是孙氏家族的又一次骄傲。

(二)"善战人之势"——淝水乘胜

在中国历史上，东晋及十六国是一个大分裂时代，当时东晋以谢安为相，与我国北方各民族的政权之间展开了连绵的战争，其中的"淝水之战"是东晋在中原大败前秦的一次重要战役。当时谢安派出的将领胡彬，率领水军沿着淮河向寿阳进发。在路上，他得知前秦的前锋苻融已经攻破了寿阳。胡彬只好中途退到硖石，扎下营来，等待谢石、谢玄的大军到此与之会合。

苻融占领寿阳以后，又派部将梁成率领五万人马进攻洛涧，截断了胡彬水军的退路。晋军被围困起来，军粮每一天都在减少下去，情况很是危急。

这时胡彬派出士兵偷偷越过封锁送信给谢石告急，说："现在敌人来势很猛，把我团团围住，我军粮食快完，恐怕不能跟大军会合了。"

没想到送信的晋兵偷越秦军阵地的时候，被秦军捉住。这封告急信落在苻融手里，苻融立刻派快马到项城把情况告诉了苻坚。

苻坚一连得到秦军前锋的好消息，更加骄傲自大起来。他把大军留在项城，亲自率领八千名骑兵马不停蹄地赶到寿阳，恨不得一口气把晋军全部消灭掉。

他来到寿阳，跟苻融一研究，认为晋军已经大势已去，不堪一击，就派了一个使者到晋军大营去劝降。

那个劝降的使者不是别人，而正是几年前在襄阳誓死抵抗过秦军，最后被俘虏的朱序。

朱序被俘以后，虽然被苻坚收用，在秦国任尚书之职，但是心里还向往着晋国。他到晋营见了谢石、谢玄，像见了故乡的亲人一样高兴，根本没按照苻坚的嘱咐劝降晋军，反而把秦军的情报提供给了谢石。他说："这次苻坚发动了百万人马之众进攻晋国，如果全部兵力集中到一起，晋军无论如何也没法抵挡。现在趁他们人马还没集中整顿的时候，你们应该先下手，击溃他们的前锋，先挫伤他们的士气，然后就可以击溃秦军了。"

朱序走了以后，谢石考虑再三，认为寿阳的秦军兵力很强，自己没有把握打胜，暂时还是坚守为好。而谢安的儿子谢琰劝说谢石听朱序的话，尽快出击。

谢石、谢玄经过一番研究，决定派北府兵的名将刘牢之率领精兵五千人，先对洛涧的秦军发起突然袭击。这支北府兵果然名不虚传，个个勇猛非凡，他们强渡洛涧，像插了翅的猛虎一样。守在洛涧的秦军，不是这支神军的对手，勉强抵挡一阵，马上就败了下来，秦将梁成在战斗中被晋军杀了。秦兵争先恐后渡过淮河逃走，在水里淹死了很多人。

洛涧大捷，极大地鼓舞了晋军的士气。谢石、谢玄一面命令刘牢之继续援救硖石的胡彬，一面亲自统领大军，乘胜前进，直到淝水东岸，他们把军队驻扎在八公山边，和驻扎寿阳的秦军隔岸对峙。

派出朱序劝降以后，符坚正在扬扬得意，等待着晋军投降的好消息，突然听到洛涧被晋军击破，像头上挨了一记闷棍，符坚有点沉不住气了。他要符融和他一起到寿阳城楼上去看看淝水东岸的形势。

符坚在城楼上眺望过去，只见对岸晋军一座座的营帐排列得整整齐齐，井然有序，手持兵器的晋兵巡逻来往，阵容威严整齐。再往远处看，对面八公山上，隐隐约约不知道有多少晋国的士兵。其实，八公山上并无晋兵，不过是符坚精神紧张心虚眼花，把八公山上的草木都看作是晋兵了，这也是成语"草木皆兵"的来历。

符坚的确有点害怕了，他转过头对符融说："这根本就是强大的敌人啊！怎么说他们不堪一击呢？"

从那时起，符坚命令秦兵严密防守，不能有半点懈怠，晋军因此没能渡过淝水，谢石、谢玄很是着急。如果再僵持下去，只怕各路秦军兵合一处，对晋军不利。

谢玄这时派人给符坚送去一封信，信中说："你们带领军队侵入晋国的阵地，如今又在淝水边摆下阵势，按兵不动，这难道是大丈夫所为吗？如果你们能把阵地往后撤一点，腾出一块地方，以便开战，我军渡过淝水，双方就在这块战场上拼个你死我活，这才算真英雄呢！"

符坚想到，要是不答应后撤，不是等于承认我们害怕晋军吗？他马上召集秦军将领，说："晋军要我们让出一块阵地以用作决战，我们就撤吧。等他们正在渡河的时候，我们派骑兵冲上去，一定能把他们消灭。"他这么一讲，大家也就同意了。

谢石、谢玄得到符坚答应后撤的消息后，迅速整顿好人马，准备强行渡河进攻。

约定渡河的时刻终于到来了，这边的符坚一声令下，符融就指挥秦军后撤。他们本来的意图是想撤出一个阵地后再回过头来总攻。没想到许多秦兵一半由于害怕晋军，一半由于厌恶战争，一听到后撤的命令，丢下兵器撒腿就跑，再也不想停下来了。

此时谢玄率领八千多骑兵，以迅雷不及掩耳之势飞快渡过淝水，向秦军猛扑过来。

这时候，本是晋国人的朱序在秦军阵后大叫起来："晋军来了！秦兵败了！"后面的秦国兵士本来就不知道前面的情况，现在看到前面的秦军狼狈不堪地往后奔跑，也转过身跟着边叫嚷，边逃跑。

苻融气急败坏地挥舞着宝剑，想压住阵脚，控制住军队。但秦兵像潮水一样往后涌来，哪里控制得住。一群乱兵冲来，把苻融的战马也冲倒了。

苻融挣扎着想爬起来，没想到晋兵已经从后面飞速赶上来，把他一刀给杀了。主将一死，秦兵更是兵败如山倒，像脱了缰绳的惊马一样，四处乱奔，再也无法收拾。

阵后的苻坚看到大势已去，慌忙之中骑上一匹马拼命逃走。没想到一支流箭飞来，正好射中他的肩膀。苻坚此时为了保命，顾不得疼痛，继续催马狂奔，一直逃到淮河以北才松了口气。

秦兵没命地溃逃，晋军此时乘胜追击，秦兵被踩死的、挤倒的兵士，满山遍野都是。那些侥幸逃脱的兵士，一路上听到风声和空中的鹤鸣声，也当作是东晋追兵的喊杀声，吓得魂不附体，不敢停下来。

就这样，谢石、谢玄收复了寿阳，大破前秦重兵，之后派飞马往建康送捷报去了。

这一天，谢安正在家里跟一个客人下棋。他看完了谢石送来的捷报，心里很高兴，但仍不露声色，而是随手把捷报放在床上，照样跟客人下棋。

这位客人知道是前方送来的战报，看见谢安镇定的样子，忍不住问谢安说："前方战事情况怎么样了？"

谢安这才慢吞吞地说："孩子们到底把前秦的人打败了。"

客人听了，高兴得再也不想下棋，他想赶快把这个好消息告诉别人，就告别走了。

谢安送走客人，回到内宅里，他兴奋的心情再也按捺不住，便手舞足蹈起来，跨过门槛的时候，不小心把脚上木屐的齿也碰断了。

经过这场淝水大战，原本强大的前秦大伤元气。苻坚逃到洛阳后，收拾残兵败将，结果百万之众只剩下十几万了。鲜卑族的慕容垂和羌族的姚苌在这种情况下终于背叛了前秦，各自建立了新的国家后燕和后秦，苻坚本人也被姚苌杀了。

中国历史从东晋开始了一个大分裂时期，矛盾更加激烈，战事也更加频繁，但后来所有的军事战争谋略都或多或少地受到孙武《兵法》十三篇的影响。

（三）因粮于敌——官渡得胜

东汉末年，天下大乱，群雄割据，战争更加诡变复杂，产生了众多精彩的战争实例，官渡大战就是其中之一。袁绍觉得曹操是个强大的敌人，于是他决心进攻许都。原来劝他攻打许都的田丰，这时候却不赞成马上进攻。他说："现在许都已不比从前，不是空虚的了，怎么还能去攻击呢？曹操兵马虽然不多，但是他善于用兵，诡计多端，可不能小看他。我看还是暂时放弃，作长期的打算吧。"

袁绍此时听不进田丰的话，田丰一再劝谏，袁绍反认为他扰乱军心，一生气把他下了监狱，袁绍向各州郡发出文书，声讨曹操。

汉献帝建安五年（公元 200 年），袁绍集中了十万精锐的部队，派沮授为监军，从邺城出发进兵黎阳。他先派大将颜良渡过黄河，进攻白马。

这时候，曹操早已率领人马回到官渡，听到白马被围，很是着急，曹操准备亲自去救。他的谋士荀攸劝他说："我们人少，敌人兵多，不能跟他硬拼。不如先让一部分人马往西在延津一带假装渡河，吸引袁绍的主力到西边。我们就派一支轻骑兵到白马解围，打他个措手不及，方可成功。"

曹操是个知人善任、听得进别人意见的人，他采纳了荀攸的意见，来个声东击西。这一招果然奏效，袁绍听说曹操的军队要在延津渡河，便派大军来堵截。哪里知道此时曹操已经亲自带领一支轻骑兵去袭击白马了。包围白马的袁军首领大将颜良没防备，混乱之中被曹军杀得大败。颜良被杀，白马之围也解除了。

袁绍听得曹操救了白马，知道自己上了当，气得直跺脚。监军沮授劝袁绍分一部分兵力出击，把主力留在延津南面。但是袁绍报仇心切，失去了理智，他不听沮授劝告，下令全军渡河追击曹军，并且派大将文丑率领五六千骑兵打先锋。这时候，曹操从白马向官渡撤退。听说袁绍的大军追来，就命令六百名骑兵埋伏在延津南坡，叫兵士解下部分马鞍，让马自由在山坡下溜达，同时把盔甲武器胡乱地丢得满地都是。

文丑的骑兵很快赶到延津，看见这情形，认为曹军已经在慌乱中逃远了，便让士兵休息，同时叫兵士收拾那丢在地上的武器。曹操看准时机一声令下，六百名伏兵同时冲杀出来。袁军还没有做好准备，来不及抵抗，已被杀得七零八落。文丑也在战斗中糊里糊涂地丢了脑袋。

两场仗打下来的结果，袁军将士被打得垂头丧气，袁绍一连损失了他手下的颜良、文丑两员大将。但是袁绍仍执迷不悟，他下令一定要追击曹操。监军沮授说："我们人虽然多，可不如曹军那么勇猛；曹军虽然勇猛，我们的粮食比他们的多，所以我们应该还是坚守在这里，等曹军粮草用尽，他们自然会退兵。"

袁绍为人浮躁，他不听沮授劝告，命令将士继续追击，一直赶到官渡，才扎下营寨。曹操的人马此时早已回到官渡，坚守营垒，布置好阵势。

袁绍看到曹军守住营垒，急于求成的他吩咐兵士在曹营外面堆起一座小土山，又在上面筑起高台，让士兵们在高台上居高临下向曹营内射箭。曹军在营垒之中只得用盾牌遮住身子，在军营里走动，很是不方便。

曹操认为不能这样被动挨打，他跟谋士们一商量，很快就设计建造了一种霹雳车。这种车上安装了投射装置，兵士们启动机器就能把十几斤重的石头发射出去，这一方法结果奏效，霹雳车打坍了袁军的高台，台上的兵士被打死了，还有些被打得头破血流。

袁绍又想出一个办法。他叫兵士在深夜里从城外偷偷地向曹营挖地道，打算让士兵从地道里钻到曹营去偷袭。但是他们的行动早被曹军发现。曹操命令兵士在兵营前挖了一条又深又长的壕沟，这样就可以切断地

道的出口。袁绍的偷袭计划再一次失败了。

就这样，袁绍与曹操两军在官渡对峙了一个多月。时间一长，曹军粮食渐渐不够用了，将士十分疲劳。曹操也有点支持不住，写信回许都告诉谋士荀彧，言称准备退兵。荀彧回信告诉曹操在此情况下无论如何要坚持下去。

与曹操的情况相反，袁绍方面的军粮却源源不断地从邺城运来。袁绍派大将淳于琼带领一万士兵运送军粮，并把绝大多数军粮囤积在离开官渡四十里的乌巢。

袁绍的谋士许攸探听到曹操缺粮的情况，向袁绍献计，劝袁绍派出一小支军队，绕过官渡，直接去偷袭许都。袁绍自命不凡地说："不行，我要在这里先打败曹操。"

许攸还想进一步劝他，正好此时有人从邺城送来一封信给袁绍，说许攸家里的人在邺城犯法，当地官员已经把他们逮了起来。袁绍看了信，气不打一处来，把许攸狠狠地责骂了一通。

许攸是有才能的人，这时又气又恨，想起曹操也是他的老朋友，而且礼贤下士，待人忠厚，就连夜逃出袁绍的兵营，投奔曹操去了。

这时曹操在大营里刚脱下靴子想睡觉，得到通报说许攸来投奔他，高兴得光着脚板，来不及穿靴子，跑出来迎接许攸，并对许攸说："好啊！您来了，我的大业就有希望了。"

两个人寒暄了一番，许攸坐下来后说："袁绍兵强马壮，来势很猛，现在你们的粮食还可以维持多长时间？您打算怎么对付他？"

曹操说："粮草还可以维持一年。"

许攸冷冷一笑，说："恐怕没有那么多吧！"

曹操立即改口说："对，只能支持半年。"

许攸知道曹操的想法，就装出生气的样子说："为什么在老朋友面前还说假话呢！你难道不想打败袁绍吗？"

曹操知道许攸谋略过人，只好实说："军营里的粮食，其实仅能维持一个月，您看现在我该怎么办？"

许攸这才献计说："我知道您现在的情况很危急，特地来给您送个情报。袁绍把一万多车粮食、军械现在全都放在乌巢。守将淳于琼的人马不多，防备很松，您只要率领一支轻骑兵去袭击乌巢，把袁绍的粮草全部烧光，用不了几天，袁军就会不战自败。"

曹操得到这个重要情报，立刻把谋士曹洪、荀攸召来，嘱咐他们守好官渡大营，自己则亲自带领五千骑兵，连夜向乌巢火速进发。他们行进时打着袁军的旗号，沿路遇到袁军的岗哨卫兵查问，曹操就说是袁绍派他们去增援乌巢的。袁军的岗哨觉得有理，便没有怀疑，就把他们放过去了。

曹军赶到了乌巢，马上围住乌巢的粮仓，放了一把火，把一万车袁绍的粮食烧得个一干二净。乌巢的守将淳于琼人单力薄，又是匆忙应战，根本战不过曹军，结果也被曹军杀了。

正在官渡的袁绍士兵听说乌巢起火，守将被杀，吓得惊慌失措。袁绍手下的两员大将张郃、高览看到袁绍昏庸无能，待人苛刻，便带兵向曹操投降了。曹军乘势猛攻，败局已定的袁军四下逃散。袁绍和他的儿子袁谭，连盔甲都没来得及穿戴，便带着仅存的八百多骑兵向北逃走了。

经过官渡大决战，袁绍的主力已经被消灭。两年后，袁绍病死。曹操又花了七年时间，扫平了袁绍的残余势力，最终统一了北方。

（四）以火佐攻——陆逊烧连营

在汉延康元年（公元220年），东汉王朝终于灭亡，三国时代来到了。曹丕称帝的消息传到蜀汉，一时纷纷传说，汉献帝已经被曹丕杀了。汉中王刘备还真的为献帝举行了丧礼。蜀汉的大臣们认为既然汉献帝已经死去，刘备原本就是汉家皇室后代，理应接替皇位，自立为天子。蜀昭烈帝刘备章武元年（公元221年），汉中王刘备正式在成都即皇位，就是汉昭烈帝。因为他统治的地区在蜀，历史上称为蜀或者蜀汉。

当时刘备对东吴占领荆州、关羽败走麦城被杀这件事，一直耿耿于怀，非常痛心。他即位之后，所做的第一件要紧事就是进攻东吴，为兄弟

关羽报仇雪恨。

这时大将赵云对刘备说，篡夺汉朝皇位的是曹丕，而不是孙权。如果能首先灭掉曹魏，东吴自然就会屈服，不该去打东吴而放了曹魏。

别的大臣也一再劝谏，但是刘备一意孤行，说什么也听不进去。他让诸葛亮辅佐太子刘禅留在成都，自己亲自率领大军去征伐东吴。

刘备一面准备兵马，一面通知张飞到江州和他会师。可是还没有等刘备出兵，张飞的部将发动了叛变，杀了张飞投奔东吴去了。刘备一连丧失两员猛将，力量大大削弱，官兵气势也很低落，但他急于为两个兄弟报仇，已经无法冷静地思考问题了。

蜀兵进犯的警报传到了东吴，孙权听说刘备这次出兵人马众多，不遗余力，也有些害怕，他马上派人向刘备求和，但是遭到刘备的断然拒绝。

没用多长时间，蜀汉人马已经攻下巫县，并且一路一直打到秭归。孙权明白讲和已经没有希望，就派陆逊为大都督，带领五万人马去抵抗蜀汉的军队。

刘备出兵只用了几个月的时间，就攻占了东吴五六百里地的土地。他从秭归出发，大举向东进军。随军大将黄权拦住刘备说："东吴士兵打仗向来很勇猛，千万别轻视他们。我们水军顺长江而下，前进容易，要退兵可就难了。不如让我当先锋，在前面开路，观察敌人的动静，陛下在后面接应。这样比较安全。"

刘备心急火燎，根本听不进黄权的话。他命令黄权守住江北，以防曹丕的魏兵；自己亲率主力沿着长江南岸，翻山越岭历尽艰辛一直进军到了猇亭。

东吴将士看到蜀军步步紧逼，得寸进尺，都摩拳擦掌，士气高昂，想和蜀军在此决一死战。可是深谋远虑的大都督陆逊却不同意。

陆逊对属下说："这次刘备带领大军来犯我东吴，是为了给两兄弟报仇，所以士气旺盛，战斗力很强。再说他们身处上游，占领有利的险要地方，我们不容易攻破他。要是跟他们硬拼，如果失利，丢了人马，那可是关系到我国生死存亡的大事。我们还是细心观察，考虑战略，积蓄力量，等日子久了，他们疲劳了，丧失了战斗力，我们再找机会出击。"

陆逊手下的将军，有的还是孙策时期手下的老将，有的是孙氏家族的贵族，对孙权派年轻的书生陆逊做三军的总指挥，本来已经大为不满。现在听到陆逊不同意他们的意见出战，认为陆逊胆小不敢出战，在背地里愤愤不平，很不满意。

蜀军这时从巫县到夷陵沿路设下了几十个大营，又用树木围成栅栏，把大营连成一片，前前后后一共长达七百余里。刘备想这样好比布下天罗地网，只等东吴人来攻，就能把他们消灭，取得胜利了。

但是陆逊很有耐心，一直按兵不动。从这一年一月到六月，双方就这样相持了半年。

刘备实在是等得急了，派将军吴班带了几千士兵从山上下来，在平地上扎营，这是向吴兵发出挑战的信号。东吴的将军士兵，耐不住性子，要求陆逊马上出击。

陆逊胸有成竹地笑笑说："我观察过地形。蜀兵在平地里驻扎的兵士是很少，我们可以击败他，可是周围山谷一定有伏兵。他们每天大声嚷嚷引我们出击，我们决不能上他们的当。"

东吴的将士们还是不相信。几天之后，刘备看见东吴兵没有上当不肯出兵，知道陆逊识破他的计策，就把原来埋伏在山谷中的八千蜀军陆续撤了出来。东吴将士这才知道陆逊说的有理。

一天，陆逊突然召集全体将士们，宣布要向蜀军全面进攻。将士们说："要打刘备，为什么不早动手？现在让他进来了五六百里地，途中主要的要道关口，都让他们占了。我们现在打过去，恐怕不会有好处。"

陆逊不慌不忙地向他们解释说："刘备刚进军的时候，士气旺盛，我们是不能轻易取胜的。现在，他们在这儿已经困了半年之久，一直占不到便宜，将士们已经很疲劳了。士气也低落了，现在是我们打胜仗的时候了。"

陆逊首先派了一小部分兵力先去进攻蜀军的一个营，他们一靠近蜀营的木栅栏，蜀兵就从左右两旁冲了出来；接着，附近几个连营里的兵士也出来增援。东吴兵人少抵挡不住，马上后退，但已损失了一些人马。

东吴将军们抱怨陆逊，陆逊说："这次战斗是我试探一下蜀军的虚实。现在我已经有破蜀连营的办法了。"

当天晚上，陆逊命令全体将士每人各带火种和一束茅草，预先埋伏在南岸的森林里，只等三更时候，就直奔江边蜀军所在之地，火烧刘备的连营。

到了三更，四员大将率领几万东吴兵士，冲到蜀营边上，用茅草点起火把，引燃了蜀营的木栅栏。那天晚上，南风刮得很大，蜀军的营寨都是连在一起的，点着了一个营，火势很快就会蔓延到附近的另一个营。很快吴军就攻破了刘备的四十多个大营。

等到刘备发现营寨火起，已经无法抵抗吴军强大的攻势了，在蜀兵将士奋力的保护下，刘备总算保得了一条命冲出了火网，逃上了马鞍山。

陆逊命令各路吴军，围住马鞍山发起猛攻，守在马鞍山上的上万名蜀军抵挡不住，一下子全部溃散了，死伤者不计其数。刘备带着残兵败将，一直战斗到夜里，才勉强突围逃走。吴军发现后，紧紧在后面追杀。还亏得沿途设下的兵站，把丢下的辎重、盔甲堵塞在沿途的山口要道上，阻挡住了东吴相当数量的追兵，刘备最后逃到了白帝城。

这一场大战，使强大的蜀军几乎全军覆没，器械、船只和军用物资，因为带不走全部被吴军缴获。历史上把这场吴蜀之间重要的战争称作"猇亭之战"，也叫"夷陵之战"。

（五）地形兵之助，不可不察——马谡失守街亭

诸葛亮在蜀中经过两年准备，于蜀建兴五年（公元 227 年）冬天，带领大军驻守汉中。因为汉中在地理位置上接近蜀、魏的边界，在那里可以随时把握战机进攻魏国。

离开成都的时候，诸葛亮给后主刘禅上了一道奏章，其主要内容是要后主不要满足现状，妄自尊大；要疏远小人，亲近贤臣；并且表示他决心

担负起兴复汉朝的愿望。这道奏章就是历史上有名的《出师表》。

过了年，诸葛亮采用声东击西的策略，先放出风去说，要攻打郿城，并且派大将赵云带领一支军队进驻箕谷，俨然一副要攻打郿城的样子。魏军得到情报，果然调主要兵力去守郿城。诸葛亮趁魏军不防备的机会，亲自率领大军，快速从西路扑向祁山。

蜀军经过诸葛亮几年严格训练，阵容整齐，号令严明，士气十分旺盛。自从刘备死后，蜀汉多年没有动过干戈，这次蜀军突然进攻祁山，守在祁山的魏军毫无防备，抵挡不了诸葛亮的大军，纷纷败退。蜀军乘胜进军，祁山北面南安、天水、安定三个郡的守将都派人向诸葛亮求降，背叛了魏国。

当时，魏文帝曹丕已经病死。魏国朝廷文武官员听到诸葛亮带兵大举进攻，不免有些惊慌失措。可是刚即位的魏明帝曹叡比较镇静，他立刻派大将张郃带领五万兵马赶到祁山去抵抗蜀军，还亲自到长安去督军。

诸葛亮到了祁山，决定派出一支人马去占领街亭，并以此作为据点。让谁去完成这个任务呢？诸葛亮看中了参军马谡。当时他身边还有几个身经百战的老将，他都没有用。

马谡这个人平时很喜欢谈论军事，也确实读了不少兵书。诸葛亮找他商量起军事上的事来，他就口若悬河谈个没完，也出过一些好主意。因此诸葛亮还比较信任他。但奇怪的是刘备在世的时候，就看出马谡为人浮躁不大踏实。他在生前特地叮嘱诸葛亮，说："马谡这个人言过其实，不能委任他干大事，还得考察他一下。"但是诸葛亮没有把这番话放在心上。这一回，诸葛亮派马谡当先锋，王平做副将。可能是想锻炼一下马谡。

马谡和王平带领人马赶到了街亭，张郃的魏军也正往这里赶过来。马谡察看了地形，对王平说："这一带地势险峻，街亭旁边有座山，正好在山上扎营，可以布置埋伏。"

王平提醒他说："临走的时候丞相嘱咐过，要我们坚守城池，稳扎营

垒。在山上扎营不合适，太冒险。"

马谡缺少实践的经验，自以为熟读兵书，根本不听王平的劝告，坚持要把营扎在山上。王平反复劝马谡没有用，王平只好央求马谡拨给他一千人马，让他在山下合适的地方驻扎。

这时张郃率领魏军赶到街亭，看到马谡放弃完好的城池不守，却把人马驻扎在毫无用处的山上，心里暗暗高兴，他马上命令手下将士，把马谡扎营的那座山围困起来，在山下筑好营垒。

马谡见势不好，几次命令兵士冲下山去，但是由于张郃顽强守住营垒，马谡的军队没法攻破，反而在战斗中被魏军乱箭射死了不少人。

张郃命令魏军切断了山上的水源。马谡在山上断了水，连饭都做不成，时间一长，军队就乱了起来。张郃看准时机，发起总攻。蜀军兵士根本不是对手，纷纷逃散，马谡根本指挥不了，最后，只好自己杀出一条血路，往西逃跑。

这时王平带领一千人马，稳守城池。他得知马谡失败，就叫兵士拼命打鼓，装出要进攻的样子。张郃惧怕蜀军有埋伏，不敢再追他们。王平整理好队伍，慢慢地向后撤退，不但自己的一千人马完好无损，还救下了不少马谡手下的散兵。

街亭失守。蜀军失去了西进重要的据点，又丧失了不少人马。为了避免遭受更大损失，诸葛亮决定把人马全部撤退到汉中，坚守不出。

诸葛亮回到汉中，经过详细查问，知道街亭失守完全是因为马谡违反了他的作战部署和用兵原则。马谡也承认了他的过错。但是军法无情，诸葛亮按照军法，把马谡定了死罪，下了监狱。

马谡自己知道罪不可恕，免不了一死，就在监狱里写了封信给诸葛亮，说："丞相平时像待自己的儿子一样待我，我也从心里把丞相当作自己的父亲。这次我论罪当斩，希望我死以后，丞相能够像舜杀了鲧还用他的儿子禹一样，善待我的儿子，我死了也没牵挂了。"

诸葛亮斩了马谡，想起他和马谡平时的友情，觉得马谡这个人平时还不错，心里很难过，流下了眼泪。而且以后，诸葛亮对马谡的儿子照顾得很好。

诸葛亮认为王平在街亭曾经正确地劝阻过马谡，在退兵的时候，又想方设法保全了部分人马，立了功，应该受到奖励，就把王平提拔为参军，让他统领五部兵马。

诸葛亮对将士们说："这次出兵失败，固然是因为马谡的责任。可是我用人不当，也应该负责任。"他就上了一份奏章给刘禅，请求把自己的官职降低三级。

刘禅接到奏章，不知如何是好。有个大臣说："既然丞相非要这么做，就依着他吧。"糊涂的刘禅就下诏把诸葛亮降级为右将军，但他仍旧办丞相的事。

由于诸葛亮以身作则，赏罚分明，爱兵如子，蜀军将士都很感动。蜀军把这次失败当作教训，士气更加旺盛。为今后的战斗做好了准备。

（六）事莫密于间——皇太极妙施反间计

在明朝末年，新兴起的女真族势力大举南进，与明朝当局抗衡。

努尔哈赤受重伤死去以后，袁崇焕特地派使者到沈阳去吊丧。为的是探听后金的动静。皇太极对袁崇焕有一肚子的怨恨，但是因为后金刚打完败仗，需要休整，再说也想试探一下明朝的态度，所以，皇太极不但接待了袁崇焕的使者，还特地派使者到宁远去表示感谢。双方表面上缓和下来，背地里却在加紧准备下一步的斗争。

到了第二年，皇太极果然亲自率领大军，攻打明军。他们兵分三路南下，先包围了锦州城。袁崇焕料定皇太极的目标是宁远，决定自己守卫宁远，派部将带领四千骑兵去增援锦州。果然，袁崇焕的援兵还没出发，皇太极已经分兵攻打宁远。袁崇焕亲自到城头上鼓舞将士守城，明军用大炮猛轰后金军；城外的明军援军也从外面内外夹击，把后金军赶跑了。

皇太极又把人马撤到锦州，但是锦州的明军守备森严，士气高昂，加上天气转暖，不易攻城，后金军士气低落。皇太极无奈只好退兵。

就这样袁崇焕又打了一个大胜仗。可是，朝廷的魏忠贤阉党却把功劳

记在自己名下，反而怪罪袁崇焕没有亲自去救锦州是失职。袁崇焕知道魏忠贤有心跟他做对，只好辞职。

明天启七年（公元 1627 年），昏庸的明熹宗死去，他的弟弟朱由检即位，这就是明思宗，也叫崇祯帝。

崇祯帝早就知道魏忠贤作恶多端，民愤极大。他一即位，就宣布了魏忠贤阉党的罪状，紧接着把魏忠贤充军到凤阳。魏忠贤知道自己活不成，走到半路上就自杀了。

崇祯帝很想振作一番，他惩办了阉党，又给左光斗、杨涟等人平反了冤狱。许多大臣请求把善战的袁崇焕召回朝廷。崇祯帝接受了这个意见，提拔袁崇焕为兵部尚书，负责指挥整个河北、辽东的军事调动。崇祯帝还亲自与袁崇焕见面，问他有什么破后金的计划。袁崇焕说："只要朝廷各部一致配合，给我指挥权，用不了五年，我就可以恢复辽东。"

崇祯帝听了十分高兴，赐给袁崇焕一口尚方宝剑，准许他代表皇帝全权行事。

袁崇焕重新回到宁远，整顿队伍，选拔将才，严明军纪，振奋士气。东江总兵毛文龙作战不力，却又虚报军功，抗拒袁崇焕的命令。袁崇焕使用尚方宝剑，把毛文龙杀了。

皇太极打了败仗，当然不肯罢休，他知道锦州、宁远防守严密，决定改变进攻明军的路线。他作好了充分的准备，明崇祯二年（公元 1629 年）十月，皇太极率领几十万后金军，从大安口、龙井关绕到河北，准备直扑明朝京城北京。

这一招的确出乎袁崇焕的意料。袁崇焕马上出兵，想在中途把后金军截住，可是已经来不及了。后金军乘虚而入，到了北京郊外。袁崇焕了解到这一情况后，心急如焚地带着明军赶了两天两夜的路，终于到了北京，没顾得上休息，袁崇焕的军队就和后金军展开激烈的战斗。其他方面的明军也陆续赶到，投入了保卫北京城的战斗。

后金军突然来犯北京，引起了全城上下极大的震动。崇祯帝更是急得心慌意乱，不知如何是好，后来听说袁崇焕带兵赶到，才放心了一些。他亲自召见袁崇焕，慰劳了一番。但此时一些魏忠贤的余党却暗中使坏，散布谣言，说这次皇太极的后金兵绕道进京，完全是袁崇焕引进来的，可能里面还有什么阴谋呢。

崇祯帝听了这些谣言，也有些怀疑起来，他本来就是个猜疑心极重的人，恰巧这个时候，有一个被金兵俘虏去的太监从金营急三火四地逃了回来，向崇祯帝密告，说皇太极和袁崇焕已经订下密约，要出卖北京。这个消息把崇祯帝惊呆了。对于他来说无异于晴天霹雳。

原来，明朝皇宫里有两个太监被后金军俘虏去以后，被关在兵营里。有天晚上，一个姓杨的太监半夜被说话声惊醒，听见两个看守在外面轻声地谈话。

一个后金兵说："今天咱们暂时退兵，完全是皇上的意思，你知道吗？"

另一个说："你是怎么知道的？"

这一个又说："刚才我看到明营里有两个人骑马过来，而皇上一个人骑着马也朝着明营去，皇上跟他们俩谈了好半天话才回来。听说那两人是袁将军派来的，他已经跟皇上有了密约，眼看咱们的大事就要成功啦……"

姓杨的太监偷听了这番对话，趁看守他的士兵不防备，偷偷地逃了出来，飞也似地跑回皇宫，向崇祯帝报告他"偷"听的内容。崇祯帝听了勃然大怒，信以为真。他哪里知道，这个情报完全是假的，是皇太极预先布置了两个后金兵的谈话。

崇祯帝命令袁崇焕即刻进宫。袁崇焕也不知道发生了什么事，匆忙进了宫。崇祯帝拉长了脸，严肃地说道："袁崇焕，你在北方为什么要擅自杀死大将毛文龙？为什么金兵到了北京，你的援兵却姗姗来迟！"

袁崇焕不知道这话是什么意思，不禁怔了一下，他正想解释，崇祯帝已经命令锦衣卫把袁崇焕捆绑起来，不由分说押进了大牢。

有些大臣知道袁崇焕平日忠心耿耿，为国家效忠，现在觉得事情蹊跷，就劝崇祯帝说："袁崇焕平日对国家忠心耿耿，请陛下慎重考虑啊！"

崇祯帝说："什么慎重不慎重？慎重只会误事。"

崇祯帝不听大臣的劝告，一些魏忠贤余党又趁机诬陷袁崇焕。这样到了第二年，崇祯帝终于下决心把袁崇焕杀了。

皇太极用反间计除了对手袁崇焕，心中十分高兴，退兵回到盛京。从此以后，后金越来越强大。明王朝却在内忧外患中逐渐衰弱下去。到了明崇祯八年（公元1635年），皇太极把"女真"改称满洲；又过了一年，皇太极在盛京称帝，改国号叫清。

中国古代有无数次战争可以用来为《孙子兵法》做诠释。

《孙子兵法》不仅在中国历代得到广泛应用。在海外也有广泛影响，当然最主要还是体现在军事斗争方面。无论是东邻日本，还是西方国家，那里的军事家都在军事理论建树上和军事实践中多少借鉴和运用过这部古老而生命力旺盛的兵书。

让我们先看看一些近代战争的战场情景吧。

首先运用它的外国人当推日本人。唐代时吉备真备带回《孙子兵法》后不久，就运用孙子"兵之情主速"等作战思想，一举平定了惠美押胜发动的一次叛乱。到了16世纪，日本国内名将辈出，如织田信长、德川家康、丰臣秀吉等人，他们都熟读《孙子兵法》，因此运用起来，得心应手。以勇猛善战闻名的武田信玄对孙子更是极其崇拜，他将《孙子兵法》中的观点"其疾如风，其徐如林，侵掠如火，不动如山"四句话精简为"风林火山"四个大字，命令人绣在他的战旗上，立于营门之前，成为他独具的名将风范。

说起日俄对马海战，许多人都是熟知的，在这场关系到日俄战争命运的海上决战中，日本海军大将东乡平八郎之所以信心十足稳操胜券，一举歼灭远道而来的俄军舰队，立下赫赫战功，为日本的兴盛奠定了基础，用东乡自己的话说，就是正确运用了《孙子兵法·虚实篇》中"以逸待劳，以饱待饥"的基本思想。

日本人从《孙子兵法》中能够学到的，其他国家的人同样也能学到。如在第二次世界大战后期，盟军实施声东击西、示形动敌、欺敌误敌的战略欺骗，诱使德军对盟军的战略意图作出错误的判断，盟军这才集中兵力、成功展开诺曼底登陆行动，开辟了反法西斯战争的第二战场。这次战役的作战指导原则，显然出自孙子"避实击虚"、"利而诱之"的军事思想。

三、光泽千秋

1. 尊为兵圣

古往今来孙子被尊为"兵圣"。他赢得这一千古殊荣所经历的过程是极其漫长的，也是十分艰苦的。下面就让我们寻找"兵圣"的历史足迹，探求孙子兵学文化精神的精髓，预测孙子兵法学说的未来，这也许对大家来说是很有裨益的。

中国历史记载最早的善战者是蚩尤。他是上古时期九黎族的酋长。中国古代文献上说蚩尤人颜兽身，喜吃沙石，铜头铁额，耳上生毛硬如剑戟，头上有角能伤人。这大概是说明他的部落以猛兽为图腾，而且他的部落英勇善战。蚩尤所率其氏族部落被炎帝打败。《史记·五帝本纪》上说："蚩尤最为暴，莫能伐。"后来他与黄帝在涿鹿之野展开殊死大战，战败被杀，但余威尚存。蚩尤死后，天下再次扰乱不宁，黄帝遂画蚩尤形象以威天下，天下以为蚩尤没有死，四面八方这才安静下来。蚩尤作为兵主战神的象征也由此确立下来。传说蚩尤以金属作兵器。《吕氏春秋·荡兵》记载："人曰蚩尤作兵，蚩尤非始作兵也，利其械矣。"虽然否定了蚩尤发明了兵器的说法，但也肯定了蚩尤善于改造兵器。上古学者当然不知这实际上是我国古代人民尚兵崇武，向往胜利的一种精神寄托。此后蚩尤名声大振。《史记·封禅书》记载秦始皇利用三年时间"东游海上，行礼祠名山大川及八神"，把天、地排在第一、二位后，"三曰兵主，祠蚩尤。蚩尤在东平陆监乡，齐之西境也。"由此可知，蚩尤在秦始皇时期是以"兵主"之神的身份与天地日月等肩齐高的，其地位比黄帝还要高。秦末天下大乱，汉高祖刘邦斩蛇而起，在他被立为沛公时"祠黄帝，祭蚩尤于沛庭"。汉朝统一天下以后，刘邦继而"立蚩尤之祠于长安"，但此后蚩尤的地位一落千丈，大概是因为汉朝以后以孝为先，反对暴力的缘故吧。

接下来的是姜太公。据《资治通鉴》记载，公元731年，也就是唐玄宗开元十九年"始置太公尚父庙，以留侯张良配，中春、中秋上戌祭之，牲乐之制如文宣王"。到了唐肃宗时又"追谥太公望为武成王"，下诏"有司依文宣王置庙"，这说明在唐代这位武界泰斗的地位与孔子处于同一位置。在追谥姜太公的同时，又选出"历代名将为亚圣、十哲"，孙武也在其中。在唐代姜太公能受到如此的尊崇是有一定原因的。首先，他辅佐周武王讨伐商纣，是周代的开国功臣，"后世之言兵及周之阴权，皆宗太公为本谋"，姜太公实际上是中国兵学文化的奠基人。其次，唐玄宗在位时期，安史之乱爆发，天下大乱，统治者希望能重整河山，就以此来感召人们。

到了宋代，关羽的地位日渐提高。宋徽宗时外强入侵，山河破碎，为了让人民忠于朝廷而外拒辽金，公元1102年，也就是崇宁元年，宋朝皇帝追封关羽为"忠惠公"，不久又加封为"武安王"。南宋赵构做了皇帝之后，于公元1128年，也就是建炎二年封关羽为"壮缪武安王"。1187年，即宋孝宗淳熙十四年又加封关羽为"宋济王"。蒙古王朝踏灭金、宋，建立元朝，为笼络汉族知识分子及地主阶级为元朝效力，也以正统皇帝自居，利用关羽"忠义"这面大旗为其统治服务。元文宗天历元年（公元1328年），元王朝加封关羽为"显灵威勇武安英济王"。元朝覆灭以后，明神宗万历二十三年（公元1594年），明王朝又加封关羽为"三界伏魔大帝远震天尊关圣帝君"，甚至将其夫人也封为"九灵懿德武肃英皇后"。将关羽庙尊崇为"武庙"，与"文庙"齐名，共同接受人们的祭祀。清顺治九年（公元1652年），关羽被封为"忠义神武关圣大帝"，乾隆时加号"灵佑"，嘉庆时加号"仁勇"，道光时加号"威显"，咸丰时加号"护国"，又加"保民"，又加"精诚绥靖"，同治时加号"翊赞"，光绪时加号"宣德"，等等。这样关羽由"侯而王，王而帝，帝而圣，圣而大"，最多时有了长达二十字的谥号。探究其历史文化背景，很是让人感叹和寻味。

姜太公地位的失落是因为宋代以后程朱理学占据了绝对统治地位。他们鼓吹"饿死事小，失节事大"，"存天理，去人欲"，这种道学的伦理束缚，笼罩了整个中国社会。姜太公讲"阴谋"，行"阴权"，自然要让位给关羽了。关羽其实算不上是足智多谋的将帅，而且自负骄傲，但他在其他方面却满足了统治者的口味。他读《春秋左氏传》而知大义，一副忠义的儒将风度，特别是他辅佐刘备，尽忠蜀汉，百折不挠，视死如归的忠臣精神。使他的名字几乎成了"忠孝节义"的化身。再加上三国的故事妇孺皆知，家喻户晓，有利于人民理解关羽的德行。因此历代统治者不断给关羽加封进谥。其用心是显而易见的。而孙子的地位就更差了，不用说关羽，就是姜太公他也比不了，他既没有帮助某位君王完成大业，也没有尽"忠孝"之道，充其量也不过是"擅于带兵打仗"罢了，所以在中国封建思想浓厚的古代，根本不可能有孙武人文上的地位。

然而时光飞逝，岁月不居。孙武在现代社会最后一个登上了兵圣之位。最早尊奉孙子为"兵圣"的乃是我们的东方近邻日本。他们认为"孔夫子者，儒者；孙夫子者，兵圣也。后世儒者不能外于孔夫子而他求，兵家不得背于孙夫子而别进矣。是以文武并立，而天地之道始全矣。可谓文武二圣之功，极大极盛矣"，可见日本民族对孙武的重视。如今孙子的思想也早已超出了军事学的狭小范畴，为社会上各行各业所接受，连"兵圣"的美誉都不能涵盖孙武的伟大思想了。人们不禁要问，孙子思想何以有如此巨大的魅力并且永恒不衰呢？

一种哲学思想魅力的大小应看它能够提供给人们多少需要来决定。孙子的思想之所以倍受现代人的青睐，在于他讲求谋略智慧的思想方法和理论，最符合现代社会各种竞争机制的需要，而不仅仅是战争的需要。意大利一位教授对孙子研究后指出，孙子是中国斗争科学、斗争哲学和行为科

学的创始人，他还说：人们用这种观点来分析孙子的理论时，会发现他的哲理同 20 世纪西方流行的一些科学理论，如行为主义、控制论、对策论等非常相似。对于一部写于两千多年前的军事著作而言，书里阐述的思想理论显得惊人地富有"现代化"气息，这也正是孙子思想在中外引起广泛研究的原因。

孙子兵法的永恒魅力在于，它是对战争经验的精辟总结，将战争中人与人之间的利害关系淋漓尽致地表现了出来。孙子的思想是铁与血，是经过了血与火的洗礼的，经过了千百次的实践检验，所以他要比中国其他先哲的思想来得更切合实际，更单刀直入，没有一丝一毫的空想和唯我的成分夹杂在里面。学者李泽厚对《孙子兵法》的总结最为精彩，也最为准确，他在《中国思想史论·孙老韩合说》里讲道：第一，孙子的兵法一切以利害为准则，反对用任何情感上的爱憎喜怒和任何观念上的鬼神"天意"，来影响或替代理智的判断和谋划，只有在战争中，只有在制定战略、谋划战争、选择战机、判断战局、采用战术中，才能把它的巨大价值最鲜明地表现出来。因为任何一时冲动情感的干预，任何非理性东西的主宰，任何迷信的观念，都可以立竿见影地造成恶果，造成不可挽回的失败。必须"先计而后战"，如果听神灵指挥、凭感情办事，必然导致亡国灭族，这是极端危险的。所以，《孙子兵法》一开头就说，"兵者，国之大事，死生之地，存亡之道，不可不察也。"战争的这一特点在一般日常生活和任何其他领域中是没有或比较少见的。第二，必须非常认真具体地观察、了解和分析各种现实现象。作战要考虑人事、天时、地利。不但要"知己"，而且是"知彼"。纸上谈兵为兵家大忌。在战争中不容许搞空中楼阁的思辨遐想和不解决问题的空洞议论。思想的具体现实性，在这里比其他任何地方都更为重要。第三，在这种对具体情况和现实经验的观察、分析、了解中，要迅速地从纷繁复杂的错综现象中发现和抓住与战争有关的本质和关键。现象与本质之间的矛盾与差异，在日常生活和一般经验中也是存在的，但它们的极端重要性和意义却只有在战争中才会突显出来。略不经心便可铸成大错，而毫厘之差便有千里之失。古兵家在战争中所采取的思维方式不只是单纯经验的归纳或单纯观念的演绎，而是以明确的主体活动和利害为目的，要求在不动情感、周密具体的观察、了解现实的基础上尽快舍弃许多次要的东西，避开烦琐的细节规定，突出而集中、迅速而明确地发现和抓住事物的要害所在；从而在注意繁杂众多现象的同时，却要求以一种概括性的二分法——即抓住矛盾的思维方式来明确、迅速、直截了当地分辨事物、把握整体，以便作出抉择。这种矛盾思维方式是来源于、产生于军事经验中，而不是来源或产生于语言、论辩中所发现的概念矛盾，所以它们本身也就与世俗生活一直保持着具体的现实联系。《孙子兵法》里举出的那许多矛盾的对立面，就是非常具体的和多样化的，与生活紧密相连，它们是生活斗争的经验性概括。第四，孙武的这种辩证思维不但重视对立面矛盾双方的依存、渗透，而且更重视它们之间的消长转化和如何主动运用它们。不只是描述、发现、了解、思索矛盾而已，而是在活动中去利用、展开矛盾，随具体的条件、情况而灵活的决定和变化主体的活动，不局限、拘泥、束缚于既定的或原有的认识框架。只要能最后打败敌人，保存自己，便可以"途有所不由，军有所不击，城有所不取，地有所不争，君命有所不受"。后世兵家也常说，"运用之妙，存乎一心"。所有这些，都不同于从对大自然的静观或从抽象思辨中所获得的思维方式。《孙子兵法》所具有的把握整体而具体实用、能动灵活而冷静理智的根本特征，正是中国辩证思维的独特灵魂，不同于希腊的辩证法论辩术，是构成中国实用理性的一个重要方面。

李泽厚先生以上对《孙子兵法》的分析与说明虽然有些烦琐，但还是十分准确地反映了孙子兵法思想的精髓，以及它对中国古代哲学思想的影响。

孙子长盛不衰的魅力在于，他对事物有着本质的认识与把握，但却又把这种认识与把握还于自然，使得他的思想进入一种至高境界。它是那样多维，那样清新，那样活泼，那样永动。当人们一踏进这精练的只有六千字的典籍门槛之后，立即会发现里面是高山，是大海，仰之弥高，钻之弥深。这里充满了无穷无尽的智慧与变化。这就是《孙子兵法》魅力永恒之

所在。

既然"兵圣"的冠冕已不再适合戴在孙子的头上，我们姑且称孙子为"至尊至圣"，也许不为过。

说孙子至尊至圣，并不是要把孙子尊为偶像，我们敬重的是孙子精神的内涵。

说孙子至尊至圣，并非是否定军事学及其他领域的发展，我们这样说只是肯定了孙子有着任何人所无法替代的独特历史地位。明代的茅元仪说了句非常有哲理的话，他说："前孙子者，孙子不遗；后孙子者，不能遗孙子。"

的确，任何一种伟大的思想理论，要想保持生命力，都必须不断完善，不断发展。

2. 智都礼赞

现存《孙子兵法》仅 6000 字左右，以篇幅而论，还比不上一篇较长的学术论文。但是其书内容完整详备，论述精彩深刻，文采隽永通达，实为中国古代军事思想史上无与伦比的经典著作。它所论述的内容，包括了战争准备与战争实施的各个方面、各个层次，如"安国全军"的慎战思想；"深谋远虑"的先胜理论；"不战而屈人之兵"的全胜观点；"威加于敌"的伐交策略；"示形动敌"的致人方针；"纵深奔袭"的突袭主张；"因利特权"的任势观念；"攻虚击弱"的易胜方略；"兵以诈立"的诡道计谋；"奇正相生"的阵法论；"十围五攻"的常法论；"令文齐武"的治军方案；"五德兼备"的将帅标准；"因粮于敌"的后勤原则；"九地六形"的军事地理理论；等等。《孙子兵法》奠定了中国古代军事理论的基础。《四库全书总目提要》称赞它是"兵经"、"百代谈兵之祖"，这种说法恰如其分，绝无夸张。

孙武及其《孙子兵法》在中国古代军事思想史上地位的确立，有一个很长的历史过程。春秋之后的战国时期，孙武的英名即为各国所称颂，成为人们最崇拜的军事家之一。《荀子·议兵》、《吕氏春秋·上德》均有这方面的记载。《孙子兵法》一书也已在当时的社会上广为流传。《韩非子·

五蠹》曾说："今境内皆言兵，藏孙、吴之书家有之。"由此可以想见当时各诸侯国的人学习孙武兵法的热情。

据《汉书》记载，到了西汉初年，著名的军事家"张良、韩信序次兵法，凡百八十二家，删取要用，定著三十五家"。汉武帝时，又命令"军政杨仆捃摭遗逸，纪奏《兵录》"。到汉成帝时，认为杨仆《兵录》还是不够完备，又命令步兵校尉任宏校理兵书，"任宏论次兵书为四种"。这里所说的"四种"，其实是指兵书的四大类：兵权谋家、兵阴阳家、兵形势家、兵技巧家。《孙子兵法》作为"兵权谋家"之一，在当时流传最广，最受尊重。历史记载汉武帝曾让有名的大将霍去病学"孙吴兵法"；汉代韩信、冯奉世、赵充国、冯异等名将以及《淮南子》、《论衡》等典籍中经常援引《孙子兵法》的某些观点作为自己行事或立说的依据。所以司马迁在《史记》中概括描述这一社会现象时曾不无感慨地指出："世俗所称师旅，皆道《孙子》十三篇"，真是一语破的。1972 年在山东临沂银雀山出土的一座西汉墓中，发现了迄今所知的最早的《孙子兵法》竹简；1978年，我国考古工作者在青海大通上孙寨一座西汉墓中，也发现了《孙子兵法》的木简。这样从考古学资料的记载印证了文献关于《孙子兵法》在我国秦汉时期广为流传的真实性。

到了秦汉之后，《孙子兵法》的地位越来越高，这主要反映在社会上普遍学习和重视《孙子兵法》。据《后汉书》记载，早在东汉时期，汉王朝就作出规定："立秋之日……兵官皆肄孙、吴《兵法》、六十四阵，名曰乘之"。三国时期东吴的孙权因为战争需要曾教其大将吕蒙、蒋钦"急读《孙子》"。南北朝混乱的时期，人们对《孙子兵法》的研究也有增无减。如《梁书·羊侃传》中说羊侃"尤好……孙、吴兵法"。到了北宋神宗元丰年间，朝廷鉴于国势衰弱、边患不止的实际情况，组织人力整理编纂从古至今的兵书，从北宋以前大量的兵书中选择出以《孙子兵法》为首，包括《司马法》、《吴子》、《尉缭子》、《三略》、《六韬》、《唐李问对》等在内的七部兵书，并称为《武经七书》，让将士们学习，以培养将才。南宋高宗时，朝廷指定《武经七书》为选拔将领的主要考试内容。从此《孙子兵法》被确定为官方军事理论的经典和教材。明洪武十三年（公元1397年），朱元璋命令兵部复刻元版《武经七书》，以便使之广为流传。到了清代官方对《孙子兵法》的学习依然没有什么改变。

我国历史上对《孙子兵法》的赞誉和肯定史不绝书。三国时期，曹操就曾经说过："吾观兵书战策多矣，孙武所著深矣！"与曹操同时代的诸葛亮也说："战非孙武之谋，无以出其计远。"唐太宗李世民对《孙子兵法》更是赞不绝口，推崇备至。据《唐李问对》记载，李世民曾由衷地反复赞叹："深乎，孙武之言！""朕观诸兵书，无出孙武！"宋朝的戴溪撰《将鉴论断》，称孙子十三篇"众家之说备矣"，其"微妙深密，千变万化而不可穷。用兵从之者胜，违之者败。虽有智者，必取则焉，可谓善之善者"。著名政治家王安石也指出："但用孙武一二言，即可成功名。"苏洵则认为："词约而义尽，天下之兵说皆归其中矣。"明代抗倭名将戚继光称赞《孙子兵法》："孙武之法，纲领精微，为莫加焉。"李贽甚至把他不能向天下传授《孙子》的思想而视为终身遗憾，说："吾独恨其不能以……教天下万世也。"

中国古人为《孙子兵法》注释的人很多，甚至引为风尚。历史上第一位恢复《兵法》"十三篇"本来面目并为其作注的人是三国时的曹操，也是所有《孙子兵法》注中最有价值的一个。为《孙子兵法》作注的还有魏晋南北朝时期王凌的《集解》、沈友的《注解》和张子尚的《注》等。到了唐宋时期，为《孙子兵法》作注进入了新的历史时期，出现了多种单注本、合注本和集注本。明清两代，对《孙子兵法》的注本更是层出不穷，数量极多。据不完全统计，中国古代为《孙子兵法》作注者近200人，注本流传的大概有70余家。其中著名的注者，在唐代有李筌、杜牧、杜佑、王晳等；在宋代有张预、梅尧臣、贾林、孟氏、陈皞、郑友贤、何延锡等；在明代有李贽、赵本学、刘寅、黄献臣、王世贞、黄邦彦、何守法等；在清代有顾福棠、邓廷罗、朱墉、黄巩、夏振翼、孙星衍等。历代如此多的军事家、思想家为《孙子兵法》作注发表议论，充分说明了孙武及其兵法在中国古代军事思想史及政治文化方面的重要地位和深远影响。

历史进入现代社会，尽管社会结构和性质发生了很大的改变，战争方式也有了极大的变化，但《孙子兵法》所揭示的军事基本原理，却依旧保持着活力，而且仍具有极大的借鉴、应用价值，因此受到不同阶层、不同阶级的军事家的广泛重视。这从洪秀全、丁汝昌、郑观应、蔡锷乃至曾国藩、胡林翼等人对孙武的推崇和对《孙子兵法》的运用中，都可以得到证实。至于资产阶级革命的先行者孙中山先生，更将《孙子兵法》看成是中国军事哲学的奠基之作，而给予高度的评价："二千多年前的兵书，有十三篇，那十三篇兵书便是解释当时的战理。由于那十三篇兵书，便成立中国的军事哲学。"

然而真正做到批判继承《孙子兵法》思想精华，并把它创造性地应用于中国革命实践的，是以毛泽东为代表的一批无产阶级革命军事家。毛泽东最注重总结、继承前人的有益经验，并能结合新的形势和条件加以创造性的发展。他在运用和研究《孙子兵法》方面，同样体现了他这种伟大革命家、思想家的特点。他极为重视《孙子兵法》，指出"中国古代大军事家孙武子书上'知彼知己，百战不殆'这句话，是包括学习和使用两个阶段说的，包括认识世界的发展规律，并按照这些规律，去决定自己的行动、克服当前敌人而说的，我们不要看轻这句话"。又说："孙子的规律，乃至今天仍是科学的真理。"研究毛泽东的军事著作和指导中国革命战争的实践，可以发现毛泽东对孙武军事思想的掌握和运用，已达到了出神入化、炉火纯青的境界，这标志着中国军事思想水平达到了前所未有的高度。

在新中国，其他无产阶级革命家，如刘伯承元帅等人，对《孙子兵法》也有十分精深的研究，非常透彻的理解，并把其中具有生命力的思想创造性地运用于中国革命战争实践，因而享有"论兵新孙、吴"的盛誉。

"前孙子者，孙子不遗；后孙子者，不能遗孙子"。明人茅元仪《武备志·兵诀评》中的这句话，极为深刻而又贴切地概括了孙武及其《孙子兵法》在中国军事思想史上的崇高地位和深远影响。作为中国社会和整个世界历史遗产中的一笔宝贵财富，孙子和他的军事学思想是不朽和永远保持生命力的。

3. 名播宇内

优秀的文化，既是民族的，也是世界的。孙子的军事思想就是这样一种优秀的民族文化。它揭示了人类战争活动的某些内在规律，在一定程度上具有普遍的启迪意义和适用特点。因此，它不仅受到中国军事家的推崇，也得到世界其他民族人民的青睐。换句话说，孙武的大名早已远播世界，《孙子兵法》的影响早已超出国门，成为世界人民共同的精神文化财富，伟大的中华民族向世界贡献了《孙子兵法》，这等于是奉献了一部"智慧的宝典"。

中国盛唐玄宗年间，有一位名叫吉备真备的日本留学生，结束了在中国18年美好的留学生涯，辞别中华大地，返回日本列岛。在他的心目中，盛唐的中国是如此美好，他鼓鼓的行囊中，装满了他精心搜集的中华文化典籍，其中就有一册《孙子兵法》。这是《孙子兵法》走出国门，迈向世界的第一步。

吉备真备回到日本后，马上亲授《孙子兵法·九地篇》。孙子益人心智的思想，博大精深的理论，周密完善的智慧，在日本这个狭小的岛国上引起不小的震撼。人们趋之若鹜，潜心研读，使得《孙子兵法》在这个岛国上慢慢地普及开来。到了德川家康时期，日本开始有了《孙子兵法》的完整日译本，这更有力地推动了《孙子兵法》在日本的普及和研究。据不完全统计，《孙子兵法》自传入日本后，各种注释、研究、串讲的著作一共高达近两百种。这个善于吸收、消化外来文化的民族，从对《孙子兵法》的学习和借鉴中获得惊人的效益，并先后在孙子兵学的影响下形成了立足日本国情，各具鲜明日本特色的军事学流派，其中包括北条氏长、林罗山、山鹿素行、吉田松阴等等。日本人饮水思源，不忘孙子兵学的哺育，将孙武尊称为"兵圣"、"东方兵学的鼻祖"，将《孙子兵法》一书敬奉为"兵经"、"武经之冠冕"。就这样，中国的《孙子兵法》在我们的邻国落地生根，而且得到了发扬光大。

《孙子兵法》首次传入西方世界要归功于一位名叫约瑟夫·阿米欧的法国神父。1772 年，他在法国巴黎翻译出版了法文版《中国军事艺术》一书，其中就收有《孙子兵法》。

自阿米欧神父迈出第一步之后，欧美大地上《孙子兵法》的译本也渐渐多了起来。1905 年，英国人卡托普的《孙子》英译本在日本东京出版，三年后，其书又在伦敦重印并广为流传。1910 年在英国伦敦，由著名汉学家贾尔斯隆重推出了精心翻译地《〈孙子兵法〉，世界最古之兵书》。由于英语是国际间最通行的语言，所以随着大量英译本的问世，《孙子兵法》迅速走入了西方人的世界。在贾尔斯英译本问世的同年，由布鲁诺·纳瓦拉翻译的德文《孙子兵法——中国的武经》在克劳塞维茨的故乡出版。而早在 1860 年，斯列兹涅夫斯基翻译的俄文本《孙子兵法》也出现在广袤而寒冷的俄罗斯大地上。

"青山遮不住，毕竟东流去"，随着战争与和平两大主题在世界政治生活中地位的日渐提高，孙武的思想越来越引起人们的瞩目了，既使是在和平时期，由于孙武思想在人类关系中的重大意义，《孙子兵法》也倍受欢迎。与之相适应，便是《孙子兵法》的各种外文本如雨后春笋般地纷纷涌现，以满足人们的需求。据不完全的统计，目前世界上《孙子兵法》被译成外文文种的，已有法、德、意、荷兰、捷克、西班牙、日、俄、英、阿拉伯、泰、缅甸、越南、朝鲜、希腊、罗马尼亚、希伯莱等二十余种之多，真可谓琳琅满目，美不胜收。这表明《孙子兵法》已在世界范围内得到广泛流传，并受到普遍欢迎和推崇，在世界范围内，对《孙子兵法》的研究也日益加深，这是中国人对人类智慧宝库的巨大贡献，这也是《孙子兵法》的光荣，同时更是中华民族的骄傲。

最后我们再对孙子的一生做一总结：

孙子，名武，字长卿，是春秋末期齐国人。他生活的时代，正是中国历史上弱肉强食、战争频繁的大变革大动荡的岁月，建功立业的豪情，追求智慧的本能，驱使孙子悄然离开父母之邦，千里迢迢、栉风沐雨奔赴南方新兴的吴国。在这块热土上，孙子风云际会，脱颖而出，淋漓尽致地施展着自己无与伦比的军事天才，辅佐阖闾五战入郢，"西破强楚"；兵进会稽，"南服越人"；整治三军，"北威齐晋"，为吴国的全面崛起，春秋战略大格局的改观，投入整个的身心，做出杰出的贡献。

然而，真正使孙子跻身于世界性伟人的行列，千古扬名，远播四海的，乃是他向历史奉献了一部不朽的兵学巨著：《孙子兵法》十三篇。这仅仅是一部不足6000字的作品，但却是一部影响了中国几千年文化的奇书。它是博大精深奥、妙无穷的"兵经"，更是启益人智的箴言录。

作为中华民族的光荣和骄傲，孙子的伟大，在于他真正领悟了战争的禅机，揭示了军事斗争的内在基本规律。他对战争问题有着异常清醒和敏锐的认识，对克敌制胜的奥妙有着超乎常人的理解，对军队建设的要领有着精细直观的把握。孙子奠定了中国古典军事理论大厦的坚实基础，规范了中国古代军事文化的基本特质和主导倾向。

孙子战争实践和理论建树的最根本特色，如果可以用一个字来加以提炼概括的话，这就是"智"。他以明智的态度对待战争，主张慎战，重视备战，致力于追求"不战而屈人之兵"的理想境界；他以明智的理念指导治军，提倡"令之以文，齐之以武"，文武并用，恩威兼施，致力于实现"修道而保法"的根本宗旨；他以明智的方法指导作战，强调先胜后战，奇正相生，避实击虚，攻守自如，示形造势，因敌制胜，致力于拥有"制人而不制于人"的主动地位。可见，以"智"用兵，以"谋"制敌，宛如一根丝线，贯穿于孙子军事思想体系的各个方面、各个层次。从另一个角度说，孙子本人就是智慧的化身，《孙子兵法》一书堪称谋略的渊薮。

　　战争是力量的竞争，同时也是智慧的角逐。因此，孙子"崇智尚谋"的思想方法，千百年来一直受到人们的青睐，孙子本人也因此而享有"百世谈兵之祖"、"万代兵圣"的美誉，人们学习《孙子兵法》，领会《孙子兵法》，目的是指导作战，获得胜利，运筹于帷幄之中，决胜于千里之外。在孙子兵学智慧之光的照耀下，上下数千年，纵横八万里，云诡波谲的历史舞台上曾演出过无数出英勇悲壮、惊天泣地的战争史诗。而孙子的生命力量，也在这个永远向前的历史运动过程之中获得延续，实现升华。

　　空间无限，时间永恒，历史是一条奔腾不息的长河，在其波涛无情而永恒的冲刷之下，有多少叱咤风云、不可一世的所谓"大人物"，无可奈何地化作了稍现即逝的泡沫，为人们所彻底遗忘。即使能够侥幸地摆脱完全沉沦的命运，大多也只不过是成为老旧的古董甚至被钉在历史的耻辱柱上。其实这并不奇怪，现代生活日新月异，一日千里，在新技术、新思维、新观念如潮水般涌来，不断改变着人们生活方式和价值取向的情况下，人们只能立足现实，面向未来，而无法也不应该沉湎于往昔的峥嵘，以至于让旧的束缚住新的，死的窒息了活的。

　　然而，孙子却是这一历史法则的个别例外之一。他经受住了历史最无情的考验，大浪的淘洗，风霜的磨蚀，没有使孙武沦为老旧的古董，更没有化作泡沫。恰恰相反，其理论合理的思想内核在今天依然闪烁着真理的光芒，到了明天，同样将是异彩纷呈。道理很简单，因为孙子所总结和揭示的一般军事规律，对于不管是哪个时代军事理论的发展和建设，永远具有基本的不可替代的借鉴意义；而其辩证的思维方式，求实的文化精神，也已顺理成章地渗透到军事以外的社会生活领域，在企业管理、商业经营、外交角逐、体育竞赛等活动中获得极为广泛的重视和应用。它甚至成为了一种人生修养和积极向上的人生哲学。从这个意义上说，孙子及其思想已经超越了时空的界限，而成为整个人类社会一笔取之不尽、用之不竭的宝贵遗产。

　　放眼今日的世界，不同语言、文字都在引用着《孙子兵法》中的警句

名言；不同国度、不同职业、不同信仰的人们，都在从兵圣孙武的著作里或多或少地获取教益和启迪。

历史，毕竟是公正的，它就存在于人们的心里。它把真正的伟人镌刻在自己的丰碑上！

中国古代有位名叫庄周的大哲人曾经这么说过："指穷于为薪，火传也不知其尽。"这句话扼要而形象地道出了人类精神遗产累世延续，并逐渐丰富发展的内在奥秘。的确，正是无数代人孜孜不倦的精神追求，才最终造就了我们今天引以为自豪的人类伟大文明。而优秀思想家在人类文明发展史上的贡献，则使得这一文明史的发展轨迹铭刻上了个性魅力的独特风采。这也是历史辩证法所充分允许的。

孙武正是这样一位始终影响着整个人类文明发展面貌的伟大哲人，他尤其在军事思想领域内占有不可替代的地位，发挥着深远而特殊的影响。这是一个不容怀疑的事实。

一个民族真正优秀的思想文化，永远是全人类共同的宝贵精神财富。它的某些表面现象，也许会随着时间的流逝而被渐渐磨蚀消失，而它的内在合理部分，即抓住事物本质的真理，却会超越时间的界限而万古长青。同时，人类的精神活动，在某种意义上具有一致相通之处；这种一致相通性，又能使得地域的界限逐渐隐没，从而确保优秀思想文化超越空间而走向世界的每一个角落。更让人感到欣喜的是，某一种文化现象背后的抽象哲学意蕴，并不局限于对特定文化领域的诠释，而必然渗透到其他的物质或精神活动领域，这也是真理的力量吧。

孙子的军事思想，无疑是一种历久弥新、超越时空的理性精神。两千五百年以来，它始终是培育优秀军事家的源泉，它所揭示的基本原理，永远是经得住实践考验的普遍真理。同时，它的思想火焰，不仅照耀着中华大地，而且也向他乡异域送去光明和温暖，在很大程度上影响和规范着世界军事理论体系的成熟。它的勃勃生机，不仅给军事学注入了活力，而且也给其他的社会生活领域带去智慧的源泉，发展的契机。

　　因此，我们说孙子兵学是一团永不熄灭的火！一盏亘古长明的智慧之灯！

　　我们说孙子的伟大在于他的思想不老！《孙子兵法》的不朽在于其思想的价值永存！

　　因为这些，孙子的英名将永垂于天地，他的思想正伴随着人类文明进步的足迹而不断获得新生！